PHILIPS

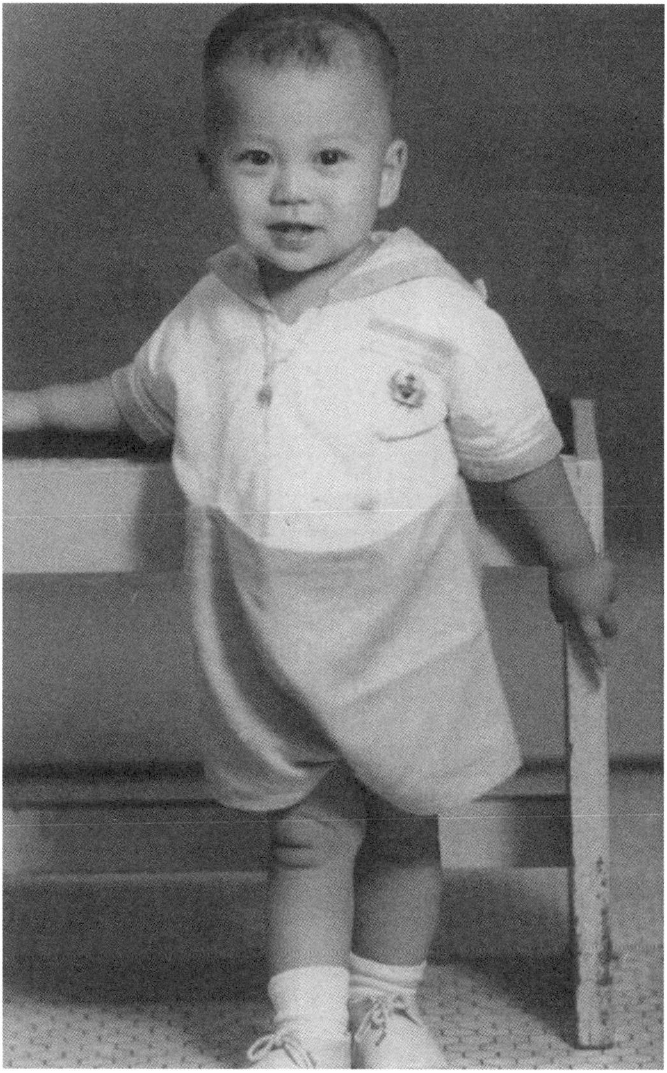

一歲半的我，備受家中寵愛，所以才能負擔「照相」這種奢侈品。

2011年生日，家人合照。

《國際關係之下的香港再思》

沈旭暉

蕭若元先生是一位同輩眼中的傳奇。當社會主流視網絡世界為可有可無，他就專攻網台，日子有功，終於令網絡論政成為氣候。無論是否贊同他的言論，可以說，我們都是聽「多謝蕭生、蕭生好野」的聲音「二次長大」的。我其實不太聽政論節目，但對其他範疇的網台節目，一直頗有涉獵。多年前，我在美國華府交流了幾個月，每天要坐長途車上班，就下載了蕭若元先生一整套《清朝的皇帝》旁身。我們私下未曾有緣合作，彼此對觀察世情的方法亦不盡相同，但對蕭生博學多才的觸類旁通，從來深深佩服。一葉知秋，當前象牙塔內學究者眾，唯只有可融於生活而廣達大眾的通才，其立說方有流傳於世的價值。

隨著年紀漸大，發覺身邊不少朋友，都出現蕭生的憂慮：營商環境轉差、退休生活難以保障、國際元素減退、城市競爭力墜後、獨特優勢消散等等，不贅。面對二十年後，新一波移民潮正逐漸成形，說實在是十分氣餒。畢竟我輩「舊香港人」心繫的情懷，今天逐漸消散凋零，局內人儘管聲言提振，客觀環境，卻是難以否定。《香港的命運》結合了蕭若元先生的自傳，援引大量文史哲考據，描繪回歸前後，香港文化、政治、經濟的發展軌跡。洋洋數十萬字，蕭生攙雜了個人感懷，及對香港各種體制、文化現象的深刻反思，既有理論書應有的深度，同時也有閱讀人物傳記的趣味，回顧了香港各個時代興衰，而箇中的真香港情懷，無論哪種政治立場的真．香港人，都能會心微笑，或苦笑。近年奔波世界各地，更覺外國人眼中，實行一國兩制的香港，仍有僅存的剩餘價值，至少我們能夠借助自由經濟體定位，從民間發展涉外關係，成為中國與國際間的關鍵中介。這種狹縫中生存的智慧，乃香港傳統精英之共同價值，深信蕭生也會認同。如何在新時代推而廣之，則是後話了。

煤礦坑的金絲雀

鄭宇碩

偶然到網台做節目，碰到蕭若元兄，承邀為其大作《香港的命運》寫序。寫序與寫書評有一個好處，就是有作者免提供書籍。蕭若元兄的大作，過去亦有翻閱，現在退休，正好有時間細讀。

蕭若元兄是我讀港大時的師兄，一九七一年畢業，比我早一年。這一個年代的港大學生，「番書仔」固然不少，但對中西方文化均有涉獵者亦眾，蕭若元兄自是其中表表者，讀他的雜文，頗有文人筆記的味道。

蕭若元兄閱世甚深，曾任新聞報道主播，編寫過多部電視劇，亦曾帶領三家公司在聯交所掛牌上市。他長期在本港各大報章撰寫專欄，分析香港各方面的發展，題材包括政治、經濟、歷史、文化等。

蕭若元的專欄，反映他的博學。他承認受李敖的影響很大；李敖的博聞強記，在台港盛名素著。在《香港的命運》一書，蕭若元細心補上詳盡的註釋，對讀者幫助很大。從專欄作者到網台「大V」，多看書的優勢是清晰的。

二〇一五年開始，李克強總理推動「全民閱讀」，國內因此有不少有關的調查。據中國新聞出版研究院的調查，二〇一三年中國成年人該年人均閱讀圖書四點五本，遠低於韓國的十一本，法國的二十本，日本的四十本，以色列的六十四本。中國成年人在二〇一三年一本書都沒有讀過的佔百分之六十六點七二。看來中國要成為文他大國，還有一段距離。

到歐洲與該地的藍領工人接觸，就會知道他們除了喝酒、看足球比賽之外，喜歡閱讀世界文學名著和欣賞古典音樂的比例不低，反映歐洲深厚的文化底蘊。讀者喜歡蕭若元的專欄，自會同意「開卷有益」。

最近兩三年，國內對互聯網的管控力度大為加強，網絡公共知識份子作為一個群體已告式微。為此同時，「小粉紅」群體崛起，表現出強烈的愛國熱情和對體制的捍衛；希望這不是香港網絡媒體未來的趨勢。不過，最近兩年港台問題和國際話題受到國內網民強烈關注，與海外輿論呈現衝撞之勢。

一個國家的言論自由，主要反映於對小眾聲音的包容。香港崇尚法治與資訊自由，因為這是香港作為國際金融中心和商業服務中心賴以壓倒國內沿海城市的重要優勢。法治和言論自由受到侵蝕，香港淪為一個普通的中國城市，那香港還怎麼能跟上海競爭。

現階段香港網絡媒體的各種聲音，好比煤礦坑道的金絲雀。雖然你未必認同它們大部份的觀點，但它們在親中陣營龐大的資源攻勢下，是維護香港輿論自由的重要力量，亦成為民主運動的主要發言渠道。

《香港的命運》談的是香港的發展。對年長的讀者而言，有似曾相識之感；對年輕的讀者而言，對瞭解香港，總有一點幫助。讀者不必同意蕭若元的觀點，但他的專欄與網台評論，代表著香港文化的一種特色。

二〇一七年三月一日

第一章

煙花中的寂寥

第一節 早知天意是無情

一九九七年七月一日，晚上八時。

天不造美，當晚有雨。

我坐在中怡大廈九樓，隔著玻璃幕牆，越過青蔥的灣仔運動場，望著壯麗的維港上空，那奇幻不可方物的絢爛煙花。為了不要「浪費」這爿「無敵海景」，每年的農曆新年，我都會跟同事們一起欣賞煙花匯演。這一次見證歷史的「香港九七萬丈光芒回歸煙花匯演及海上嘉年華」，我當然不會錯過。

我和百多名同事凝視著亮晶晶的維多利亞港：

四十盞、每盞火力七千瓦特的探射燈把維港照亮得如同白晝，三十一艘用中國傳統色彩裝飾的花艇在海中心緩緩駛過，海中心建起一座十層的高台，內置一枚直徑一百米的圓球，象徵「東方之珠」。剎那間「轟隆」一聲，震破長空，三、四團火球緩緩升起，劈啪劈啪劈啪聲中爆發出百十種顏色千萬般光芒的煙花，每叢煙花又變幻成數不清的星火，包圍著「東方之珠」。以《快樂頌》嘹亮雄壯的音樂作背景，爆炸聲起落有致地打著拍子，火球接二連三躍出，十分鐘之內，一萬七千顆煙花連珠炮發，把整個天空照得光亮璀璨。

這也許是我畢生見過最美麗的人造景觀。

歷時短短十分鐘的的煙花匯演，動用了逾一億港元，全部由香港明天更好基金「自願捐獻」，強調不用政府花一毛錢，相信是人類有史以來最短暫、也最浪費的一次燒錢行為。我看著這一片璀璨閃亮的花火，情不自己地，感到一絲寂寥。

這煙花，令我想到羅馬帝國的著名暴君尼祿時期火焚大半個羅馬城的絢爛情景(尼祿一直被認為是「暴君焚城錄」的主使人，但現代的史學家對此有所保留)，無論如何，香港再繁榮也遠遠比不上當年的羅馬帝國。寫《羅馬帝國衰亡史》(The Decline and Fall of the Roman Empire)的英國大史家吉朋(Edward Gibbon)是這樣描述全盛時期羅馬帝國的強大和富裕的：

「在基督紀元的第二百年，羅馬帝國被公認為地球最美麗的地方，並且是人類最高文明的典範。在這君主政體統治下遼闊領土的最前線，由素有聲望和嚴守紀律的壯士所守衛。合理、而有強大約束力的法律和習俗，逐漸將各省黏合團結起來。守法的人民享受著、揮霍著大量的財富與奢侈品。」

香港以煙花來慶祝大日子，是從暴動之後開始，目的是粉飾太平。但以前，農曆年放一次煙花，所花的不過是三數百萬元。甚麼時候，香港可以奢侈到花上超過一億元，一燒而光，只為了十數分鐘的歌舞昇平？

《易經》曰：「亢龍有悔，窮之災也。」中國傳統智慧，認為事物走到盡頭，就會向相反方向發展，譬如陰極則陽生，分久則必合，同樣，盛極則衰，香港是否已經到了這個境界？

半夜後，我坐車回半山的家，看著山上山下熟悉的摩天大樓高高低低地矗立、爭妍麗、鬥雄奇、競比天高，維多利亞港大大小小的船舶或徐或疾地往來巡梭，好一片繁榮盛世！

山頂上，卻是一片終年常綠的長青樹叢。

以前我不明白，現在多看了 Discovery Channel，知道香港應是雨林地帶，雨林的樹通常都超過一百呎，大概早就給人砍光了、燒光了，換成了這些經濟價值少得多的常青樹。當年慈禧太后譏之為「蕞爾小島」，毫不憐惜地把它割讓了給英夷，當時大英帝國處相帕默斯頓（Lord Palmerston）看不起這個只住了七千四百五十人的孤懸荒島，稱它為「光禿石山」（barren rock），當然是刻薄之辭。但事實上，港島九龍從海中直拔而起，地無三里平，在農耕社會，經濟價值甚少，北面被獅子山和大帽山隔絕，對不慣水道的中國人來說，交通困難，難怪在一八四〇年以前，除了以海盜知名外，在歷史上寂寂無聞，當時又怎能料到今日成為雄峙世界的大都會？

早期的香港只不過是個「光禿石山」。

「那時是在羅馬，時維一七六四年十月的第十五日，我坐在羅馬古城的廢墟沉思，赤腳的修士在宙斯神廟唱著晚禱曲，我開始想到寫一本關於這城市的衰亡歷史。」經過了兩年的潛心思索，吉朋寫下了一千三百年的大歷史，他自己，也因這部大書而列名青史。

宋朝時，蘇東坡愛妾朝

雲曾經指著蘇東坡的大肚皮問他：「此中何所有？」蘇東坡感慨地答道：「滿肚子的不合時宜。」

我正是懷著同樣的不合時宜看著交接儀式的進行。

在香港回歸的當晚，我心裡的不舒服，來自中華人民共和國香港特別行政區首任行政長官董建華在中華人民共和國香港特別行政區成立慶典大會上的講話：

「我們將以堅定的信念，踏實的步伐，和旺盛的鬥志，朝著高遠的理想前進……」這種充滿革命激情的用詞遣句，身為香港人，聽來到十分不習慣，畢竟三十年來，香港政府的最高理想，不外是「清潔香港」。

行政長官又信誓旦旦地說：「我們將大量興建居屋，積極落實出售公屋的計劃並照顧夾心階層的需要；我們以每年不少於八萬五千個單位，為增加整體房屋供應目標，使到十年之內，全港百分之七十的家庭可以擁有自置居所。」

當晚，我在床上輾轉反側，多思難眠。但我希望，這純粹是杞人憂天。

第二節 大風起於萍末

一九九七年十月二十三日，晚上十時。

當日，銀行同業拆息飆升至三百厘，恆指跌一千二百一十點，挫至一萬零四百二十六點才喘定。四天之內，港股跌掉了三千一百七十點，總市值蒸發了八千億，史稱「黑色星期四」。

銅鑼灣水車屋。

對著滿桌的魚生，所有人都食不下嚥，我因為閱歷較深，在舉目盡皆惶然不安中，仍然保持沉著，我當時對所有人說：「這絕對是股災，要把所有股票賣掉，一股不留！」

巨風起於萍末，當警號隱隱傳來時，有多少人能從夢中驚醒？其實回歸後第二日，泰幣已經棄守，泰銖改為浮動匯率，之後的幾個月，泰銖跌去了一半。亞洲金融風暴，簡而言之，就是東亞貨幣骨牌式倒下，大幅度貶值。

但當時所有香港人（包括我自己在內）都覺得不會牽連到香港，泰國、南韓、印尼這些發展中國家，早已負債纍纍，實際上在破產邊緣，香港則全無外債，外匯儲備對貨幣比率居世界之首，政府財政穩健，甚至慷慨地借出十億美元，給泰國救災。這場區區的風波，又怎會牽連到香港？甚至不排除外資把香港當作避難所，把資金從東亞搬過來，反令香港得益呢？

其實覆巢之下，焉有完卵？最後對沖基金看準了香港聯繫匯率的弱點，先拋空港股，再拋空港元，港府為保護聯繫匯率，抽緊錢根，把利息挾到天文數字，而對沖基金就可以從拋空港股中，得到龐大利益，而高息的副作用，就是地產和經濟亦面臨崩潰。

關於金融風暴的成因，有兩套理論去詮釋，一套由克魯明提出，另一套由長谷川慶太郎提出。

早在一九九四年，麻省理工大學的克魯明教授(Paul Krugman)在《外交季刊》(Foreign Affairs)刊登過一篇文章《亞洲奇蹟的迷思》(The Myth of Asia's Miracle)，把亞洲的興旺經濟與六十年代蘇聯的赫魯曉夫(註一)改革相比，懷疑亞洲的高速增長與產力如何持續，間接預言了金融風暴。

他認為東亞地區(包括中國和日本在內)長期維持高速增長的最大原因，並非緣於生產力的提升，而是太多的投入：投入資本、投入人力。

投入的方式，是靠大量外債和增加就業人口，而人力有時而窮，外債終有要償還的一天，這樣的增長是難以持久的。

麻省理工大學教授克魯（Paul Krugman，1953-現在）是「克拉克獎」的得獎人，「克拉克獎」只頒給四十歲以下的美國經濟學家，是美國經濟學界的最高榮譽。

東亞諸國貪污腐化的情況嚴重，統治者的親朋戚友莫不擇肥而噬，壟斷了經濟，控制著所有的大公司，這現象稱為「朋黨資本主義」(crony capitalism)。借回來的外債都投資在沒有效益的項目上，於是只能不停以新債養舊債，十個瓶九個蓋，終有穿「崩」一日，債主擠提，外匯不足，貨幣一瀉千里。

但是，「朋黨資本主義」並非一朝一夕，為甚麼早不發生遲不發生，偏偏在一九九七年發生？而東亞各國的國情明顯有別，為甚麼同時碰上了危機？

日本的經濟學家長谷川慶太郎的見解是這樣的：

東亞各國一直採用低工資政策，大量出口勞力密集的消費品，主要的買家是美國。但是，自從中國在一九七八年開放以來，生產力急速增加，到了九十年代初期，產品質素已經不亞於東亞諸國，但其工資卻低得多。中國人口十二億，美國的人口卻只得二億多，單中國一國已經可以「餵飽」整個美國的入口需求，中國所得到的巨額外匯存底，恰恰便是其他東亞國家所失去的。

到了九七年，東亞各國的國家貿易已經長年處於赤字狀態，國際收支入不敷出，只靠金融市場引入資金，來平衡收支。為著減輕借貸成本，更大量以美元舉債，一方面外債不斷增加，另一方面，幣值在不平常的高水平。對沖基金發覺了這現象。

當這些國家的外匯存底減少到某一地步，對沖基金乘機對準弱點而狙擊，大手沽出該國貨幣，該國沒有本錢（外匯）抵抗，而恐慌之下，外債紛紛追償，只得眼白白看著貨幣貶值：泰銖、南韓圜、印尼盾，先後遭到了同樣的厄運。

當泰、韓、印各國滿頭大汗應付金融危機時，我雖然已察覺一個經濟上的寒冬已候在門外，但仍然掉以輕心，四十多年來，香港經歷過太多動亂，由石硤尾暴動到六四事件，每次無不來勢洶洶，但一樣能安然渡過，好像火鳳凰一樣浴火重生，英姿只有更加煥發驕人，我深信金融風暴亦是一樣。

老一輩經常放在口頭：「香港係福地，死唔去嘅！」理由絕對理所當然：「賴布衣係咁講嘅！」若碰上懷疑目光，這些老人家便會加多兩句，繪形繪聲為「香港福地說」解畫：「有一隻石龜環繞著太平山在爬，爬得非常慢，到它爬落維多利亞港時，香港就會陸沉……除此以外，所有劫難，香港必然會安然渡過。」既然現在石龜影蹤全無，香港必然無恙；信者得救，大家放心繼續吃喝玩樂。

後來公司搬到鷹君大廈二十九樓，站在一列開揚玻璃窗前，我悠然欣賞維港景色，當游目至會展二期時，不禁大吃一驚，它看來就活脫脫是隻活龜，牠已經到了維港之內……

註一：赫魯曉夫站在聯合國的講台，脫下鞋子，力敲講台，大聲叫囂：「我們會埋葬你們！」他並非要在軍事上打垮美國，而是要證明在經濟發展上，共產主義優於資本主義。結果是，美國沒有被埋葬，他的兒子小赫魯曉夫入籍美國，想來今後「赫魯曉夫」一族都會埋葬在美的土地。

第三節　渡盡劫波

我是一九四九年（己丑）出生的，我的初戀情人會畫國畫和雕圖章，她曾經雕了一個「己丑生」的圖章給我，對我來說彌足珍貴，但多次搬屋之後，於多年前已經遺失，這是我的一大憾事。

以我的年歲，大家大抵知道我親身經歷的時限。整個二十世紀，香港面臨過多次劫難，五五年以前的，我來自聽聞；五五年以後的，皆是目睹。

解放前一個世紀，香港經歷了兩次幾乎滅頂之災，第一次是一九二四至二五年的省港澳大罷工，另一次就是日軍佔領的三年零八個月，前者是由於「五卅慘案」引起，香港殖民地政府歧視和虐待華人做成了海員大罷工，所有在港華人步行離開香港（「行路上廣州」這俗語就是此時興起），英國軍警在沙田開槍攔截，造成嚴重傷亡，史稱為「沙田慘案」。之後香港幾乎成為死港，好幾年才能恢復。

日本佔領期間，更是慘絕人寰。經過初期一輪混亂和搶劫後，日軍執行嚴厲治安秩序，捉到小偷和劫匪，就地槍決。奈何民有飢色，街頭仍然充斥罪案。為了避免搶回來的東西來不及享用，就被槍決，劫匪一搶到東西，就一面跑、一面吃，有些促狹鬼把穢物包成食物的樣子，引劫匪吃下，以為笑謔，其實大家同是天涯淪落人，這些都是互相折磨，笑中帶淚的慘事。

當時我母親住在香港，有一天，她在街上看見一個乞婦，用一個瓦煲在街邊不知在煲什麼，一面在喃喃自語：「稔未呀、稔未呀。」（廣東話，意即煮到軟了沒有）我母親走近一看，那乞婦從瓦煲中拿出一隻人手，我媽馬上暈了過去。大家可想而知，當時情況悲慘到什麼程度。當然，這一切都是從老輩聽回來，但近幾十年，我亦親身經歷幾次驚心動魄的場面。

我是廣東隆都人，隆都距離中山縣石岐不遠，但鄉下說的並非廣東話，跟廣東人完全不同，譬如說，小孩子是「囝」，女孩子是「查某囝」。後來，我祖母到台灣，發現隆都話像極閩南話，跟閩南人可以自由溝通。後來我查族譜，才知道我們本來是北方人，先移民到閩南，住了一段時期，才轉來廣東。

我的祖先是北方人，我長得高而皮膚白皙，是很好的證明。北方人來到南方「鳥舌」兼「不毛」的粵地，既然是後來者，所能霸佔到的，只能是貧瘠的瘦田。隆都，就是這樣的貧窮地方。而且，隆都人不懂說廣東話，在廣東省更加難以生存，所以往往逼得往外跑。因此，我的鄉下從清末開始，就變成了僑鄉，男人全都是出洋的華僑，出洋的方法，就是「買出世紙」。

相信大家都不會明白「買出世紙」這種機制。簡單來說，是這樣的：如果村裡有人入籍外國，如果該國的國籍是採用「屬人制」的話，擁有國籍的人的子女亦有入籍權，入籍者就會申報他在鄉下有多少個孩子，該國則照申報的數目給他出世紙，憑出世紙便可取得入境簽証。他一定將子女的數目誇到最大，騙一堆出世紙回來，賣給同鄉，讓他們持之出國。要去哪個國家，就要看當時有哪個國家的出世紙出售。

因此，一家人的國籍往往完全不同，比如，我祖父是美國籍，父親則是秘魯籍。

我鄉下的男人出國，通常一去二三十年，很多時是坐大眼雞（中式帆船）。如果去美洲，要坐三四個月船，危險到不得了，每次去都是生離死別。好像我祖父和我祖母結婚三十年，相聚不足一載。到了外國，都是做牛做馬，我祖父在夏威夷賣菜，捱死後，攢積下來的錢統寄回鄉下，買田起屋。因此，我鄉下的家也有不少田。記得小時候，祖母不時把田契拿出來，對我們說：「只要國民黨反攻大陸成功，我們就可以取回這些田了。」所以，我的家庭基本上是反共的。

我有一個委內瑞拉籍的親叔公。二十年前，他帶同兒子回鄉，我、祖母和他兩父子閒談間，出現了十分有趣的現象。委內瑞拉是說西班牙語的，我堂叔是柏克萊高材生，四個人談話時，我跟祖母說廣東話，祖母跟叔公說鄉下話，叔公跟他兒子說西班牙語，堂叔跟我說英文，任何兩個人說話，也沒有第三個人聽得懂，每句話都要說上三次，才會四個人都明白。說起來很滑稽，其實充滿中國人花果飄零的血淚。

這情況有點像今天的福州人。他們在福建省，卻不懂得說福建話，男人為求出頭，只有偷渡出國。那天看到五十八名福州偷渡客在比利時偷渡往英國的貨櫃車內活生生焗死的新聞，不禁惻然。

我有一個親戚，千辛萬苦到了新金山，即是今天的墨爾本，上岸之後，跟大伙兒一起走，因為走得太慢，被同伴拋離了。到了晚上，他一個人在河邊，欲掬水飲，誰知竟然拾到一塊暖壺般大的黃金，立刻回頭、衣錦還鄉去了。

這些「華人勞工」回家，並非買票坐船這麼簡單。他們首先得逐條船去找主人，要求收留，當廚子、擦地板，甚麼都幹，就是為了搭順風船。他可能先去英國，再去夏威夷，走上七、八處地方，才回到家鄉。

我祖母經常告訴我家鄉的情況，炒一碟黃豆，必須用筲箕蓋著，大家用筷子伸進縫隙夾來吃，如果筷子夾了兩顆黃豆，便無法伸出縫隙，以防止小孩子一下子把黃豆吃光。

另外一絕是臘鴨尾，每天放在飯上面蒸，飯便有了油和臘鴨的香味。飯蒸熟後，立刻把臘鴨尾掛上、再晒乾，明天再用。這樣子，一隻臘鴨尾可以吃上一年。

還有一道菜，是炒石舂。用鹹水來炒石舂，每次夾一顆石舂，含上一含，把石舂吐出，吃一口飯，無論吃了多少次，石春的數目都不會減少，好用得很。

家裡的大閘，髹上了大紅漆。陽光太猛烈時，得把門閘收回屋內，避免陽光把珍貴的紅漆晒得脫掉。

我祖母和父親在一九三〇年初從家鄉搬到澳門，和平後就搬到香港。早期我家裡有五個小孩，我排第三，其餘四個是女兒，所以我是獨子。坦白說，在以前的家庭，獨子的地位受到較多的關注，尤其是祖母，自幼對我呵護備至。但我長大後不久，她就去了台灣跟我叔父定居，不單未曾略盡孝道，臨終亦未能見她一面，這是我終身的遺憾。

記憶中第一次危機，是在一九五六年，當時我七歲，在北角官立小學讀三年級。

一九五六年的石硤尾暴動發生時，當時沒有電視，沒有商台，報紙因暴動而沒發行，我們對外資訊只得有線的麗的呼聲，而由於政治敏感關係，其實都是語焉不詳。我們只有道聽途說。

當時我七歲，在北角官立小學讀小三，聽到大人說，石硤尾居民很愛國，雙十節掛國旗，但「英國佬」把國旗扯下來，惹起群眾暴動。所以我們聽到暴動擴大，都會拍掌歡呼。幾日後，暴動平息，我走路上學，在木屋區時代的健康村，順路去找同學一起回校，遇到他的爸爸，當時他對我說：「這幾日你們很擔心吧。那些『爛仔』搞事，真討厭！」我當時覺得很奇怪，直到很多年後，我才知道當時的真相，又再更多年後，我才明白，世事原來不同的人從不同的角度，可以得到完全不同的結論。

這次暴動的結果，是大批國民黨特務和黑社會分子被捕，被列為不受歡迎人物，驅逐出境。很多有頭有面的人物，就在這段時期被驅逐到台灣，但更多的人被台灣拒絕接收。所謂「驅逐出境」，就是水警輪把他們送到大陸海岸線，這些人往往被大陸民兵拘捕，當特務槍斃。另一些就被送到無人荒島，讓其自生自滅。

這種草菅人命的做法，到了六〇年代才中止。我相信，這種罔顧人命、踐踏人權的做法，是這一代香港人難以想像的。

最難以忘懷的當然是六七年的大暴動。

我在一九六六年中五畢業。當時我住在北角七姊妹道，前面是電車宿舍，左面是巴士公司，我們住的那層舊樓有一千呎，我父母和六兄弟姊妹一起住在頭房，(在我唸中四時，又添了一個么妹）。後面三間房分租了給別人，以幫補家用。在那個年代，租一個單位來「包租」，是很平常的做法，往往可以「賺住」，幸運的還可能稍有利潤。大多數人只能一家人租住一個房間，一家八口一張床並非罕見的事。

為了應付會考，又避免影響家人睡眠，由六五年起，我駁了一條電線到騎樓，用一個衣夾，把一盞小燈夾在騎樓欄杆上照明，一個人坐在騎樓讀書，情趣相當不錯。每天晚上三點多鐘，所有巴士都回廠之後，巴士公司就會有很多工人出來，把大量的洗粉洒在地上，跟著沖水刷起來，要將巴士留下的油污清洗乾淨，整條街和巴士廠內變成白茫茫一片，好像漫天大雪，蔚為奇景。

在孤燈之下，我把會考範圍讀來讀去，同時，由於我對時事有相當的興趣，每天追蹤著北京驚天動地的變化，當時文革正席捲全國，我們香港人就抱著隔岸觀火的心情，見證歷史的轉折。萬萬料不到，一年後，我在同一位置，見証香港亦被捲入這場風暴之中。

現在的人很難想像文革發生時的震撼性。整個中學每日午飯時，我都會留在西環贊育社區中心的圖書館看書，大約中二的時候，我把共產主義理論粗略看了一次，對剩餘資產價值論、唯物史觀和唯物辯證法都有初步認識，但對中國內部狀況，尤其是高層人事，其實不甚了了。當時知識分子最多人看的是《明報》，我由小學開始就看金庸的小說，對大陸政情的認識和意見可謂完全從金庸得來。對我來說，中國發生的事，比《三國演義》更曲折離奇，我和我大姐每天都很焦急等報紙派來，追看最新進展。

相信年輕的人不能想像，當時派報紙的方法，是把一份報紙捲成一卷，用一條鹹水草綁住，插在單車尾，沿途踩著單車不停，經過那一處，手從後面抽出一卷報紙就一拋，拋到那一家的騎樓上。我家住在四樓，他們可以很輕鬆的拋上來，就是八、九樓，沒有騎樓，只開一面窗，也百發百中。賣飛機欖的原理也一樣，但很可惜，這絕藝恐怕失傳了三、四十年。

當時我為了關心文革發展，我和我大姐每天搶著接拋上來的報紙，看到標題，已經觸目驚心。

兩年的文革在我心目中留下一連串形象特出的蒙太奇：毛澤東親手貼上他的第一張大字報：「橫掃一切牛鬼蛇神！」/毛主席在天安門接見二百萬紅衛兵/出版了的《人民日報》卻被收回重印，把標題從「黨中央毛主席」，改成「毛主席黨中央」/國家主席劉少奇被指為「黨內的赫魯曉夫」/解放軍總參謀長羅瑞卿跳樓/紅衛兵要「清四舊」，一夜間把全國街道名稱和商舖招牌都改成「東方紅」、「革命人民」等等名稱，把無數書籍古董付諸一炬/武漢「百萬雄師」兵變/北京百萬人上街保護毛主席/杜甫詩云：「聞道長安似弈棋」，意思是首都的政事好像下棋一樣，令人難以捉摸一幕幕走馬燈似的，留下鮮明深刻的形象。

一九六五年天星小輪暴動其實是六七年暴動的序幕。當時，香港的貧富懸殊和階級分化都很嚴重，港英政府完全漠視低下階層的生計及訴求。在一九六五年，天星小輪加價「斗零」（五仙），市政局民選議員葉錫恩向政府遞交了一份二萬多人聯署的呈文，政府非但置之不理，更在翌年三月增加寄往中國內地的郵費，以及將一部分廉租屋的租金提高一成。

四月四日，一名青年蘇守忠穿上寫著「支持葉錫恩，參加絕食，反對加價」的衣服，在港島天星碼頭絕食，並表示要絕食至死，或至加價取消。第二天，警方以阻塞行人通道為理由，拘捕了蘇守忠。當晚，大批示威者守在彌敦道巡迴遊行，沿途高叫：「我們反對加價！」

四日之後，蘇守忠在區裁判司署受審，當日黃昏，暴動開始。

暴亂的中心在旺角：彌敦道、亞皆老街、西洋菜街、山東街、豉油街……暴亂分子向警察投擲石塊、搗毀巴士、縱火燒車、推倒警崗，警察則用警棍、催淚彈、開槍示警，來驅散人群。

暴動持續了兩天，到了四月八日，港英政府在九龍實行宵禁。一個月後，天星小輪正式加價，但僅限於頭等艙，結果是，很多頭等艙乘客改搭二等艙，作為無聲抗議，而這次暴動就從無聲抗議中不了了之。

唯一值得一提的是，事件的發起人蘇守忠後來當了和尚，他對此事無悔。

其後，港英當局委任楊鐵樑主持調查委員會，進行聆訊，印象最深刻的是聆訊中葉錫恩被人嚴詞質詢，以致淚灑當場，事後報告書把責任歸咎於「underinformed people making irresponsible remark」（不知內情的人作出不負責任批評）。我發現這句用處非常大，尤其是當你決定不聽任何人意見的時候。

葉錫恩經常嚴厲批評港英政府不民主和踐踏人權的做法。其實，港英政府長時期對她進行政治迫害但她仍能堅持信念，奮鬥到底，我對她非常佩服。但很可惜，後來她的言行我卻不能苟同，為德不卒，可惜可嘆。

文化大革命是一九六七年大暴動的外因，本港勞資關係緊張是內因。

在六十年代，塑膠花是香港增長最快的新興工業，佔了工業總出口的百分之十二，現時許多的商界大亨，包括李嘉誠在內，都是憑塑膠花賺取了第一桶金。

香港人造花廠是當時的一家大廠，員工近千人，總廠在港島西區，分廠在新蒲崗。一九六七年四月十三日，它公布了十條新的員工規例，員工認為影響收入，示威抗議。廠方應付示威工人的方法，是解僱近百名工人，被解僱的工人包圍廠房，阻止廠方搬運貨物。

當時的勞資糾紛，資方找警方幫忙是常見的做法。警察前往干預，打傷數人，逮捕二十一人。工會起而響應，人造花廠外開始集結大批工人，防暴警察動用催淚彈驅散人群，衝突中多人受傷。五月十二日，港九各業工人組成「反對港英破壞鬥爭委員會」，騷亂迅速蔓延至其他地區。

正如前文所言，香港的工人階級已累積了太多的不滿，本港的工會勢力一向分為左右兩派，右派是台灣的工團，左派就是工聯會，早期是工團（或自由工會）的勢力較大，但工聯會較進取，到了這段時期，已經成為最大力量，在六六年暴動，天星小輪事件更令民怨激化。但最重要的，還是中國大陸的態度。在六六年的天星小輪事件中，北京的態度是，反加價不應騷亂，但到了六七年，受了文革極左思維的影響，對帝國主義採取針鋒相對的態度，駐倫敦代辦處職員曾經持斧頭追斬英國外交人員，對於近在肘腋的帝國主義殖民地，當然不會放過。

五月十五日，中國外交部發表聲明：「中國政府和中國人民決心把這場鬥爭進行到底。」並在北京、廣州等城市舉行群眾大會，支持香港同胞反迫害鬥爭，要求英國政府責成港英當局，停止一切法西斯措施。英國政府的反應很乾脆，一星期後，發表聲明，全力支持港府「履行其維持法律及秩序的責任」。

五月二十二日，在港督府前的花園道口，警察列隊成陣，以武力對付群眾隊伍，打傷多人，拘捕大批工人及學生。此後，遊行示威被罷工、罷市所取代。港九巴士、電車、北角發電廠、中華煤氣公司、九龍船塢、天星小輪等數以萬計的工人開始定時罷工。

我家的一個房間分租了給一名中華巴士的司機，他是左派工會的成員。由於左派工會「出糧」給所有的罷工者，這位司機說：「人不為己，天誅地滅。」每天便興興頭頭的，一面罷工，一面「返工」，罷工就是「返工」，「返工」就是罷工，真有點辯證法的意味。

巴士罷駛，港英政府馬上開放貨車及貨van載客。當時的辦法，是在貨車斗篷兩邊鐵枝上綁上一條條的繩子，乘搭者站滿貨車上，捉住一條繩，作為安全憑藉，每逢轉彎時，全車的人左歪右倒，蔚為奇觀。我們上學只有坐貨車，小販甚至在貨車上做生意，其後再由貨van作為載客主力。

數年後，政府將「九人van」合法化，由此可見港英政府行事作風的一斑。「九人van」便是今日的小巴的前身。

由於我只看《明報》和反共的報紙，偏見地認為香港對中國有著太大的經濟貢獻，中國不可能收回香港。但其實，當時中國紅火朝天，誰會把經濟利益放在眼內？愛國而熱血的中國人，又怎能眼睜睜看著中國的神聖領土繼續落在英帝的手中？

而且，在五月二十七日，中國外交部長陳毅表示，中國政府對港英政府的行動「絕對不能坐視不管」。「絕對不能坐視不管」這句話在中國的官方文件，之前出現過一次，結果是一九五〇年打了韓戰。而在「六七暴動」後兩年，中國也對前蘇聯「絕對不能坐視不管」了一次，結果是一九六九年打了「珍寶島之役」，之後還對越南說了一次，結果是一九七九年打了「懲越之戰」。但當時我當然不知「絕對不能坐視不管」的嚴重性。

其時解放軍已開到深圳，隨時準備接收香港。英國軍艦「堡壘號」早在五月二十六日已開到香港水域，同香港英軍舉行軍事演習。不消說，一旦解放軍開進新界，「堡壘號」立刻搖身變成撤僑的運輸工具。到了七月，情勢越來越險峻，英國人決定撤僑，飛機飛到上海，中途加油時，周恩來要求他們留下來，英國知道事情有了轉機，才肯留下來。就是在這節骨眼上，周恩來勸服了毛澤東，香港才得以保全，真是險極了！

六月三日，北京《人民日報》發表社論：「英帝國主義越是瘋狂鎮壓我愛國同胞，它在香港的末日也就越是臨近。我香港愛國同胞在七億祖國人民的支持下，一定要向英帝國主義索還血債。一定要判處英帝國主義的死刑！這歷史性的日子，是一定要到來的。」

文章刊出之後，罷工、罷市升級，港英警察與暴動工人衝突時發生了多宗傷亡，在七月八日，更有三百多名大陸民眾從沙頭角越過邊境，與港英警察槍戰，五名警察殉職。七月九日的一次衝突，一名警員開槍擊一名暴徒，一名暴徒則用鐵鉤殺掉一名警員，事後左派報章《晶報》更洋洋得意，以生殺「黃皮狗」作為標題。

其實，打從七月上旬開始，中國對事件的基本態度，是毛澤東指示的「盤馬彎弓故不發」，嚇唬港英政府，但又不甘示弱，照樣大肆文攻武嚇，雖提供了二千萬元「鬥爭費」給香港左派，卻不提供武器軍火，不派解放軍越過深圳邊界，官方輿論不宣傳收回香港，而香港的一切對港英鬥爭行動，全由新華社決策指揮。

香港的一些知情人士早已洞悉先機，例如因韓戰時偷運物資到中國發達的霍英東到了英國，因吃了毛澤東親手夾的一塊雞而獲得「毛夾雞」美稱的中華總商會會長高卓雄到了日本，中華書店董事長吳叔同甚至「投奔自由」，跑到了台灣。

但這時候，港英政府已知悉中國政府「盤馬彎弓故不發」的底牌，決心大反擊。

由七月十一日起，它反被動為主動，策略從防止暴亂轉變成直挑左派的大本營，發動了一連串的激烈的鎮壓行動，大規模圍攻六十多個左派工會和學校，逮捕人數超過一千五百人。

我住在北角七姊妹道，隔離是中華巴士公司，對面是華豐國貨公司，前面是電車廠。港英政府打擊左派據點的第一站，正是華豐國貨。港英抗暴的種種可笑可泣場面，全都為我親眼目睹。

七月十一日，駐守「華豐」的暴徒對於港英的攻擊嚴陣以待，非但鎖上大閘，屋頂另加裝鐵枝，事後證明他們的判斷正確：上千的防暴警察果然出動了直升機，攜帶現代化武器，由晚上七時開始，強攻華豐國貨公司，共施放了二十多枚催淚彈及燃燒彈，雙方周旋了十三小時，大戰方止。好一場精采的大戰！

港英政府同時打擊左派的宣傳基地，逮捕左派報社的記者和參與煽動的演員、導演，查封親左派報紙《香港夜報》、《新午報》、《田豐日報》，並拘捕報社負責人。中國外交部向英國發出釋放三報負責人的最後通牒，英國拒絕。八月二十二日，北京數萬名紅衛兵到英國代辦處示威，放火焚燒代辦處。由於香港的鬥爭委員會無法體會到領袖「盤馬彎弓故不發」的苦心，衝突只能繼續，更進入了炸彈攻擊的新階段，不停的在電車、汽車、渡輪、繁華鬧市等場所廣佈真假炸彈。

商業電台播音員林少波（藝名林彬）每天都在電台上大罵左派，每次開口都是「你地呢班污糟邋遢，下流賤格嘅左仔」，尤其被左派恨之切骨。八月二十四日，林彬和其族弟林海光在九龍窩打老道山遭土製汽油彈襲擊，二人困於私家車內，被嚴重燒傷，送院後終於不治。商台把所有的節目取消，改播哀樂，以示悼念。

那時，我在聖保羅書院唸中六，非常非常喜歡看書，常常在晚上看書到天光。金庸在《明報》的社評和萬人傑的評論文章，兩枝健筆均對暴徒作出最嚴厲的譴責。

查良鏞在九月二日《明報》的社評這樣寫：「港共卻燒巴士、燒醫院、炸殺兒童、炸清道夫、暗殺文化人，拼命『仇視群眾、蔑視群眾、鄙視群眾』，口頭上『三視港英』，實則是『三視群眾』。」

由於查良鏞的嚴厲筆伐左派，被左派勢力稱為「豺狼鏞」，列為第二號要殺的人物。第一號則是親台灣的《真報》老闆陸海安。

為免自己也成為「林彬二世」，查良鏞變成了神秘人，他不照相，不接受訪問，沒有人知道他住處，每日午後才回《明報》辦公，這樣子前後維持了二十年，直到他同北京和解，才「重見天日」。

一九七五年我輾轉到了麗的電視台，有兩位很談得來的同事，一個叫李兆熊，一個叫江龍（現執掌新加坡華人電視台），在暴動的時候，他們都在左派陣營工作。

李兆熊的爸爸叫李晨風，是左派人士。李兆熊那時尚是長城鳳凰的編劇，拿左派薪金，亦被號召上陣，為暴動盡一分力。有一天，李兆熊被吩咐一個星期後到南九龍裁判司署，參與抗英。

李兆熊思前想後了多個晚上，進退維谷。他估計那日港英會出手鎮壓，不去，又似乎太沒義氣，終於作出了可能是畢生最英明的決定：他穿一雙縛帶鞋，牢牢的打上一個死結，並把剩下的鞋帶剪掉。

到了南九龍裁判司署，警方和李兆熊等一伙「愛國人士」果然大打出手，雙方從街頭打到巷尾，警方出動了催淚彈，「愛國人士」只有作出「戰略性撤退」，一哄而散。這時候，只有一名暴徒腳上還有鞋子，輕輕快快的走路回家，就是李兆熊。其他的暴徒要麼穿「懶佬鞋」，被從腳跟踩掉了鞋子，要嘛！更糟糕，穿了縛帶鞋，給踩著鞋帶，連人帶鞋一起摔倒。李兆熊對自己的抉擇感到非常得意。

江龍對暴徒「土法抗港英」的招式有點補充：指揮的那位仁兄在警方亮出紅旗警告時，竟然指揮他們「集結」。密集的結果，是對方的橡膠子彈和催淚彈無虛發。這樣的瞎指揮比比皆是，譬如出發前江龍被分配一條濕毛巾，領導告訴他，催淚彈來時不可怕，拿起濕毛巾，拋回去，就可以了。

誰知「港英走狗」的催淚彈的型號是改良版，射過來後，滿地Z形亂蹦亂走，江龍拿著濕毛巾滿地爬也追不上，徒然淚流而已。

有個七十多歲的阿伯，江龍他們不敢找他一起出征，叫他留守大本營。他夾一根叉作武器，威風凜凜地坐在椅子上，睡著了。乘他睡著時，江龍他們偷偷把叉換成雞毛掃。當大伙兒被「港英走狗」打得大敗虧損，垂頭喪氣地走回大本營，阿伯突然驚醒，見到眼前全是人，以為是敵人，勇猛地拿起雞毛掃便打，一時雞毛亂飛，十分英勇。

香港居民大部分是因為中國解放逃難而來，充滿著原國民黨官僚、殘兵敗將、地主、富商、右派，基本上是反共的，何況大躍進已經失盡民心，文化大革命亦被質疑，把暴亂牽引到香港時，當被大多數市民所抗拒，所以左派雖然以民族矛盾為號召，仍是不得人心。

據港英政府統計，警方處置了八千零四十七枚假炸彈、一千一百六十七枚真彈。由於炸彈屢屢傷及無辜，市民惶惶不安，左派遂變成了過街老鼠、眾矢之的，暴動失去了群眾基礎，沒法維持下去。到了十二月，周恩來下令不要再搞真假炸彈陣，炸彈遂停。在五十一人死亡、八百三十二人受傷、一千九百三十六人被捕之後，暴動終於平息。

我唸大學時，一位高班同學告訴我，英國前首相麥美倫（Lord Macmillan）來港時，他曾經親口問他：「Would England defend for Hong Kong?」（英國會不會保護香港？）麥美倫的答案是：「Never。」（永遠不會。）

他的理由是：就是整個美國第七艦隊駐在維多利亞港，也無法完全保證香港的安全。第二次世界大戰已經證明了，就地理環境而言，香港作為一個孤島，面對幅員廣大的內地，無險可守。從五〇年到現在，香港的生存全賴於北京的容忍，今日的「一國兩制」亦然。

其後，香港還受過幾次驚嚇。其中一次比較嚴重的衝擊，是中國宣布決定收回香港。

其時是一九八三年九月二十四日，我在尖東海域假日地牢晚膳，我還記得大姐林建明坐在鄰桌。當時收到消息，港元兌美元跌至九元六角，在座的人都不知所措。當時我沒有慌亂，但也無可奈何，最後大家作鳥獸散，回家協助婦孺到「百佳」、「惠康」搶購廁紙和食米。

這場恐慌在港元與美元結成聯繫匯率之後，迅速平定下來。後來出現了移民潮、六四事件、政制爭拗，對香港都沒有做成決定性損害。相反，香港的繁榮到了回歸前夕，達到頂峰。因此，當金融風暴來襲時，我肯定香港將面臨一段經濟的冬天，但仍堅決相信我們可以在短時期內反彈，繼續繁榮之路。

後排圈中的是江龍，前排圈中的是李兆熊，大家猜猜我在哪裡。

第四節 治安策

一九九八年，三月六日。

在「新城」的記者招待會，我宣布「開咪」，做晨早節目《平息你的風波》的主持人，記者反應熱烈，主要是想我回答兩個問題：

第一，在淡出娛樂圈幕前二十年、幕後五年之後，我為甚麼會再出來做節目？

第二，我這行動是否針對鄭經翰？

對第二個問題，我當時的答案是這樣的：我認識鄭經翰，但只是泛泛之交，而我對他主持節目的形式，並不認同。我認為，電台節目主持人應該明白，大氣電波是公共財產，根據廣播守則，討論問題應該盡量客觀持平，鄭經翰主持的作風霸道非常，經常截斷對方的說話，不給予不同意見充分發表的空間，並不是一個尊重言論自由者所為。在討論過程中，亦不能做到就事論事，充分擺事實、講道理，其作風我實在不敢苟同。我希望能夠以身作則，發揚客觀理性論事的風氣，培養香港人分析論理的能力，雖然，我個人的影響力非常有限，但對社會不無好處。

我和鄭經翰對民主觀念接近，除此之外，信念就絕少相同。簡單來說，他是一個左派（根據經典解釋），而我是一個右派，當時我的感覺是，在香港政界和輿論界，左派勢力非常大，或者正確一點說，左派的聲音非常大，民粹派、工會派、福利派觀點充斥。對於任何社會問題，答案都是加強管制，結果是政府架構不停擴大，令到經濟彈性減少，蠶食市場經濟體系基礎。

相反地，正確表達右派觀點的則寥寥無幾。我希望能夠平衡一下。

當時有人問我是否要與鄭經翰爭一日長短，當時我引了莊子一個故事，鳳凰（鵷鶵）是神鳥，非梧桐子不食，非最乾淨的泉水不飲，有一隻貓頭鷹，找著了一隻死狗，鳳凰剛好在頭上飛過，貓頭鷹大聲厲叫，想恐嚇鳳凰，恐怕鳳凰搶走他的死狗。（註二）

鄭經翰回應說我當觀眾是死狗，以鄭經翰的學識，不明白這個寓言的含義，自是意料之中。其實我的意思是最佳電台主持人，這樣的蝸角虛名，豈會在我心中！正如《紅樓夢》的劉姥姥所說：「沒有吃過豬肉，也看過豬走路。」

我在一九七四年開始在無線主持晚間新聞，我負責周一至周五，劉家傑負責周六和周日。當日李志中為狄娜自殺後，劉家傑寫公開信表白和狄娜的戀情，寫下「一紙婚書不能阻擋一份不平凡的情意」這名句時，我正在他左右。

當年晚間新聞的收視率長期高踞收視首席，我好歹也曾經是最受歡迎電視節目主持人，廿三年後，經歷過無數起跌浮沉後，如何會搶鄭經翰的死狗？更何況，還要每天早上七點鐘起床趕往電台。

當張承勷和我商量做《平息你的風波》時，我一口答應。原因只得一個，就是我對香港前途有一點意見，不吐不快。畢竟，我是個香港人。

註二：《莊子．秋水篇》：「惠子相梁，莊子往見之。或謂惠子曰：『莊子來，欲代子相。』於是惠子恐，搜於國中三日三夜。莊子往見之，曰：『南方有鳥，其名為鵷鶵，子知之乎？夫鵷鶵，發於南海而飛於北海，非梧桐練實不食，非醴泉不飲。於是鴟得腐鼠，鵷鶵過之，仰而視之曰：「嚇！」今子欲以子之梁國而嚇我邪？』」

我到過很多地方：美國的大峽谷是天然的雄奇。巴黎的凱旋門是在拿破崙三世時代由頭到尾重建的，莊嚴崇高，盡顯世界文化中心的氣派。羅馬是古城，到處都是歷史，有著太多可歌可泣的故事。紐約的百老匯每天都有數不盡文化活動，在那裡可以過著最高質素、也最充實的精神生活。但包括巴黎、紐約在內，沒有一處地方有香港這樣美麗的夜景，及像香港這樣充滿生命力。

香港的夜景，我怎樣説好呢？

香港的夜景是無可比擬的。

夜景靠的主要是燈光，世界上有幾多個大城市有香港這麼多高樓大廈？市中心可能有，但住宅區多是低平房，有哪個城市的公共房屋都是二、三十層高的大廈？

不只這樣，這個城市又必需是靠山近海，才能突顯夜景的美麗，唯有靠山，大廈燈光才會層層疊起，如七寶樓台；唯有面海，才有海面燈光反映，如夢如幻，直有海市蜃樓之感。

就算上述條件齊備的大城市，夜景也比不上香港。外國人多注重私隱，窗雖設而常閉，住宅區晚上一片漆黑，香港人很少拉上窗簾（很多民居連窗簾都沒有）因此晚上整座大廈燈火通明。這是民族性格使然，亦令其他大城市難與香港爭光。

在外國，就算是最繁榮的城市，最多不過是在紅燈區，或者某些特別繁盛地區，才會徹夜熱鬧。但在香港，無論多晚，無論地方多偏僻，只要等上十至十五分鐘，必定有的士經過。旺角、銅鑼灣這些不夜天不算，就是遠至大埔、屯門、元朗的公共屋村，凌晨過後，照樣一片喧鬧，到處都是食肆。

説到吃，哪處地方有香港這麼多的游水海鮮？為何比我們富裕的地方也很少有游水海鮮供應？供應游水海鮮必需有很多配套設施，魚缸、汽泵、海水、活魚迅速運輸系統，這些設備香港四五十年前已經完善齊備，近十年來，其他有中國人社群的地方才陸續添置。

這是為甚麼呢？

因為，唯有粵菜才有蒸魚，而只有蒸魚才必需要用活魚。其他的烹調法，則活魚和冰鮮魚，吃起來沒有多大分別，有甚麼理由要投資供應游水海鮮？這就來到問題的核心：中菜以粵菜為首，而粵菜又以香港獨領風騷，粵菜優勝地方是以口味清淡為主，而口味清淡就要以原料新鮮取勝。所以，粵菜的貴重實在遠超其他地方食譜，舊日廣東有一句流行諺語：「富貴三代，然後知食飯穿衣。」正好說明了一處地方必須長時期高度經濟蓬勃，才有本錢發展出精緻的食譜。正如法國經過了路易十四的「太陽王」盛世，才令法國有了傲視西方的佳餚美食。廣東菜從清代中葉「十三行」時代開始發展，再經香港三十年繁榮，才有這樣大的成就，更加成為了中國菜在全世界的代表作。

說香港是「美食天堂」，絕非過譽。別說廣東菜，就是杭州菜，我們也有價錢最貴、材料最挑剔的、烹調最考究的「天香樓」。世界有甚麼地方，能像香港有這麼多不同種類的繽紛美食的呢？

遍地的美食，恰好證明香港人的活力和拼勁。一份正職、數份兼職，甚至是數份正職的香港人，比比皆是。服務的態度可能粗暴一點，但論手腳之快，世界上決沒有任何地方的人比得上香港的收銀員、售貨員、服務員。

香港人非但快，而且懂得「執生」，隨時隨地隨機應變：七天拍完一部電影，美國、以至全世界都做不到。日本人也許速度同樣快，但香港人還可以不用劇本，現場「飛紙仔」，作為臨時劇本，照樣可以

「七日鮮」。事事講求規矩、不懂靈活變通的日本人，沒有完整劇本，便不可能把一齣電影拍出來。

就像是互聯網，在一九九九年五月，香港人普遍不知互聯網為何物，直至盈科「借殼」德信佳，股價一日間狂升二十二倍之後，人們突然知曉互聯網有利可圖，不到半年，七百萬香港人均速成互聯網專家，上市公司紛紛轉型成為網股，幾乎到了無股不網的地步！

我是中國人，有著中國人含蓄的本性，感情發於心而不露於外，正如我對香港的感情，也是內蘊的。不移民是我一貫的原則，「六四事件」後，受家中婦孺催促，我曾經意圖移民加拿大，到了九一年，移民批准，我略為猶疑後，就把入境簽證撕掉，至今無悔做香港人。我的員工九成是國內人，但是我遇上困難、有仗要打時，第一時間，總是想到找香港人去領兵。沒有良兵，連廉頗這樣的名將也無法立功，難怪我「聞鼙鼓，思港人」了。（註二）

《左傳》說：「心之所謂危，亦以告也。」由於我有太多的衷心話要跟香港人說，所以終於決定每天一早起床，自一九九九年三月十八日起，與吳明林一起主持《平息你的風波》。

當時，金融風暴已發生了五個月，香港地產暴跌了三成，社會一片惶惶然不可終日。我不能不深切反省，究竟香港前途是怎樣？我們面臨的，是短暫調整，還是漫長的下坡路？如果我還有一點長處的話，就是在於「反省能力」，我不會自欺欺人，在任何情況下，都力求冷靜客觀。這是我多年努力控制自己的成果，而又牽涉到我怎樣評估人的才能。

我讀中六時，開始留意成功人士的事蹟。我很驚奇地發現，才智過人的人往往不能出人頭地，在社會上名成利就的人，其實多是中庸之才，似乎才智並非決定事業成敗的主因。

後來，我再用心觀察，得出一個結論：性格才是最重要的因素。西諺有云：「性格就是命運。」古典希臘悲劇都是命運悲劇，大家比較熟悉的《伊底匹斯王》（註四），就是這類作品的典型。

伊底匹斯是底比斯國王的兒子，出生時被神諭預言，他將娶母而殺父。底比斯國王遂命僕人將他殺死，但僕人不忍心，把小伊底匹斯送給來自柯林斯的牧人。伊底匹斯在柯林斯國長大，並成為柯國王子。

後來他到神殿求神諭，神諭預言他會殺父娶母，於是他逃離了柯林斯。

在途中，伊底匹斯與一個老人爭路，殺掉該人，不知該老人便是他生父。當時底比斯正受人面獅身獸的禍害，他殺掉了怪獸，成為底比斯的救星。其時國王已死，伊底匹斯順理成章被擁立為國王，並且接收了皇后，即他的生母。兜兜轉轉，伊底匹斯王終於難逃神諭的宿命：殺父、娶母。他發現真相後，自挖雙目，然後流浪人間。

這類戲劇體現出人對命運的無可奈何，在命運玩弄下，越是掙扎去逃避，越是深陷不拔。同樣的主題，後來在英國文學中不停閃現。莎士比亞名劇《李爾王》有以下名句：「As flies to wanton boys, are we to the gods/．They kill us for their sport.」（梁實秋譯文：我們在天神掌裡，等於蒼蠅在頑童手裡，他們玩玩

註三：《史記．廉頗藺相如列傳》有這樣的一段：「楚聞廉頗在魏，陰使人迎之。廉頗一為楚將，無功，曰：『我思用趙人。』」

註四：《伊底匹斯王》(Oedipus the King)是古希臘的傳說，戲劇家索福克理斯(Sophocles公元前496至406)把它編成不朽名劇。

遊戲就把我們殺了。）哈地(Thomas Hardy, 1840-1928)在《黛絲姑娘》(Tess of D'urberville)亦這樣說：「Until the immortals have finished the game with Tess」（直至諸神完結了對黛絲姑娘的遊戲。）

在中國，《老子》也有「天地不仁，以萬物為芻狗」的說法。

到了希臘晚期，阿里士多德的時代(註五)左右，悲劇的主角開始由命運換成性格（由外因變成內因）。到了莎士比亞時代，這轉變已經完成。莎翁的「四大悲劇」都是性格悲劇：《王子復仇記》(Hamlet)的哈姆雷特想殺親叔父為父親報仇，但又怕母親不快(母親與叔父有親情)，猶豫不決，終於使到所有人都被殺。《金殿屠龍》（Macbeth）的麥克白在妻子教唆之下，弒君奪位，終於被殺身亡，寫的是野心。《奧塞羅》(Othello)深信謠言，以為妻子對自己不忠，殺死妻子，發現真相後自殺身亡，寫的是妒忌。《李爾王》喜歡諂媚，驅逐最忠心第三女，卻把國土分給最諂媚的長、次二女，結果長、次二女把他驅逐，三女則決意想為父親報仇，反而被殺。李爾王瘋癲，在狂風暴雨中黯然逝世。

這些悲劇英雄既非大仁大義，亦非大奸大惡，但性格充滿了弱點，這些弱點使他們不能自拔地，一步步走向悲慘的收場。

性格對人的際遇起著決定性作用。大學一年級時，我更歸納出成功人物必需具備的三種性格，當時我稱為六字真言：自信、自律、毅力。

如果大家用心觀察所有的「成功人士」，得到的第一個印象，多是他們充滿自信。客觀世界是這樣的複雜紛紜，有時完全相反的理論，雙方看起來都似乎相當有理，沒有充分自信心的人，很容易進退失據，不知所措。

《伊索寓言》有這樣的一個故事：兩父子帶一隻驢子進城。起初是兒子騎驢，父親拖驢走，但路旁的人罵兒子不孝：怎可自己騎驢，讓父親走路？於是，兩父子掉轉位置，路旁人又罵父親：怎可忍心自己騎驢，讓兒子步行？於是，兩父子一齊騎驢，路旁人又罵這兩父子殘忍：是否想騎死驢子？於是，兩父子都不騎驢，路旁人又罵他們愚蠢，有驢子也不騎，情願走路。搞來搞去，兩父子惟有把驢子紮起，抬進城去。

中國成語故事有「建屋道旁，三年不成」，也是同一意思。其實世事往往殊途而同歸，祇要你認定方向，鍥而不捨，往往能達到目的。如果歧路徘徊，終將一事無成。而充滿自信心的人，則勝在行事果斷，起碼在時機的掌握上，較勝一籌。

毅力是第二個重要因素。世上不如意事十常八九，挫敗、失誤是每日都遭遇到的事，要在某一行業出人頭地，亦必須下過苦功夫。意志薄弱的人容易中途而廢，必須是有毅力的人，才能在失敗中吸取教訓，在艱苦磨練中成長。

我小時候，經常看到一個故事，說英國的阿瑟王（King Arthur）屢次被人打敗。他躲在山洞中，心灰意冷，恰好看到一隻蜘蛛結網，每次不是被風吹掉，就是被其他動物破壞，但蜘蛛鍥而不捨，經過七次嘗試，終於成功。

唸小一時，又有一篇課文說：「李白小時很懶惰，天天不願去上課，街上看見老婆婆，拿著鐵棒慢

註五：亞里士多德（Aristotle，公元前三八四至三二二年）是希臘最後一位大哲學家。他是柏拉圖的弟子、阿歷山大的師傅，代表了希臘最光輝、也最晚期的文化。

慢磨。李白看到很驚奇，走上前去問究竟。她說要磨一根針，李白聽了很感動，從此讀書很用功，後來成為大詩人，多虧她的好教訓。」又或者是《毛澤東老三篇》，亦有一篇說到「愚公移山」。當然，這些都是寓言故事，但沒有毅力的人，實在極難得到成就。

毅力和自信，兩者有密切關係。唯有對最後會成功有充分信心，才能在困難中堅持到底。然而，沒有自律精神，也是徒然。

洛克斐勒一世（John Rockefeller，1839-1937）是標準石油公司的創辦人，高峰時期控有全美國九成的煉油廠，身家超過十億美元，是當時地球的首富，直到今天，他的家族對美國的政治及經濟仍有強大的影響力。這位首富仁兄每天起床、工作、吃飯、祈禱、睡覺的時間都有嚴格的規定，分秒不差。他節儉，生活樸素，不嫖、不賭、不飲、不吹，花的每一元都有詳細的記錄。

在台灣「四面樹敵、八面威風」的大文豪李敖，他的前妻胡茵夢記述：「他的生活方式像一部精確的機器，在例行工事中規律地運作著，他不抽煙、不喝酒、不聽音樂、不看電影、不打麻將，可以說沒有任何活動，只有工作。」

已故船王包玉剛每天早上六時，都會到深水灣游早泳，寒暑不易。我這個每次意圖做運動減肥，都只做得一兩次就中途而廢的人，不禁驚為天人，對他五體投地。你問每個小學生，都知道應該努力讀書，不應該整日嬉戲。正如成人明明知道要努力工作，不要賭馬，不要嫖妓，但明知不要做的，天天都做。

老子有說：「勝人者力，自勝者強」，能夠勝過別人，因為你比別人大力，但能克服自己的弱點，才是真正堅強。非常有道理。

跟著我想補充兩個字：「反省」。我發現社會上雖然有很多人掌握了毅力、自信、自律，但也未能成功，就算成功了，也很快失敗，甚至一蹶不振。尤其過去十年，我見到有太多人走向債務重整，有的甚至宣佈破產，我視為十大商業奇才的「飛圖」老闆葉志銘(註六)就是最佳的例子。

所以，我在近年，把「反省」也列入成功因素，成為了「八字真言」：「毅力，自信，自律，反省」。

試想想，一個人如果充滿了自信、自律及毅力，但卻沒有自省能力，他將會很容易跌入陷阱，這陷阱正如古龍小說經常提及的「一個人最大的敵人，就是自己」。沒有反省能力的人，會很容易變成一個永遠也不能聽從別人說話的人。他雖意志堅強，但最終亦會欺騙自己，太過樂觀去看一件事物，而最終挫敗。

換言之，「反省」可以大大減低一個人的失敗機會。

一九九四年，哈佛大學行為與頭腦科學教授高曼(Daniel Goleman)提出了「情緒商數」(EQ，Emotional Intelligence Quotient)的說法，跟我先前「八字真言」的想法不謀而合。

高曼提出「自信、好奇、意圖、自制、人際關係、溝通能力、合作」七種能力，正是「八字真言」的變調。只是「八字真言」不涉及好奇、人際關係和溝通能力，因為上述三項，似乎是才能多於情緒。

若果一個人擁有自信、自律、毅力，而又能客觀冷靜地反省自己的強弱點，他已經衝破了「聰明」，達到「智慧」的境界。正如老子所說：「知人者知，自知者明」。在毅力和自律方面，我做得相當差，所

註六：葉志銘在七十年代以「繽繽」為牌子，製造牛仔褲，第一次發達。之後多次破產、多次再崛起，飛圖是他最近期的一戰，九十年代初期以製造卡拉OK雷射碟起家，九十年代末期則賣給商人楊受成。

以才會庸庸碌碌、一事無成。幸而我能夠在反省這方面下功夫，所以，在九八年後，當香港的經濟飽受創傷之際，我跳出來，客觀及冷靜地反省香港的長遠前途。

在一九九七年十月以後的五個月，香港經濟捱了多記重擊，政權的轉變亦似乎做成了香港精神面貌的重大變化。這些變故引起我的憂慮，對香港問題作出深刻的反省。第一日主持電台節目，我引用了賈誼的《治安策》。

賈誼的故事，我自幼耳熟能詳，但年輕的朋友未必熟悉。當我七、八歲的時候，我第一篇背誦的古文是《滕王閣序》，雖然當時並不太懂，但久不久吟一吟「落霞與孤鶩齊飛，秋水共長天一色」，搖頭擺腦，相當得意。

《滕王閣序》中，亦提到：「屈賈誼於長沙，豈無聖主，竄梁鴻於海曲，不乏明時。」有漢文帝這樣的好皇帝，也會將賈誼這樣的賢人從首都權力中心外放到長沙，曹操這樣英明的領導，梁鴻這樣的忠臣亦難免被佞臣饞言所害，放逐北海。「所賴君子安貧，達人知命，老當益壯，寧知白首之心，窮且益堅，不墜青雲之志。」幸而，君子能夠安於貧窮，通達的人知道命運難以勉強，所以失意亦不會怨恨，要像馬援那樣，老當益壯，要戰死沙場的人，怎會傷心年華老去，越窮意志越堅定，不會失墮了崇高的志氣。

我引賈誼《治安策》，比喻香港的局勢，主要是因為漢文帝時，很多人都以為天下太平，就好像大家以為香港的繁榮牢不可破，而事實上，「抱火厝之積薪之下而寢其上」，睡在床上，而床下堆滿乾柴，「火未及燃，因謂之安」，單單欠了燃點的火花，就以為很安全，「方今之勢，何異至此」，香港的局勢我也認為正是這樣！

大家比較熟悉的，應該是李商隱的詩：「宣室求賢訪逐臣，賈生才調更無倫，可憐夜半虛前席，不問蒼生問鬼神。」賈誼被貶之後，文帝忽然掛念他，便把他從長沙請回來，兩人詳談到深夜，文帝越談身體越向前傾，留神賈誼說的話，可惜所問是鬼神的來源，不是問天下百姓的大事。結果，文帝亦不能用賈誼。一九九九年復活節，我曾被邀前往特首上水別墅一談，無巧不成話，竟然有多少這種感覺。

《治安策》說：「臣竊惟事勢，可為痛哭者一，可為流涕者二，可為長太息者六，若其它背理而傷道者，難偏以疏舉。」賈誼是說當今局勢在表面的繁榮安定之下，值得痛哭的事有一件，值得流眼淚的事有二件，講起來就令人嘆氣搖頭不已的事有六件。我對當時香港局勢亦有同感。

大城市的興起與滅亡，有其必然性和偶然性，由很多因素所造成，包括了地緣、交通、政經制度等等多種主觀及客觀因素。有些是長期原因，例如羅馬和中國的長安是當時政治文化的中心，成為了空前繁榮的超級城市，其興盛的原因，大多是長期性的，但一旦形成了強勢，便可以長期維持，羅馬帝國的羅馬城興旺了五百年，中國的首都長安興旺了一千年，直至羅馬帝國衰亡後，中國權力中心東移後。但到了二千多年後的今天，羅馬和西安雖然「一哥」不再，但羅馬仍是意大利首都、是西歐前五名的大城市，西安仍雄峙中國西北，是陝西、甘肅等地的首席城市。

但是，有些大城市既然只是奠基於單一的偶然因素，一旦情勢逆轉，單一因素消失了，繁榮也就迅速凋謝，不復存在。

在一八四〇年，香港不過是一片「光禿石山」，如果它有任何長期客觀的成功條件，早就繁榮起來了。但它直到英國人到來之前，還只是一個住了七千四百五十人的小島，肯定不存在任何必然成功的原因。所以，香港的崛起，只是一個偶然、短期、人為的因素，是政治的產品。

中國有十二億人口，人才無數，但人工只是香港的五分之一。我們的人工和生活水準憑什麼能夠長期高出內地五倍？在回歸以後，我們成為一個中國城市，就難免要與其他中國城市比較，而北京、特區政府、香港人都沒有正視這問題，給予香港正確的新地緣政治定位，反而不停削弱香港原來賴以生存的獨特性。

身為香港人，想到這裡，能不抱頭痛哭？

最值得流淚的兩項是人才凋零和教育的失敗。

人才凋零最好的例子，在演藝界。

很多人問我：「香港的電影事業為何會如此衰落？」我答：「沒有人才！」。大家試想想，在八〇年代，當我這一輩人從電視走向電影的時候，拍電影的人如徐克、麥當雄、王晶，到二十年後的今天也後繼無人，橋段拍來拍去，不斷重復，自然沒有人看電影。電視亦是一樣，看一看八〇年的電視劇劇本，基本上好過現在，何解？因為現在沒有新的創作人才。

我們不禁要問：「為什麼沒有新的創作人才？」我想到的有幾個理由：

第一，香港較以前富裕，人在艱難困苦中成長，有了錢則「蓆豐而履厚」，無法接受艱苦的挑戰，亦都沒有刻苦向學的精神。尤其是，現代人很多是獨生子女，太被父母寵愛了。

第二，中國傳統文化和道德上，讀書人有讀書人的責任，即「以天下為己任」。正所謂：「風聲、雨聲、讀書聲，聲聲入耳；家事、國事、天下事，事事關心」。我們這一輩的讀書人通常都有這種使命感、感受到讀書人道義上的責任。在中國文化完全失墮之後，新的一輩也失墮了這種責任感，但又未能學會西方文化的精髓。西方文化的精髓，就是求真的精神，這精神進一步發展，成為科學。現代人對原則的執著、對言論自由、法治精神的堅決維持，這一點香港人亦學不足。在兩面傳統文化都沒有的時候，是價值觀念的迷失，而價值觀念迷失，會做成職業水準的失落。我們看看美國的「紅番」（政治上正確的說法是「土著」）就知道，他們失去了「印第安人」的傳統，又學不到西方的傳統，結果日日酗酒，整個民族的精神已完全失墮。

第三，是文字文化的失落。小時候常看武俠小說或其他書本，是很平常的事。七十年代後，電視、錄影及漫畫興起，人們看的是映像，學的也是映像，而不熟習文字。而映像文化「先天上」是淺薄的，何解？因為你看一個人的「公仔」及表情，你能夠猜到他內心有多複雜嗎？如果寫小說，寫一個人內心的感覺，至少也要廿多頁紙，當中他怎樣錯綜複雜，怎樣矛盾，作者一路思索、盤算，這些在映像上完全不能表達出來。最複雜的理論到今時今日都只能夠用文字來演繹，而後生的一輩完全不看文字，只靠映像，文化水準自然低落。

當然，最重要的一點，我們不能忘記的是教育的失敗。

一直以來，香港實行東方型的填鴨式教育，這種教育方式的缺點是窒息學生的思考能力，優點是基礎知識紮實。現時的教育政策，卻是拋棄了原來的優點，卻學不到外國人的獨立思維能力，《莊子》說過一個故事：燕國的的少年羨慕趙國首都邯鄲的人走路時昂首闊步，煞是好看，於是巴巴走去「邯鄲學步」，結果學不成邯鄲人走路，反而忘記了自己走路的方法，只有爬呀爬呀的爬回燕國。（註七）

天網旗下「Cyber TV」有一個叫「網上問功課」的節目，我們請了一位大學生當主持人。這位中大學生中學唸文科，會考成績是6A2B，高級程度會考成績是4A1B，中文中史成績都是A，可算是所謂的「狀元」了。但當他被網友問及「朱熹」是誰時，竟然答不出來，甚至連朱熹的名字也沒聽過！這不是偶然失憶事件，同樣，他亦不能舉出民國任何一位文學家的名字，亦不知「林彪」是誰。被問及「Trade Wind」時，他亦不知這是地理名詞還是經濟學名詞。

這樣的學識，在我的年代，中學會考文史一定不合格，今日政府浪費公帑，製造出大量這樣水平的大學生，不問質素，這是在自欺欺人。反正不論質素，不如將中六改名為大學，我們的大學生數目將更大，而節省了很多民脂民膏。

一個地方的盛衰消長，與人才多少，有直接的關係，梁啟超的《新民論》是這樣說的：

「自從世界有人類開始，直到今日，在地球上的國家，一千個、一萬個也不止，但問一問，現在仍然存在的、能夠在五大洲地圖上佔上一種顏色的，又有幾個？答案是：一百幾十個。在這一百幾十個國家之中，能夠強壯有力地站立，有實力左右世界大局的，可以在未來的進化競爭中得勝的，又有幾個？答案是：四、五個。那麼，日月是相同的，山水是相同的，腳趾是相同的，頭顱是相同的，為甚麼如此相似的人類，有些國家興旺，有的國家滅亡；有的國家衰弱，有的國家強盛，究竟是什麼原因？有人說：『是因為地利。』但是今日的美洲，與古代的美洲是相同的，為何只有盎格里撒克遜民族（英國人種的名稱）統治時，才享受到繁榮？古代的羅馬，與今日的羅馬同是拉丁民族，為何今日會名譽掃地？有人說：『是因為有英雄。』然而，為何馬其頓有亞歷山大這位英雄，如今也變成廢墟？為何有成吉思汗這位英雄，蒙古也差點連殘存的領土也保不住？唉！我知道箇中的原因！一個國家，由人民組成，國家擁有人民，就好像身體有四肢、五臟、筋脈、血液，從來未曾有過四肢斷了，五臟壞死了，筋脈傷了，血液凝固了，而身體尚能存在的人。亦未有過國民愚陋、怯弱、渙散、混雜，而國家仍能屹立不倒的。所以，要身體健康，就不可不知道養生的方法；要國家安定繁榮，就不可不講新民的道理。」

老一輩的文化「花果飄零」，薪盡而無法火傳，教育失敗，人才凋謝，新民之路漫漫其修遠兮，我又怎能不掉下眼淚呢？

至於令我嘆氣搖頭不已的事，則一共有六件：曰「公營部門臃腫」、曰「損害自由經濟」、曰「法制崩壞」、曰「環境日漸劣化」、曰「社會分崩離析」、曰「政府好大喜功」。

當日我就是懷著說明這些問題的抱負，踏上新城做節目，但兩年後，我就不得不承認失敗，從這個崗位退下來。

註七：《莊子・秋水》：「且子獨不聞夫壽陵餘子學行於邯鄲與？未得國能，又失其故行矣，直匍匐而歸耳。」

第五節 黍離

這幾年來，我經常作一個夢，夢見自己白髮蒼蒼、老態龍鍾地在踽踽獨行。到處都是頹垣敗瓦，大團大團的黑雲低壓在頭上，荒涼得像是世界末日。忽然，我若有所見，衝過去，撥開一堆殘枝敗葉，赫然見到放在維多利亞公園裡的維多利亞女王銅像……原來，這裡是香港！

跟著，我從夢中驚醒，冒出一身冷汗。當然，這個夢是受到電影《猿人襲地球》所影響：查爾登希士頓是太空人，去到一個很遙遠的星球，那裡由猿人統治。猿人懂得說話，到處狩獵人類，將人類捉回來，囚在鐵籠裡。查爾登希士頓千辛萬苦才逃脫，在猿人追殺下，逃到一個荒涼沙灘，在沙堆中，見到自由神像的頭部和火炬。原來，這裡是核戰後的地球，人類已經退化為野蠻人，而猿人則進化，還主宰了地球……最後的鏡頭更是令人畢生難忘，查爾登希士頓悲憤莫名，握拳向空，大聲控訴：「You fools, you fools(你們這些傻瓜)！」其實是控訴掌權人士的愚蠢，令地球陷入萬劫不復的境地。

我從事影視界多年，電影對我的影響非常大，令我在香港璀璨輝煌的時候，神經過敏地，想到頹垣敗瓦的景象，同時也因為我受舊文學根深蒂固的影響所致，盛衰無常的興嘆，是中國文學的一大主流感情的表達，當中極淺白易懂的，可算是馬致遠的《雙調．夜行船秋思》：

「想秦宮漢闕，都做了衰草牛羊野，不恁麼漁樵沒話說，縱荒墳橫斷碑，不辨龍蛇。」

「秦漢時代偉大輝煌的宮殿，現在變成了牛群和羊群放牧的草地。這個方向望去，是荒廢的墳墓，那個方向望去，是折斷的石碑，沒有人知道，碑上所刻的，墳內所葬的，究竟是大英雄，還是不知名的小人物。」二千年來，文人都有描寫這種感情，它甚至有專門的名稱，叫做「故國黍離」。

「黍離」出自《詩經．黍離》：

「彼黍離離，彼稷之穗。行邁靡靡，中心如醉。知我者謂我心擾，不知我者謂我何求。悠悠蒼天，此何人哉！」

字面的解釋是這樣的：

「看小米長滿在田野間，高粱的穗兒垂下頭。遠行在即，舉步艱難，精神恍惚，好像醉酒的感覺。明白我的人，知道我心煩擾，不明白我的人，以為我有甚麼目的，遙遠的蒼天啊！是誰害我離鄉別井？」

表面看來，內容純是離鄉別井的愁思。但據漢代儒學家毛萇注解《詩經》的《毛詩》說，周朝的首都鎬京被北方的蠻族玁狁（即匈奴）侵略後，遷到洛邑。後來，周平王將玁狁趕出中原，重返舊都，緬懷一番，見到以往的宗廟宮室，已經長滿了高粱，哀傷西周滅亡，在廢墟中不忍離去，因此，創作了這首詩。

公元前二七七年，秦國大將白起攻進了郢都（即楚國首都），燒掉了楚國歷代國王的陵墓。當時屈原已被流放到東方多年，在他的《九章．哀郢》中，抒發了幻想重返郢都，面對故都變成廢墟，所抒發的情懷。

「誰想到昔日宏偉的建築會變成廢墟！誰想到郢都的兩座東門會變成荒蕪！我內心不快樂得太久了，憂傷銜接著愁苦。到郢都去的路程是那麼遙遠，又被江水與夏水分隔，不得渡航。忽然地離開郢都，真令我難以置信，如今已整整九年，仍舊不能返回。我的內心慘痛鬱結而不能開朗，失意憂愁而充滿悲傷。」（註八）

跟著下來，我的思維飄到最多文人吟詠的金陵（南京附近）。

金陵（今南京）是過去東吳、東晉、南宋、南齊、南梁、南陳六朝的首都（註九）。在五胡十六國的大混亂時，北方胡騎縱橫，南方則保持了太平，士大夫和貴族紛紛南渡，增加了人口和文化的流入，更促進長江流域的經濟發展，南方怡人的天氣更適宜遊樂，使金陵的繁榮達到顛峰，持續三百年作為各王朝的首都。

陳後主（陳朝末代皇帝陳叔寶）的寵妃張麗華，一頭烏髮長得披在地下，黑得發亮。當時，隋軍大將韓擒虎率領大軍南下，到了長江北岸，陳後主還相信命相的預言，以為北軍很快敗退。聽到北軍死了一些馬匹，君臣還齊聲説，馬匹遲早會屬於我們的，北軍為甚麼不好好為我們看管呀，真可惜！京城已經危在旦夕，宮廷中，陳後主和張麗華還在結綺樓上，欣賞新作的樂曲《玉樹後庭花》，這就是所謂的「門外韓擒虎，樓頭張麗華」。到了國破之時，陳後主和張麗華躲在井內，被人發現，吊出來時，張麗華的嘴唇印在井邊，唇印怎麼洗也洗不掉，遂成為名勝「胭脂井」。

其後，金陵長期淪為廢墟，大家想想，這是何等香艷、何等傳奇、何等引人遐想！所以，金陵六朝繁榮讓人懷念，千多年來，有無數文人吟詠，其中以杜牧的《泊秦淮》最為人所熟悉：

「煙籠寒水月籠紗，夜泊秦淮近酒家，商女不知亡國恨，隔江猶唱後庭花。」（在一個濕氣凝聚、煙霧迷濛的晚上，我將船停泊在秦淮河附近，遠處的酒家傳來歌聲，歌女不知亡國的悲痛，常常遙望故國，唱著陳後主的《玉樹後庭花》。）

這裡説的是亡國之恨，不是對廢墟的憑弔，王安石的《桂枝香》尤為貼切：

「念往昔，繁華競逐，門外樓頭，悲恨相續。千古憑高對此，漫嗟榮辱。六朝舊事隨流水；但寒煙衰草凝綠。至今商女，時時猶唱，《後庭》遺曲。」

「想起過去，這裡一片繁華，城門外、綺樓上（借用前述陳後主在結綺樓的典故），悲痛遺恨的事不斷出現。歷代以來，人們登臨高處，憑弔古代遺跡，空嘆興盛衰亡，東吳、東晉、南宋、南齊、南梁、南陳，六個朝代的興亡往事，都像流水消逝了，只有在寒氣裡的衰草，依舊一年一度蔥綠。到了今日，歌女還不時唱著陳後主的《玉樹後庭花》。」

但最深刻的，還得數南宋詞人姜夔（姜白石）的《揚州慢》。公元一一六一年，金國的軍隊南侵，揚州遭受到慘重的破壞。姜夔在詞的序言這樣寫：

「宋孝宗淳熙三年冬至日，我經過揚州。下了一夜的雪剛剛停止，只見遍地薺菜和麥子。入城後，只見四處蕭條，碧綠的溪水自流。太陽漸漸升起，傳來戍角悲吟。悽愴的感覺湧上心頭，感慨今昔的景象已大有不同，因此作這首曲。千巖老人（註十）聽過這首歌後，認為有《黍離》的悲傷感覺。」（註十一）

註八：屈原《九章・哀郢》篇：「曾不知夏之為丘兮，孰兩東門之可蕪。心不怡之長久兮，憂與愁其相接。惟郢路之遼遠兮，江與夏之不可涉。忽若去不信兮，至今九年而不復。慘鬱鬱而不通兮，蹇侘傺而含感。」

註九：其後金陵（後來改名南京）還做過南唐、明、太平天國和中華民國的首都。

註十：千巖老人指蕭德藻。姜夔是他的姪女婿，曾跟他學詩。

註十一：姜夔《揚州慢》的序：「淳熙丙申至日，予過維揚。夜雪初霽，薺麥彌望。入其城則四顧蕭條，寒水自碧。暮色漸起，戍角悲吟。予懷愴然，感慨今昔，因自度上曲。千巖老人以為有《黍離》之悲也。」

這首詞出了以下名句：「自胡馬窺江去後，廢池喬木，猶厭言兵。漸黃昏，清角吹寒，都在空城……二十四橋仍在，波心蕩、冷月無聲。念橋邊紅藥，年年知為誰生！」

「自從金兵的戰馬離開長江之後，剩下的，只有廢棄的水池和古老的大樹，人們至今仍厭恨那一場戰爭洗劫。黃昏將近，凄清的號角聲在寒冷中迴盪盤旋。……二十四橋仍在老地方，但只有冷清的月色在水波蕩漾。橋邊的紅芍藥年年開花，不知為誰而生呢？」

其中「二十四橋(註十二)仍在，波心蕩、冷月無聲」所寫的那種悲苦情懷，令我感受至深。

從夢見自己老態龍鍾地在廢墟中看見維多利亞女王銅像，卻驚覺廢墟原來是香港，又對廢墟產生了一連串古人的愁思，我應該收拾情懷，從客觀理性的歷史角度，去考慮香港的前途。

香港最終會否變成廢墟？我們且從歷史的興亡、城市的興衰，來推測香港興起的原因，以及預測香港的前途。

註十二：「二十四橋」有兩種說法：一指在揚州西郊的一座橋，相傳古代有二十四個美人在那裡吹簫。另一指唐朝時揚州一共有二十四座橋，但到了北宋，已殘缺不全。

第二章

廢墟中的陰影

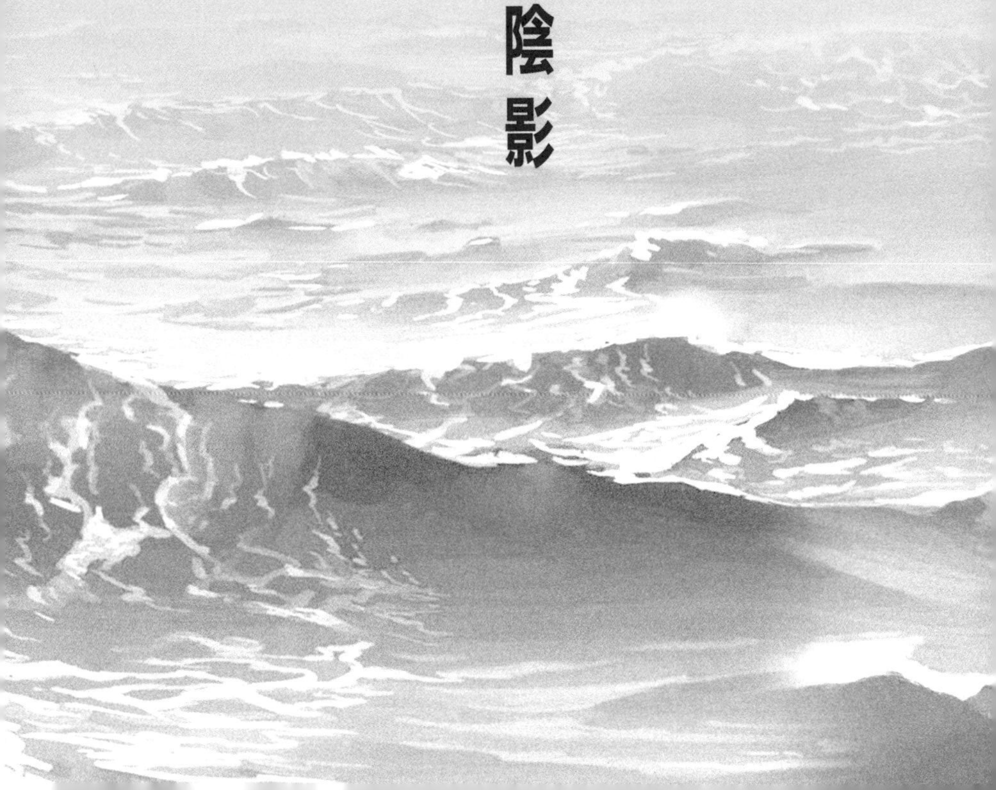

第一節　千古興亡

我們意圖推斷香港的命運之前，必定要明白，香港是一個大城市，香港興亡亦不能逃離大城市興亡的軌跡。大城市是大型人類社群的聚居地，我們在本章，將會檢視大型人類社群興衰的基本原理，然後再在下一章，試圖將這些原則應用在本港歷史之上。

中國人提起「興亡」，自然而然的想到羅貫中《三國演義》開宗明義的說法：「話說天下大勢，分久必合，合久必分：周末七國分爭，並入於秦；及秦滅之後，楚、漢分爭，又並入於漢；漢朝自高祖斬白蛇而起義，一統天下，後來光武中興，傳至獻帝，遂分為三國。」

我們會覺得，歷代的治亂興衰，好像一個循環，如果用生物學的觀點來看朝代，將發覺朝代像人一樣，有著「生、老、病、死」的過程，構成了一個不變的循環。

當然，單純從科學的觀點來看，這想法很有問題。朝代並不是人，不可能有「生、老、病、死」這一回事。一個朝代中的一批人老了，必定有另一批比較年輕的人補上，生生不息，但生生不息到了最後，何以所有長命朝代都在三百年左右滅亡？

歷史告訴我們，導致國家滅亡的原因，總離不開下列幾項：君主荒淫無道、任用奸佞小人、嚴刑峻法、濫用民力等等。其實，這些所謂「亡國」的朕兆，任何時代也有發生，可說是屢見不鮮。為何一個朝代有時短命而亡，有時卻可以維持數百年以上才亡國呢？當然，個別朝代有其獨特的滅亡理由，但是綜觀大勢，卻可以歸納為以下兩大原因。

第一種原因是「瓶頸危機」。柏楊在《中國人史綱》這樣定義「瓶頸危機」：

「任何王朝政權，當它建立後四五十年左右，或當它傳位到第二第三代時，就到了瓶頸時期。——所謂若干年和若干代，只是為了加強印象而設，當然不會有人機械的去解釋。在進入瓶頸的狹道時，除非統治階層有高度的智慧和能力，他們無法避免遭受到足以使他們前功盡棄，也就是足以使他們國破家亡的瓶頸危機。歷史顯示，能夠通過這個瓶頸，即可獲得一個較長期的穩定。不能夠通過或一直膠著在這個瓶頸之中，它必然瓦解。」

「發生瓶頸危機，原因很多，主要的是，王朝建立開始，人民還沒有形成效忠的心理慣性作用。新政權就好像一個剛剛砌好的新磚牆，水泥還沒凝固，任何稍大的震動都會使它倒塌。一旦統治者不符眾望，或貪污腐敗，或發生其他事故如外患內鬨之類，都是引發震動的炸藥。不符眾望往往促使掌握軍權的將領們興起取而代之的慾望。貪污腐敗則完全背叛建國時的政治號召，跟當初賴以成功的群眾脫節。外患內鬨之類的傷害，更為明顯。」

通常，開國十五年至四十年這段時間，是「瓶頸」的關口，朝代過不了這關口，便注定短命而亡。最明顯的例子，是秦朝。秦始皇統一六國，氣焰不可一世，但到了秦二世時，終不免把「家當」敗盡，王朝壽命僅十五年。隋文帝統一天下後，次子煬帝接不上棒，王朝只捱了三十八年，便告壽終正寢。中華民國被共產黨打敗，也是一個好例子。

其他的王朝雖然未致滅亡，但在「瓶頸時期」，無不經歷過很大的危機。例如漢朝，有「呂后之亂」和「吳楚七國之亂」；唐代有「武韋之亂」；宋朝高宗時，有「燭影斧聲」和「岐溝關之敗」；明朝成祖時，有「靖難之變」；清朝康熙帝時，有「三藩之亂」……這些第二、三代的君主，均都克服了「瓶頸危機」，所以漢、唐、宋、明、清，五個大朝代的國祚，皆可維持二百至三百年之久。

然而，柏楊雖提出「瓶頸危機」的理論，卻並未能解釋清楚其真正的成因，可謂「知其然而不知其所以然」。

羅素在《權力論》是這樣說的：

「我將不以傳統或贊同為根據的權力稱之為『赤裸的』權力。它的特徵和傳統權力的特徵大不相同。傳統權力保存著的地方，這種政體幾乎無限制地依靠它的安全感或不安全感。

「赤裸的權力通常是軍事的，它可能採取內部傳制或外來征服的形式。它的重要性，尤其是後一種形式的重要性，確實是很突出的——我認為，比許多現代『科學的』歷史學家所願意承認的要突出得多。亞力山大大帝和凱撒通過戰爭改變了歷史的整個進程。如果沒有前者，《福音書》就不會用希臘文寫成，基督教也不會盛行於整個羅馬帝國。如果沒有後者，法國人就不會說這種從拉丁語派生的語言，天主教教會也將很難存在。白人對於美洲印第安人的軍事優勢，更是無法否認的武力之權。武力的征服較之任何其他單一的力量都更有助於文明的傳播，然而，軍事權力在大多數情況下也要依靠他種形式的權力，如財富、技術知識和狂熱。我並不是說情況永遠如此；例如，在西班牙王位繼承戰爭中，馬爾巴羅的天才對於結局具有決定性的作用。但是，這應當視為一般規則中的例外現象。

「傳統的、和赤裸的權力的區別是心理上的。我稱權力為傳統的，不僅是因為它有古老的形式：它還須得到部分是源於風俗的尊敬。當這種尊敬減弱時，傳統的權力就逐漸轉化為赤裸的權力。這一過程在俄國逐漸發展為革命運動，終至一九一七年的勝利。」

簡單來說，羅素指出赤裸武力維持不了長時期，長期的權力是植基於慣性和傳統的權威，這亦是中國歷史所得的天命。

任何朝代最初興起時，一定是武力集團，在強者用赤裸裸的武力去建立一個朝代之後，即使軍隊再多、武力再強，單靠打仗來維持國祚，統治者必須是長勝將軍，不能失手，否則別說捱到「瓶頸危機」出現，早在第一代，便已滅亡大吉，例如南梁蕭衍自殺身亡，而後唐李存勗晚年的體魄亦大不如前而國破身亡。所以說，「馬上得天下」，卻不可能「馬上治天下」，因為武力衰退之後，便無法維持政權。

沒有人能夠保證，第二代的君主，會像開國君主一般的能幹、一般的本領高強。但只有在第二代僥倖地也出現了能幹的統治者，多熬上幾十年，慢慢地，便會由赤裸裸的權力(Power)，變成了權威(Authority)，那就是人民養成了習慣，開始慣性地服從權力、服從統治階層。

漢朝有漢文帝，唐朝在唐太宗之後，有武后和唐玄宗，宋朝有宋太宗，明朝有成祖，清朝有康熙……以上的朝代，兩代都有能幹的統治者出現，終於養成了權威，之後的第三代，不必很有本領，得過且過，也可以把國祚維持下去。用傳統言語說，我是天命已經確立，沒有人敢起來挑戰。

正如中華人民共和國，用朝代作個比喻，先有「太祖武皇帝」毛澤東，開創了江山，但在毛澤東死後，差一點就滅亡，幸好有第二個能幹的統治者出現，他就是「太宗文皇帝」鄧小平，如果沒有這位「太宗文皇帝」，人民共和國早完蛋了。但正因有鄧小平穩住了二十年的大局，第三代的領導人江澤民，便不必是一位很能幹的統治者，也能夠保持中華人民共和國的政權。

當然，第二、三代不肖者多，強悍英明者少，所以中國朝代短命的多不勝數，能夠維持上二、三百年的，數來數去也不外是漢、唐、宋、明、清等寥寥五個而已。

說到服從權威，大多出於習慣，已不考慮到對方的強弱，所以王朝到了第三代，人民連造反的心也蕩然無存。英國從十八世紀開始佔領印度，建立了威信之後，不過派駐了幾千名軍人，便能有效地管治包括了現代整個印度、巴勒斯坦、孟加拉的廣大地方。

美國的心理學家曾經做過一個實驗，把一大批大學生囚在地窖，一批穿著制服，扮演獄卒的角色，另一批則扮演囚犯。實驗期間，扮演獄卒的，經常呼喝扮演囚犯的。三個月後，把他們從地窖放出來，過回以往的學生生活。「囚犯」習慣畏懼「獄卒」，見到「獄卒」時，仍然聽命於後者。

這就像有些人聽從老上司、父執輩的說話，縱使後者的地位已今不如昔，但對他們亦會畏懼三分，這是出於傳統、出於慣性，不需要任何實質的理由。

戊戌政變後，袁世凱得慈禧太后信任，命他為直隸總督、北洋大臣兼領練兵事務，整個北洋系的軍隊，均由他一手訓練、提拔出身，是他的嫡系。但一九〇六年，慈禧太后一道上諭，即使當時的袁世凱擁有全權調遣軍隊的權力，也得乖乖的交出四鎮兵權和兼領的練兵事務；一九〇七年，慈禧太后再一道命令，又把袁世凱的軍權剝掉，明升暗降他為軍機大臣。別說是有無上權威「老佛爺」，就算在慈禧太后死後，毫無威信的攝政王載灃意圖殺袁，袁世凱也萬萬不敢造反，只一心漏夜「著草」到日本避風頭。後來載灃改變主意，著袁「回籍養痾」，袁世凱只有乖乖回到家鄉，戴著斗笠、披著簑衣，在漁舟上釣魚。可見得那時的袁世凱仍然非常畏懼清廷，因為清廷擁有他所沒有的權威，這是二百多年的慣性統治製造出來的名牌。

就算到了清朝瀕臨亡國，中央疲弱不堪，他官拜總督巡撫，御旨要他退任，便立刻退任，要他交出兵權，也得立刻交出來不可。直到一九一一年「武昌起義」，清廷無法對抗革命軍，才不得不再次起用袁世凱，統兵平亂，誰知給袁世凱來個窩裡反，才反掉了清朝的江山。

早前有人預測，鄧小平死後，中國會四分五裂。當時我斷定不會，因為中國過渡了「瓶頸危機」，人民已養成了服從的慣性，成就了對政權堅強的忠誠度。當「權力」變成了「權威」，人們便不會考慮它背後的勢力；港英政府有英國人一百五十年的長期統治在先，在市民的心目中，早已培養出極強的權威。但到了特區政府，並無傳統威信，所有市民對它都沒有尊重之心，只能乞靈於北京的威信，但偏偏香港有很大部分的人，並不服從北京的威信。

對於過渡了「瓶頸危機」的政權，究竟怎樣才會滅亡呢？現在得說到第二種滅亡的原因：土地兼併。

一個政權到了統治的後期，官僚架構越來越大，皇族人數越來越多，土地兼併也會越來越厲害。例如漢朝從「文景之治」時，實行「黃老政治」，富人和貴族開始兼併窮人的土地，有時用金錢巧取，有時用勢力豪奪，到了西漢末年，人口有三千多萬，「富者田連阡陌，貧者無立錐之地」，人民根本無法生活。所以王莽篡漢，成立新朝之後，才提出「限民名田」，規定八口以上的家庭，不得擁有超過九百畝田，而沒有田地的佃農，則由政府給予土地，以一家一百畝為原則。但這改革受到既得利益集團的反對，結果還是失敗了。農民沒有飯吃，只有造反。新朝末年的「赤眉之亂」，東漢末年的「黃巾之亂」，唐朝的「黃巢之亂」，宋朝的「方腊之亂」，及直接推翻了明朝的「李闖起義」，清朝的「太平天國」，都是同一類型的農民起義。

大部分的人民都在造反期間被殺死了，土地重新分配。東漢末年有六千多萬人，經過了改朝換代的大屠殺後，到了三國時代，全中國只剩下三百萬人。李自成反明，軍隊殺到河南，「赤地千里無人煙」，真是血流成河！

造反有兩種結果，一種是被鎮壓了，這佔了大多數；另一種是極度幸運地，成功了，成為新的武力集團，於是「瓶頸危機」和「土地兼併」的循環再度開始。但無論是成是敗，經過了大屠殺之後，又變回了人少地多，大家都擁有了田地，問題遂不解決而自解決，但這是一時解決方法。之後，土地再逐漸兼併，矛盾到了盡頭，又再發生農民起義把舊政推翻。這個循環，大概需時二、三百年。因此朝代革命大概在這個範圍，而二千年的中國歷史就是在這個泥沼內循環不能自拔。

中華民國和平地承接了清朝的政權，也繼續了清朝對原有的私有產權的承認，兩代政權轉接間，沒有經過大型暴力革命。「中日戰爭」和「國共內戰」死人雖多，但頂多不過是人口的一成，遠遠及不上以往改朝換代的大混戰時，死亡人數往往高達人口的五至九成。因此，中國的土地問題始終沒有解決。所以，共產黨提倡「土改」，就是把土地分給農民，農民因而支持共產黨，國民黨遂被打敗，解放後農民以為分到土地，誰知後來實行共產，土地收歸國有，只有到生產大隊耕公田，農民卻無私田可耕，比周代井田制度的「雨我公田，遂及我私」的情況還要糟，問題又再出現。

孔尚任在《桃花扇》的名句云：「千古興亡多少恨，輕歌一唱萬山驚」，把這些朝代興亡的故事，化在兩句嘆喟中。

第二節 文明之光

在上一節，我講述了中國歷代興衰兩大根本原因：瓶頸危機和土地兼併。這一節，我將用更宏觀的眼光，從文明盛衰的角度，去看大型人類社群興亡的原則。

我曾經參加一個由中學教師舉辦的中國歷史的研討會，目的是反對香港特區政府打算廢除中史作為獨立科目，將與其他科目合併。我發現了一個問題，現在的中國歷史教科書，內容太沉悶了，大家都知道，我對中國歷史的興趣濃厚，可是翻看任何一本現時的中史教科書，根本不能卒讀。中國歷史本來是一門極有趣的科目，把這有趣的科目寫得如此悶蛋，編撰者實在難辭其咎。

另外，中史教科書的內容也遠遠落後於時代。像有巢氏、燧人氏、伏羲氏、神農氏，只是傳說，而非歷史，卻印在歷史書上，但考古發掘的資料，卻付諸闕如。我手頭拿著一本龐德新編著、齡記出版社出版的《新編中國史．第一冊》，第十七頁有這樣的一句：

「……當時的商統治區周圍，存在著許多叫做『方』的部落，北方的土方和淮河流域的夷方，更是商的強大敵人，每每乘機侵擾。」

「方」在古代，是「國家」的意思。「土方」就是「土國」，「夷方」就是「夷國」，而鼎鼎大名的「鬼方」，便是周朝的玁狁，後世的匈奴。連這樣基本的歷史知識也不懂得，也來撰寫中史教科書，真是「教壞細路」，墮落至極了！

在我的學生時代，情況也不比現在好上多少。根據那時的中史教科書，中國人是北京猿人的進化。

其實，北京猿人是四十萬年前的原始人，是「直立人」(homo erectus)的一分支。但在十五萬年前，在南非，人類的先祖「智人」(homo sapiens)已經從「直立人」分支了出來，所以我們絕對不是北京猿人的後代。(註一)

我的學生時代是港英政府統治，不重視中國歷史教育，是可以理解的，因為一個民族的民族性，就是植基於其歷史，港英政府自然沒有保存中華民族的義務。但現在香港回歸了祖國，特區政府非但出版了錯漏百出的中史教科書，還打算取消中史作為獨立科目，真的是數典忘宗了。

人類文明的真正興起，是在一萬年前、冰河時期剛剛結束之後。在這之前，人類靠著狩獵／採集為生，但在冰河時期的前後，大型哺乳類動物例如長毛象、劍齒虎、恐龍……等等，相繼滅絕，而獵殺中小型動物既不容易，所得到的肉量又少，令到狩獵變成了成本高、效益低的商業行動，偏偏當時亞非地區的天氣，又因環境的轉變而變得乾旱，這對當時的人們造成了重大的危機。

英國史學大師湯恩比(Arnold Toynbee)在他的巨著《歷史的研究》(A Study of History)這樣寫：

「在這情形下，既不變換居地、又不變更生活方式的人，便因不能對乾旱的『挑戰』作出『回應』，只有滅亡一途。不願變更居地，而變換了生活方式的人，即自狩獵者轉變為畜牧者的人，便成為亞非大草

註一：赫魯曉夫站在聯合國的講台，脫下鞋子，力敲講台，大聲叫罵：「我們會埋葬你們！」他並非要在軍事上打垮美國，而是要證明在經濟發展上，共產主義優於資本主義。結果是，美國沒有被埋葬，他的兒子小赫魯曉夫入籍美國，想來今後「赫魯曉夫」一族都會埋葬在美的土地。

原上的遊牧民族。本書後面還會談到他們的成就與命運。至於選擇了變更居地，而不變換生活方式的人，又分為兩群，其中一群沿著旋風帶北移，以躲避乾旱，不料又遭到一項新的挑戰——北方季節性嚴寒的挑戰，這挑戰引起了一項新的創造性回應，故而並沒有使他們屈服。另一群人向南沿著季風帶走，以躲避乾旱，則由於受到熱帶氣候單調沉悶的影響，而變得昏昏欲睡。第五種人，也就是最後一種人，為了回應乾旱的挑戰，既遷移居地，又變換了生活方式，這種罕見的雙重反應，便是創造埃及文明與蘇美文明的動態行為，它使埃及文明與蘇美文明，自行將消失的亞非草原一些原始社會中，脫穎而出，進入文明社會的歷程。

「這些創造性的社群，其生活方式之改變，即是徹底放棄了採食和狩獵，而轉變為農耕的生涯。他們居地的變換，以距離而言，其實不遠，但若以性質而言，則差別實有若南轅北轍，因為他們放棄了草地，而進入新的自然環境，從事新的生活。」

以上就是湯恩比有名的「挑戰與回應」理論：不能有效地回應客觀環境挑戰的民族，只有滅絕。但在舊石器時代的亞非地區，幾乎同時崛起了多個文明，亞非地區的乾旱正是一項「挑戰」，而文明的誕生，正是對這「挑戰」的「回應」。

人類文明隨著農業的出現而開始，因為農業代表了大型社會，以保護耕地的收成——否則在收成前農作物會被人搶光。而大型社會代表了分工，分工提高了生產力，令到一部分人獲得了餘暇，有餘暇，便逐漸發展出文化來。

人類的第一個文明，正是出自稱為「肥沃月彎」(Fertile Crescent)的兩河流域。兩河，就是底格里斯

河 (River Tigris)和幼發拉底河 (River Euphrates)，兩河之間的一塊沃地，就是「肥沃月彎」，在今日的伊拉克和伊朗的國境內，一九九一年的波斯灣戰爭，美國的戰機毀壞了不少無價的古跡。

以前我一直對湯恩比的說法深信無疑。直到我看了戴蒙 (Jared Diamond)的《槍炮、病菌與鋼鐵》(Guns, Germs, and Steels: The Fates of Human Societies)，對於人類文明不在別的地方，偏偏在「肥沃月彎」崛起，又有了新的體會。

大約在公元前八千五百年，「肥沃月彎」開始了農耕，這是發展文明的第一步。「肥沃月彎」的土地固然很肥沃，可是世界上肥沃的地方很多，美國的加州、澳洲的西南部、歐洲西南部、南非的好望角地區，田地都很肥美，卻很遲才發展出農耕文化，澳洲更從來沒有發展過，要到白人前往移民，才帶來文明。湯恩比歸功於「肥沃月彎」人民的創作性，戴蒙則認為是物種不同的緣故。

發展農業的必要條件，是要有馴化的農作物。野生的植物能吃的本就不多，要想作為農作物，更必須有種植時間短、收穫果實多這些優點。人們必須首先發現基因突變了的野生植物，拿來種植，才能發展出農業來。

要馴化植物，殊不容易，得依靠「逆向遺傳」。人類喜歡吃的植物，很多是天然遺傳學上的失敗者：無核西瓜是不能養育後代的「太監」。稻米的顆粒太大，便會墮入水中腐爛，但人類必須栽種大顆粒的稻米，才有經濟效益，所以，在大顆粒的稻米成熟前，用鐮刀「割禾青」，便沒有腐爛之虞。銀杏本來是有毒的種子。無毒的銀杏很容易被動物吃光，是進化的失敗者。但人類故意種植無毒的銀杏，來供自己食用。

由於人類大量種植基因不良的「畸形品種」，進一步使品種脫離原有的進化軌跡，例如米和麥的顆粒被培植得越來越大，因為經濟就是植物馴化的最高原則。

地球上二十萬種野生植物，只有幾千種可食，可以馴化的更只得幾十種，而世界農作物年產量的八成都是來自十多種植物，其中最普遍的大麥和小麥，均出自「肥沃月彎」。

「肥沃月彎」可供馴化的植物的比例之所以如此之高，原因有四：

一、「肥沃月彎」是同類型沃土面積最大的，也意味著有最多不同種類的植物。

二、「肥沃月彎」的氣候多變，每一季、每一年的差異都很大，這對植物的演化大有幫助，尤其有助於一年生的植物。由於一年生的植物生命周期太短，所以不會把資源浪費在多纖維的枝幹上，而把絕大部分的營養來生產最大顆的種子。人類常吃的穀物和豆類，都是種子特大的植物，而植物的枝幹，則不能食用。

三、「肥沃月彎」的地形多變，從地表最低的死海一帶，到德黑蘭附近海拔五千四百八十六千米的高山，不同的地形也造就了更多不同種類的植物。

四、「肥沃月彎」雌雄同株自花傳粉的比例很高。如果不是自花傳粉，千辛萬苦培植出來的品種，就會和野生植物花粉混種，下一代質素不能保證，因而前功盡廢。「肥沃月彎」第一批馴化的八種農作物，全都是自花傳粉的，其中包括了野生種小麥、通心粉小麥和小麥。

「肥沃月彎」除了幸運地有最多可供馴養食用的植物之外，還幸運地擁有最多可供馴養的大型哺乳類動物。

優生學的奠基者達爾頓（Francis Galton 1822-1911）説過：「每一種野生動物都可能變成家畜，但能馴化的寥寥無幾。大多就差那麼一點，最後還是失敗了，注定永遠野蠻。這正是江山易改，本性難移。」

馴化的動物必須符合成本效益，大量繁殖才有價值。以下六個條件是先決因素：

一、飲食：食肉動物從食物鏈中轉變能量的效率很低。一萬公斤的玉米，可長出一頭一千公斤的草食動物；一萬公斤的草食動物的肉，可長出一頭一千公斤的肉食動物。換言之，一千公斤的肉食動物，成本需要十萬公斤糧食，是草食動物的十倍。大型家畜要麼吃草，像牛、像羊，要麼雜食，像豬、像雞，肉食動物成本效益則太低了，更不用說無尾熊、大熊貓這些刁嘴的動物，豢養牠們可太奢侈了。

二、發育速率：畜生得長得快，才值得養。大猩猩和大象雖然吃素，也不刁嘴，身上的肉又多，但是成長期長達十五年，回本期太慢，也即是「貼現率」(discount rate)太高，相比之下，雞的肉雖然少，但成長期只要半年，成本效益便高得多了。但人們可不介意從打獵中獲得肉食動物的肉，因為「野味」天生天養，不需要飼養成本。

三、繁殖困難：許多動物和人類一樣，不喜歡在眾目睽睽之下進行性行為。獵豹是陸地上跑得最快的動物，古埃及人、亞述人和印度人都喜歡豢養獵豹，作為打獵的幫手，印度有一位蒙兀兒皇帝尤其癡迷，甚至養了上千頭獵豹。但他們所有的獵豹都是從野地抓來馴養的。儘管王公族投注了大量的心血，都不能使這些獵豹在人工環境下繁殖，因為獵豹的求偶過程，是多頭雄豹追逐一頭雌性，飛奔數日，雌豹似乎必須在這樣粗野追求的過程中，才肯發情，這保證了跑得最快、耐力最持久的獵豹，才能獲得交配權，才能把其基因留存下來。在獸欄中，獵豹拒絕表演這樣複雜的追求戲碼，這使馴化獵豹成為「不可能」，直至一九六〇年，生物學家方製造出第一頭在動物園出生的獵豹，但到目前在人工環境下育獵豹，仍有極大困難。

四、凶殘成性：只要力氣比人類大的動物，就能殺人。豬、馬、牛、駱駝本性馴良，雖然亦有過殺人的個案，不過是例外中的例外。然而，有些大型動物凶殘成性，到達了無藥可救的地步，從來沒有過馴服至可靠程度的例子。大灰熊、非洲水牛、河馬都是可口的一團大肉，但必須在幼年便把牠們宰掉，像日本北海道的蝦夷人，聰明地等到小灰熊滿周歲後，就宰殺來供應祭典，如果等到牠們成長，非得被這可怕的龐然大物殺掉不可。

五、容易恐慌：動物對於危險的反應各有不同。「肥沃月彎」地區第一個嘗試馴化的對象，應該是瞪羚。瞪羚一跳可達九米高，奔跑的速度可達每小時八十公里，一旦關進獸欄，便很容易驚慌，若不是嚇死，就是在匆忙奔逃時，撞上獸欄，重傷而死。相反地，綿羊和山羊反應慢、神經粗，面臨威脅時，站在原地不動，反正有一大批同類站在附近，死掉的不一定是自己。

六、社群結構：只有社會性的動物，例如綿羊和馬，方能容忍大夥兒擠在一起，彼此在身邊生活，才可以圈入柵欄豢養。而且，牠們的基因本能懂得跟隨領袖，未曾馴化時，也服從同類中階級最高的領袖。馴化之後，遂把人類當成領袖，很容易接受牧人或牧狗的指揮，只有這樣的社會性的動物，才能以極低的成本，以量產的方式大批豢養。

人類最早馴化的動物，是狗，人類豢養狗，已有超過一萬年歷史。狗的祖先是豺，豺和狼一樣，同是屬於犬科。犬科動物都是社會性動物，像狼，整族狼群皆由一公一母的「雄性領袖」(alpha male)和「雌性領袖」(alpha female)所統領，並由牠們負責生育，其社會制度有如人類的酋長制。

狗既對人類忠心，又可以協助打獵，偵察和打架都是好幫手，吃的則不過是主人吃剩的殘肉，難怪成為人類第一個動物夥伴。

至今為止，人類只馴服了十四種大型食草動物。最流行的五大家畜是：山羊、綿羊、豬、牛、馬，而其餘的九種則為：阿拉伯駱駝（單峰駝）、雙峰駝、駱馬和羊駝（出自同一祖先「野生羊駝」——Guanaco）、驢、馴鹿、水牛、犛牛、巴里牛、東南亞野牛。

這十四種大型食草動物，在公元前八千年至二千五百年間開始馴化，首先是綿羊、山羊、豬，最後則是駱駝。而在公元前二千五百年之後，人類已經找不到可以馴化的大型動物了。在這階段，人類仍在不停嘗試馴化各種生物，甚至在科學發達的二十世紀亦然，但從沒有成功過，可見馴化所需條件嚴苛、要找尋可供馴化的大型動物之難。不過，最新的科技可憑藉改造基因來馴化動物，但這已經是第二個故事了。

前述的五大家畜，除了馬之外，全都在「肥沃月彎」首先馴養。相比起美洲和澳洲，歐亞大陸是面積最大的大陸，所以物種也最豐富，而「肥沃月彎」位於歐亞大陸的中心，更易於東、西方的所有動物兼收並蓄。這裡之所以成為馴化動植物的中心，並非偶然的事。

家畜除了能吃進肚子之外，還能幫助耕種和運輸。因此，「肥沃月彎」的居民靠著馴化了的動植物，便能獲得人類最基本的經濟需要：碳水化合物、蛋白質、脂肪、運輸和衣服。所謂「衣食足而後知榮辱」，「肥沃月彎」的居民憑著豐富的物質生活，發展出高度的精神文明，成為人類歷史上的第一個文明國家：「蘇美文明」(Sumerian)(註二一)。沒有馴化的大型動物，文明很難發展。相反例子是南美洲，只有一種可馴化的大形動物，就是駝馬，所以，南美文明開發得極脱。更不幸的是澳洲，一種適合馴化的大型動物都沒有，所以澳洲土著長期滯留在狩獵／採集的階段。

蘇美文明之後，歷史上陸續出現過無數的文明，湯恩比將其歸納為二十一種：

「在文明單中，計收大小文明三十七個之多，惟因部分過於支離瑣碎，部分尚在存疑階段，故我們以二十一個文明為主，而未及其他。即：西方基督教文明、東正教文明、伊朗文明、阿拉伯文明（以上二者合稱伊斯蘭文明）、印度文明、遠東文明、希臘文明、敘利亞文明、天竺文明、華夏文明、米諾文明、蘇美文明、希太文明、巴比倫文明、埃及文明、安棣文明、墨西哥文明、尤卡坦文明與瑪雅文明，此為十九個。然而巴比倫文明是否可與蘇美文明分開，尚有可疑之處。又東正教文明，可分為東，正教拜占庭文明與東正教俄羅斯文明，而遠東文明，又分為中國文明與日韓文明，故共為二十一個文明。」

這二十一種文明之中，米諾、蘇美、希太、安棣、墨西哥、尤卡坦、瑪雅、巴比倫，八種已經滅亡，而今天的敘利亞、天竺、希臘、埃及，與古代的這四種文明差不多全無關係，這四個文明可算是名存實亡了。

因此，真正到今天仍然能夠存在的，只有西方基督教、東正教、伊朗、阿拉伯、華夏、印度、遠東，寥寥幾種文明。在湯恩比這些西方人看來，伊朗和伊拉克可以歸納成伊斯蘭文明，在中國人看來，基督教和東正教大同小異，而華夏文明和包括了中國和日、韓的遠東文明，也沒有多大的分別，所以嚴格說起來，現在世界只剩下了基督教、伊斯蘭、印度、遠東四大文明而已。

文明是和創造力分不開的。一處地方之能夠發展出文明，仰賴其少部分成員的創造力，而創造力和人民思想的多元化是分不開的。民族創造力的消耗，意味著其文明的走向末路。吉朋談到羅馬帝國的衰亡時，認為是「教會與蠻族的勝利」(triumph of the Church and barbarian)。羅馬帝國在君士坦丁大帝的統治後，基督教一教獨大，教會統一了羅馬帝國人民的思想，而統一思想則窒息了羅馬人民的創造力。不可一世的羅馬帝國，亦隨著公元五世紀的初期，多次被日耳曼蠻族入侵洗劫，而壽終正寢。而整片歐洲被基督教文化一統後，經過了接近一千年的黑暗時代，直至十四世紀到十六、七世紀的文藝復興，歐洲人重新發現了希臘文化，科學和美學才有了突破性的發展，奠定了今天西方的文明。

在中國，情況也是差不多。中國人創造力最盛的時間，是春秋戰國時代，諸子百家爭鳴。中華文化最中心、最菁華的部分，包括儒、道兩家的思想，以及對史學的熱忱，都是在這段思想分裂的時間成形。

但當漢武帝罷黜百家，獨尊儒術之後，把整個中華民族的精力，都浪費在幾本指定的經書之上——我並非指四書五經沒有價值，而是不應該把所有的腦力資源全放在它們之上——翻來覆去又翻來覆去的研究又研究，遂把我們的創造力喪失殆盡。在之後，五胡、契丹人、女真人、蒙古人、滿人（即女真人），先後入侵和統治中國。這情節與羅馬帝國的故事何其相似！

人民之所以渴望大一統，是因為害怕戰爭，以為大一統可以停止戰爭。人民之所以渴望統一思想，是因為害怕思想混亂，認為制定出思想的「典範」(paradigm)，便不會再有爭拗。

孔恩 (Thomas Kuhn)在《科學革命的結構》(The Structure of Scientific Revolution)提出了「科學典範」

註二：蘇美文明和埃及傳說中的第一王朝差不多是同一時候，都是距今約六千年，巴比倫、猶太、希臘、中國諸地文明的崛起，均比這兩大古國要晚許多年。

的理論：每一個時代，都需要一套「典範」去指導思想。自從希臘時代開始，人們採用了阿里士多德《物理學》作為「典範」，大家不是不知道阿里士多德的物理學理論不少地方很荒謬，但以當時人民的知識水平，用阿里士多德的理論已足以解釋已知世界的所有事物，又何必自尋煩惱，去推翻他的理論？

直到十七世紀，人們發現阿里士多德的理論解釋不了許多天文現象，套句孔恩的術語，科學出現了「典範危機」，方才有了牛頓的「萬有引力」理論，解決了這個「典範危機」，也同時創造出另一個新的「典範」。同樣道理，到了十九世紀末期，麥斯威爾（James Clerk Maxwell）的電磁力公式和比以前精密得多的望遠鏡令到牛頓理論出現了「典範危機」，於是，愛因斯坦乘時而出，發表了「相對論」，創造出新的一套指導世界的「典範」。

說穿了，「典範」的倚賴是一種惰性表現，人民喜歡大一統的思想，正是因為這種惰性作祟。

繼春秋戰國「百家爭鳴」的時代過後，秦始皇統一六國，建立了中國歷史上的第一個統一王朝。當有了「統一帝國」之後，秦始皇雄心勃勃，也企圖統一言論，建立「統一教會」。於是，秦始皇下令，各國的歷史書都得統統燒光，只留下秦國記載的歷史，諸子百家的書籍，則只有「中國科學院院士」（註三）才准收藏，民間收藏的也得統統燒光，連談論者也要判處死刑。人民只能擁有醫藥、占卜、種植的書籍。

漢朝取代秦朝的初期，「百家爭鳴」的風氣回復了一段短短的日子。到了武帝時代，正值漢帝國「統一帝國」的高峰，儒學家董仲舒上書武帝，指出思想一統，人民方有所遵從，法制才有一致性。武帝想想也有道理，便下令「罷黜百家，獨尊儒術」。之後，讀書人只有研究五經——《詩》、《書》、《易》、《禮》、《春秋》，才有前途。《五經》既然被認為是「指定教科書」，注釋《五經》的「補充教材」遂多不勝數，這種「補充教材」照規矩不能超越《五經》的原文，但你有你的「注」，我有我的「注」，他有他的「注」，還是造成了思想的大混亂。到了魏晉南北朝時代，政府終於忍受不住這種大混亂，規定使用東漢經學家鄭玄的「注」，作為指定的「補充教材」。

政府雖然規定了使用鄭玄「注」的《五經》，但是後來的人又要解釋鄭玄「注」的《五經》，這些解釋稱為「疏」。隨著時間過去，「疏」越來越多，越來越五花八門，你有你的「疏」，我有我的「疏」，他有他的「疏」，又造成思想混亂。到了唐太宗時代，終於想出了解決問題的辦法：派遣《五經》專家孔穎達，把前人有關五經的「疏」全部整理一次，制定出《五經正義疏》，並且作為科舉考試的「指定教科書」，所有要考試取得功名的讀書人，均非得熟讀孔穎達的《五經正義》不可。這樣一來，進一步收窄了思想的範圍。

到了明朝，統治者還是覺得人民思想太多、太紛雜、太混亂了，決定把思想範圍收窄到極點，規定只以朱熹注的《四書章句集注》作為唯一的經典。為甚麼要指定朱熹的「注疏」呢？這固然是因為朱熹是一代大學問家，但更重要的是，朱熹和明朝的皇帝份屬「同宗」，正如唐朝的皇帝尊崇老子，也是因為大家同是「李」的「同宗」。

而且，根據「考試課程」，考生只能「代聖人立言」，不能寫出自己的思想。由於最後一位聖人孟子死掉了二千年，考生遂不准引用近二千年的故事，所以一些讀書人甚至連司馬遷是誰也不知道。非獨

註三：秦代的名稱是「博士官」，相當於台灣的中央研究院院士，或者是美國國家科學院院士，是政府的學術顧問。

「課程內容」，甚至連考試的格式和起承轉合，也得出了嚴格的規定，是為「八股文」。（註四）

八股文最重要的是破題：破題是甚麼呢？

有人為八股文出了個遊戲題目：「月兒彎彎照九州，幾家歡樂幾家愁」。考生「破題」的最佳答案是：「天道有常，人生多異」，其實就是把題目的意思，用別的文字再寫一次，是和猜謎一樣的文字遊戲，完全沒有思想價值可言。

此外，明朝還規定了「非聖無法者誅，非議聖人者族」。既然批評聖人是殺頭抄家的第一大罪，於是，全中國的思潮，都不敢有任何的逾軌，只能鎖在框框之內，變成刻版模式，人民的智慧完全無法發揮。言論自由受制，文化就難以進步，原因是大多數人都受傳統思緒所影響，創新及革命性思維在開始時，必然是少數聲音，必須經過某段時期傳播闡釋，方會為大眾所接受。而尋求思想言論統一，就是對這些聲音的抑制。假如這些聲音不被批准自由發表，如何能得到大眾認同、最後被承認為真理？

因此，對整個民族或文明來說，抑制言論自由是一種慢性自殺行為，對民族及文明創造性傷害至大。

中國人發明了指南針，但只能作為羅庚，給「風水佬」看風水，西方人學會製造指南針，則用作航海，令到哥倫布發現了新大陸、麥哲倫橫渡太平洋。中國人發明了火藥，但只用作放煙花，西方人則用來做炮彈、開山劈石鑿隧道。中國文化踏上了這一步，與西方文化相比，由遙遙領前變為遠遠墮後，在帝國主義東渡而來後，惟有束手待斃。

在滿清政府的末期，儒家思想出現了「典範危機」，大家都知道必須有一套新的理論，去取代固有的儒家思想。在二十世紀的上半部，中國出現了春秋戰國以來未曾出現過「百家爭鳴」的局面，但只是曇花一現。共產黨統一了政治，同時鎮壓了思想，只准傳播一套新的「共產典範」。

中國共產黨既是湯恩比所說的「統一帝國」，也是「統一教會」。馬克思主義其實類同宗教，都是對一種思想或理想的無限崇拜，同樣馬克思主義有很多不同的解釋，最有名的是列寧和托洛斯基的不同詮釋，因為列寧是馬克思主義的「亞聖孟子」，所以也就非得採用列寧的「注」不可。因為斯大林在政治鬥爭中擊敗了托洛斯基，共產黨遂採用斯大林的「疏」。共產主義到了中國之後，毛澤東再詮釋「列寧主義」和「斯大林主義」，是為「毛澤東思想」。為了將「毛澤東思想」精益求精，務求令人民的思想做到最簡單、最一致，遂把「毛澤東思想」簡化為一本小小的「紅寶書」《毛語錄》。

直至一九七八年，鄧小平

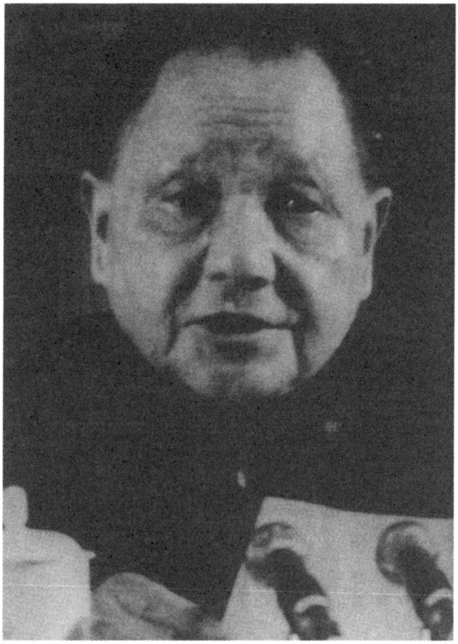

一九八二年九月一日至十一日，中共十二大在北京舉行。大會提出了全面開創社會主義現代化建設新局面的綱領。鄧小平在開幕詞中指出：「我們的現代化建設必須從中國實際出發，把馬克思主義的普遍真理同中國的具體實際結合起來，走自己的道路，建設有中國特色的社會主義。」

註四：「八股」是「破題、承題、起講、入手、起股、中股、後股、束股」，相當於文章的起承轉合。

實行「改革、開放」之後，中國文化才現出了一線生機。

然而到了今日，中國人，甚至是一部分的香港人仍然喜歡大一統思想。這樣的思維，和二千多年來喜歡大一統思想的人，又有何異呢？

《詩經．鶴鳴》說：「他山之石，可以攻錯。」正是「真理越辯越明」，沒有百花齊放、百家爭鳴，思想便不會有進步。

所謂的「百家爭鳴」，就是人民創造力的表現。一處地方的人民失去了創造力，該城市便會滅亡。文明一旦退化，可以磨滅得點滴無存，回到原始。在美洲尤卡坦半島發微的瑪雅人在一千七百年前已經發展出文字，並曾經有過許多偉大的建築，但到了公元十世紀，瑪雅文明突然衰落，到了歐洲人侵略新大陸的時代，瑪雅人連文字也忘記得一乾二淨。昔日的高棉王國造出吳哥窟這樣偉大的建築，如今在柬埔寨，高棉文化安在哉？

我發覺，香港人正出現了相同的徵兆。

我剛剛概括了各大人類社群興衰的通則，也分析了中國一代一代把思想框得越來越緊的經過。但香港是一個城市，而非一個國家或朝代，究竟像香港這樣的城市的興起及衰落，是否適用同樣的通則呢？

城市興衰的原因錯綜複雜，箇中有著太多的互動關係，不能孤立去討論。我姑且跳出此巢臼，從更微觀的角度，去觀察這課題。

第三節 刀鋒下的繁榮

一個大城市要興起，並不需要有任何的「必要條件」(necessary condition)，只要擁有一項「充分條件」(sufficient condition)，便足夠勝出了。正如一間企業要成功，可以搞地產，可以做金融，可以從事高科技，只要有一項專長，條條大路可通羅馬。

軍事因素便是其中一個「充分條件」。

最明顯的例子是馬其頓帝國。馬其頓本來是個希臘的小城邦，但因其國王阿歷山大的連番軍事勝利，建立成一個龐大的帝國，馬其頓城遂自然而然的，成為了由龐大帝國的首都。隨著人口的增加，全國各地的財富源源向首都輸入，供養著馬其頓的市民。

接著是蒙古。成吉思汗憑藉史上無雙的武力，建立起空前絕後的蒙古帝國，蒙古的首都和林從一個不毛的部落聚居地，躍身成為全世界最富庶的城市之一。

當一個地方的興起，非靠地利，而是憑武力而變得興盛，由於武力不能長存，隨著武力的解體，最終這種城市亦必然會解體。正如馬其頓帝國瓦解後，馬其頓先變成小鎮，繼而再變成廢墟，當忽必烈汗征服中國，帝國的統治中心從和林南移到北京，和林亦迅速成為次級城市，直至朱元璋將蒙古人逐回北方，和林才重新成為蒙古人的政治中心，但因為蒙古已失去了龐大的版圖，和林也只能成為一個地區性的大城市，完全不復當年號令世界的雄風。

北京的大城市地位，也是靠軍事力量而得。「北人騎馬，南人乘船」，北方人高大健碩，懂得騎馬；

南方則多河流，人身材矮小，坐船不會暈船。所以，北方人要征服南方，必須先練水師。但南方人要北伐，卻要以矮小的個子，與高大的北方騎兵打硬仗。後者自然困難得多。

中國歷史上的北伐，只有三次成功的個案。而三次都是在大混亂之後、新朝代崛起之時。

公元前二二三年，楚國被秦始皇所滅，殺戮極慘，所以楚國人誓言「楚雖三戶，亡秦必楚」，即是說楚國縱使死剩三家人，也必定要把秦國亡掉。項羽是前楚國的大家族，世世代代都是將軍；劉邦是安徽人，也是楚國的遺民，出身寒微。他們戰勝了北方的秦國，劉邦還統一了中國。這是第一次北伐成功。

第二次是朱元璋。他先取山東，再奪河南，最後會師直搗大都，推翻元朝的統治，把蒙古人趕往大漠以北。朱元璋生於南方，定都金陵，即是今天的南京。

然後第三次的北伐，則輪到五百年後，蔣介石的平定軍閥、統一中國了。

北方是政治和軍事的中心，經濟一直不如南方。但是它掌握了武力，所以近代王朝首都不得不設在北方。但在經濟上，北方政權卻非得依靠南方不可。

康熙即位後，把三件大事刻在柱子上，終日提醒自己：第一是「三藩」，即是平西王吳三桂、平南王尚可喜、靖南王耿精忠，三人佔去了政府總稅收的一半，全國土地的三分之一，為國家的安全計，必須削掉他們的權力。

其次是「治河」，即是治理黃河缺堤，需要修補堤壩的缺口，否則整個北方都受到黃河泛濫的威脅，人民的生命財產無法保存。

其三是「漕運」，因為明末流寇作亂，隋朝時開鑿的永濟渠，通濟渠、廣通渠，江南河和邗溝，即現在大運河的一部分。漕運中斷了很久，所以必須疏通大運河，然後貨物方可以穿過黃河，直上北京，否則統治階層全都會餓死。

其實，「治河」和「漕運」是一而二、二而一的事，因為漕運的其中一段要經過黃河，也就是所謂的「借黃」。

漕運還有一個重要的副產品，負責漕運伕力船伕，逐漸發展成為清幫，是中國三大會組織之一。他們一面負責漕運，一面夾帶走私。

到了道光年間，漕運淤塞，曾經改行海運，即是船隻不從大運河走，改走東海，但遭既有利益集團反對，又回復了漕運。到了二十世紀，便全靠海運了。

現在中國政府的武力基礎，亦建基於北方，也是靠著南方的經濟輸血而生存。當然，現代靠的是鐵路運輸，而非運河。

說回大城市要興起的另外一個「充分條件」，是交通因素。

中國人看地方的衰旺，說是看「風水」。

風水有四字訣：風、水、龍、砂。「風」是空氣的供應，「水」是交通，因為交通要靠水流來運輸，「龍」是山勢，「砂」是地質。

其中「龍」、「砂」兩項，主要是為「陰宅」——即是墓地——而設。相信大家都知道甚麼是「龍脈」，而地質也直接影響到屍體的腐爛速度。以前為皇帝選墓地的風水師，最大的挑戰不是要找一塊子孫代代興隆的墓穴，而是要找一處絕不能有大量蟲蟻和地下水的地，因為後代「發」不「發」，要長時期才知道，到時風水師墓木已拱，大可「關人」，但如果掘下去有大量蟲蟻，表示未來皇帝遺體會被蟲蛀，如果地窖漏水，表示龍體會被水浸，在生的皇帝便會龍顏大怒，這是抄家滅族的大罪。風水師為保一家大小的腦袋，非得有十成十的把握不可。

「陽宅」即是住宅和公司，則大多只看「風」和「水」，很少談「龍」和「砂」，故此叫作「風水」。

如今我且以交通和水（亦即風水）的角度，去研究大城市的興衰，而最有名、最神秘的例子，莫過於中國到歐洲的沿絲路城市，整整千多年間，影響到各地城市興衰的經過。

「絲路」這名字由德國地理學者李希霍芬(Ferdinand von Richthofen)所提出，指的是從中國到中亞的貿易路線，由於當時中西貿易以絲綢為主，故名「絲路」，後來則泛稱東起長安，西到東羅馬帝國首都君士坦丁堡，全長七千多公里，貫穿歐亞大陸腹地的通道。

中國人早在新石器時代，已經懂得養蠶織絲，考古學家在浙江省姆渡村挖掘出來七千年前的黑陶器，刻紋了紡輪、紡磚、織機零件，而三千多年前商代後期的甲骨文，也有了「蠶」、「絲」這些字。《舊約．以西結書》有言：「我也使你身穿繡花衣服，並用細麻布給你束腰，用絲綢披在你身上。」(16:10)可知遠在公元前七百年，西方已視絲綢為貴重的「來路貨」。

但當時中西方的交通困難，直至漢武帝時代，為了軍事原因，由公元前一三九年開始，兩次派遣張騫出使西域，約定西域各國，夾擊匈奴。接著，名將霍去病擊潰了匈奴軍隊，在佔領地建立了酒泉、武威、張掖、敦煌四個城市。西域各國遂把中國視為宗主國。

這一連串赫赫戰功的副產品，打通了中西的交通，成就了由長安經隴西、河西走廊、新疆，去到中亞、南亞的君士坦丁堡，再從君士坦丁堡輻射到整個歐洲的「絲綢之路」。

羅馬帝國每年花費三千五百萬至一億羅馬金幣（sestees），購買中國絲綢，這筆巨款使絲路成為當時最長、最興旺的貿易通道，沿路的城市也變得繁盛起來。武威、敦煌成為了中國最大的對外貿易城市，而中繼站高昌、鄯善、焉耆、龜茲，均變成了人數以萬計的大城市，還有撒瑪爾罕，雖然不停被不同的國家所佔領，但其作為中國與地中海貿易的橋樑，地位卻絲毫不變，因為沒有一個統治者會「同錢鬥氣」。

單是君士坦丁堡的貿易海關稅收，每年就為東羅馬帝國國庫帶來七三〇萬「比真特」元（bezant，東羅馬帝國貨幣），令東羅馬帝國成為歐洲最富有的國家。其中來自中國的絲綢，佔了關稅收入極重要的部分，甚至引起了鄰居的覬覦。由公元二世紀起到七世紀的五百年，先是安息帝國，跟著是波斯帝國，與羅馬帝國長期鬥爭，其中的一大原因，便是為了控制歐亞大陸的絲路貿易，取得中國絲綢。兩國戰爭後的停戰協議，例必有涉及絲綢供應的條款。

到了唐朝，單是武威已經有七座城市，《舊唐書．地理志》說：「元宵盛會，長安第一，敦煌第二，揚州第三。」唐代詩人溫子升的《涼州樂歌》：「遠游武威郡，遙望姑臧城，車馬相交錯，歌吹日縱橫。」描寫出了當時武威的繁榮。

後來絲路衰落，主要的中西交通路線從北路的陸運，改成南路的海運，北路的城市的最後結果是怎樣呢？

敦煌變成了一片荒漠，沒有人可以想像得到昔日繁榮。十九世紀末葉，居住在敦煌的王圓籙道士發現了藏經洞，內藏公元五世紀到十一世紀的文獻五萬件、繪畫千多件，藏品之多之精，可謂中華藝術的無價瑰寶，是證當年敦煌文明之盛。但一旦覆敗之後，據名畫家張大千的自述，他前往敦煌拓畫的時候，就是籌集食水食糧，也非常困難。

但很可惜，這些國寶在一九〇〇年被外國列強的考古學家發現了，一次又一次的巧取豪奪，把大部分的精品盜個清光，甚至直接破壞石窟的文物。但從保存中國文化的角度看，這些無價文物妥善存在外國設備完善的大型博物館，因而逃過了國共內戰、文化大革命等等「人禍」，反而可能是好事。

在八世紀後，回教帝國興起，「黑衣大食」（即回教的阿拔斯王朝）橫亙中亞三百年，一〇九五年十字軍第一次東征，回教徒與基督徒征戰不休，而中國亦失去了西北地區的控制權，西域的絲綢之路遂斷絕，而上述的沿絲路城市亦由盛至衰。

其實，絲綢之路的衰落，還有更重要的原因。歐洲人大概在十三世紀，開始將中國發明的指南針用於航海，這使到遠洋航行得以實現，相比起經過高原、雪山、沙漠的西北絲綢之路，南下走海路，自然舒服得多，也安全得多。當改由海運後，北路的城市又如何呢？

在六世紀時，歐洲人已學會了養蠶的技巧，到了十二世紀，意大利成為了歐洲絲綢的生產中心，對「made in china」的絲綢的需求大為降低，代之而起的，是另一種新興的「高科技產品」，便是「china」（瓷器）。

據說，瓷器是十三世紀時，由馬可孛羅帶回歐洲。當時的歐洲人只有陶器，初次見到這種「色如玉，聲如磬，平如鏡」的精品，只有驚嘆讚美的份兒。瓷器這種「高科技」，西方人想破了腦袋，也想不出其製造的原理，甚至想到過磨碎雞蛋殼，當然，雞蛋殼是造不出瓷器的。

其實，泥土多含有鐵的成分，而鐵是一種極活潑的元素，很容易與其他分子結合，所以含鐵的泥土只能造出陶器。但在中國某些地區的山頂上，有天然不含鐵而含鋁的白色黏土，叫做高嶺土(Kaolin)。用高嶺土做原料，再加上攝氏一千一百七十度的高熱，才能造出潔白無瑕的瓷器來。而現代科技則可使用高能攝石，把鐵質全攝出來，令到瓷器的品質更加完美。

歐洲人足足花上了超過五百年，才掌握到製造瓷器的竅門，在這段漫長的壟斷期間，中國人大發西洋財，甚至有畫上西洋圖畫和「鬼佬鬼婆」的「外銷產品」。而中國東南部的沿海地區也就順理成章，成為了新興的對外貿易城市。

所謂的「香瓷之路」，是由福建泉州開始，沿南中國海航行，繞過馬六甲海峽和印度之南，從非洲東部下船登陸，由陸路上北非，由陸路走到君士坦丁堡，或由水路運到威尼斯。在歐洲，船隻卸下來自中國的陶瓷、絲綢、紙張（也是高科技產品），再放上中國人需要的香料、珠寶，原路回中國，如是周而復始。東非變成了必經之路，遂發展了幾個極度繁榮的大城市。這個時期，正是君士坦丁堡和威尼斯最興旺的高速發展期。

說到城市興亡，不能不用威尼斯作例子。當時，地中海有兩大城市：君士坦丁堡和威尼斯。君士坦丁堡是東羅馬帝國的首都，是政治中心，威尼斯靠近中東，是東西運輸的交匯點，是經濟中心。

在五世紀時，大約四萬名日耳曼難民，來到了威尼斯，發現這裡無土可耕、無石可採、無鐵可鑄、無木可築，甚至無水可飲，但這些一無所有的日耳曼難民，只因抓住了一個商機，在三五百年之內，將這小城市變成了全歐洲最富有、最繁榮、也最資本主義的地方。

中國的貨品從海路西去，繞過印支半島，再經印度運到北非後，早期是沿陸路上君士坦丁堡，到土耳其勢力興起後，逐漸改變成在北非裝船，運上威尼斯，威尼斯把貨物散布到整個歐洲。慢慢地，威尼斯的重要性超越了君士坦丁堡，因而大發其財。

威尼斯名義上是東羅馬帝國的領土，實際上是獨立的自由城市。它有一個由一千二百到兩千名貴族控制的「民主政府」，由行政長官到立法、司法機關，均由這一班世襲貴族所選出來，共同管理這個十萬人口的大城市。

一二〇二年，威哈陶因伯爵（Geoffrey de Villehardouin）發動了第四次十字軍東征，威尼斯以八萬四千銀元租出二百多艘運輸船隻，為期一年，先賺一筆，再免費供給五十艘軍艦，條件是東征獲得的領土，威尼斯可分享一半。

後來，軍隊集結在威尼斯，但威哈陶因只能籌集到五萬銀元。威尼斯附近有一個叫查拉（Zara）的港口，是新崛起的貿易競爭對手，於是，威尼斯強迫十字軍攻打查拉，掠奪一番。

這時，另一個大好商機從天降臨：東羅馬帝國皇帝阿魯修士三世（Alexius III）的侄兒阿魯修士王子想借助十字軍的力量，篡去叔父的寶座，代價是國庫的金銀珠寶。大家都知道，東羅馬帝國是多麼的富有，其國所藏之豐，令人垂涎三尺。於是，由威尼斯人控制的十字軍決定暫不東征，興興沖沖的，移師君士坦丁堡，打走了阿魯修士三世。

但很可惜，阿魯修士三世逃跑時，把國庫的金銀珠寶一併帶走，威尼斯一怒底下，索性佔領君士坦丁堡，姦淫擄掠三日後，得到四十萬銀元和一萬副甲胄，這真是一本萬利的生意。

威尼斯之興起，是在交通；之衰落，也正是在交通。

一四五三年，土耳其人攻陷了君士坦丁堡，建立了鄂斯曼帝國，君士坦丁堡自此「此路不通」，威尼斯成為唯一的交通樞紐，繁榮冠絕歐洲。但成也蕭何，敗也蕭何，交通途徑改變了，威尼斯地位就一瀉千里。

一四八八年，葡萄牙人狄亞士(Bartholomew Diaz)發現了非洲南部的尖端好望角(Cape of Good Hope)。一四九二年，達迦馬(Vasco Da Gama)從好望角繞到印度。自此之後，歐洲的船隻循海路南下，繞過好望角，直接經印度而到中國。威尼斯的海港是珊瑚礁，經好望角的船隻是深海船，船高底尖，不能泊入威尼斯，擁有深水港的熱內亞遂取代威尼斯地位，成為出口港。威尼斯就此一蹶不振，今日只是旅遊勝地，讓人憑弔昔日繁榮而已。

從上述的描述，大家可以看到交通路線的改變，不斷的主宰著上述城市的興衰命運，以下我還想說一說交通方式的改變，也能對城市的興衰有著決定性的影響。

中國的城市，從秦朝到唐朝，均以西安為全國的政經中心。周朝的首都豐鎬即是今日的長安縣，位於西安市的南部，秦朝的首都咸陽和漢朝的首都長安均位於今日西安市的西北部，三者的關係就像元朗、西貢和香港島，其實是同一處地方，只是「新區」崛起了，「舊區」便變得破敗，正如中環取代了上環，上海的浦東在將來很可能取代浦西。

秦朝統一六國之後，立刻大築馳道和直道，前者是皇帝的「專線」，後者則是軍事通道，但兩者均以秦國首都咸陽為中心。之後，從漢朝到唐朝，所有道路網絡的建築，全都通往西安。

這些「超級公路」合起來，全長約一萬四千八百公里，令長安成為無法取代的政治及經濟中心，直至「安史之亂」起，道路遭大肆破壞，南方經濟日趨重要，河流運輸方取代了道路。

中國的內河航運，從春秋戰國時代，已經十分繁忙，並且開鑿了大量的運河。秦朝動用了五十萬人挖出的靈渠，是當時規模最大的人工運河，但真正大規模的興建水利，還得數隋朝的五大運河：通濟渠、永濟渠、邗溝、江南河、廣通渠。

其後發展的大城市，莫不位處河道的要衝。像宋朝的首都開封，是一片平原，敵人的騎兵從東、西、北方均可長驅直進，宋朝之所以以它作首都，只有一個原因，就是它靠近運河，方便把「南糧北調」，把南方的資源運往首都。

大運河的沿河城市，以南方的杭州為起點，經揚州、徐州，北上至淮河交界口的清江浦，再上天津，以北京為終點。這些城市自然是富庶奢華到了極點。

其他近代崛起的大城市，無不是靠近河道，像武漢（註五）位於長江中流，廣州位於珠江之口，金陵「龍盤虎踞」，前面是「盤龍」長江，後面是「踞虎」紫金山，至於大運河的沿河大城，從北京、天津到揚州、杭州，更是「自古繁華」，取代了以往以陸路為主的要津。

但從元代開始，河渠日漸失修，不少河流日益壅塞，地方土豪惡霸仗著勢力，毀堤佔田，有的河段淤塞十餘里，幾近乾涸，有的河段水面高於平地，僅靠河堤護水，有的河段底下鋪滿沉船破木，甚至有人

註五：武漢原來是武昌、漢口、漢陽三個市，一九四九年中華人民共和國將之合併為一個大城市，稱為武漢。

掘堤挖井，引水灌溉自家的田地……漸漸地，中國發現了「海舟一載千石，可當河舟三，用卒大減；河漕視陸運費省什三，海運視陸省什七，雖有漂溺患，然省牽卒之勞、駁淺之費、挨次之守，利害亦相當」，因為海床深而河床淺，海船遠比河船為大，裝的貨也多多，船隻直接停泊在深水港，便省掉了駁船和縴夫的成本，是為「規模效益」(economy of scale)。

於是，明朝和清朝的政府逐漸減少對河運的倚賴，到了一八二四年，黃河和南方各水驟漲，政府花了一百二十萬兩白銀，仍未解決漕運問題，道光皇帝決定採用戶部尚書英和的建議，採用了海運。後來因為既得利益者的反對，又曾經由海運改回河運。但自《南京條約》以來，開五口通商，海運日盛，沿海大城市如天津、大沽口、上海、寧波、溫州、泉州、廣州，地位迅速冒升，取代了沿運河各大城市的地位。

自從鐵路在一八七六年傳到了中國之後，中國的交通狀況，又進入了另一個新階段。

最初的時候，中國人對鐵路的抗拒很大，有認為它破壞了風水龍脈者，有認為它令到帝國主義的軍隊更容易駛入中國內地者。在一八七六年興建的上海到吳淞鎮的鐵路，只運行了一年，便被滿清政府收回、拆除。

一八九五年，中國在甲午戰爭打敗了，列強紛紛來中國興建商營鐵路，而一九〇一年八國聯軍之後，中國被迫全面西化，自己也就不甘後人，開始大建鐵路了。

自此之後，中國不停的建築鐵路，京漢路、隴海路成為了大城市的依據。中華人民共和國成立後，鐵路網逐漸完善，現在的鐵路網，由京九線作為主幹，沿途不停分叉到全國各地，而河南的首府鄭州，現在已成為第一級的大城市，人口六百三十萬，正因為它處於的鐵路交匯點，是全中國交通的中心。

從馳道到運河，從運河到海運，從海運到鐵路，我們可以看到交通形式的改變，扭轉了城市的風水命運。

然而，香港的興起，交通因素有一定影響，但並非決定性，主要是政治原因。至於經濟因素，會在下一部分再跟大家探討。

第四節　適者生存

在這一節，我會探討生態環境和經濟形態的轉變如何造成城市的興起。

人類（homo sapiens）這一物種，大概有十五萬年的歷史，在不同的時期，有著不同的經濟形態。在最初的九萬年，一直靠採集／狩獵來生活，在一萬年前，緊接著冰河時期之後，經濟形態分成了兩支，一支是畜牧，另一支是農耕，一直到了十八世紀，瓦特發明蒸汽機後，開始了工業時期，無論畜牧還是農耕，殊途同歸地走向了工業化。二十世紀的後半段，是後工業時期，工業產品從匱乏變成了過剩，服務業逐漸取代製造業，成為產量最大的部門。現在則是資訊時期，資訊變成了最重要的經濟活動。

生態環境的改變對大城市有什麼影響呢？

埃及文明始自尼羅河流域，昔年肥沃一片的田地，埃及古都（Thebes），現在是一片莽莽黃沙。這是由於生態環境的變化，使原來的經濟形態再不能夠存在，倚養農業經濟生存的大城市，不能不隨之衰落，這可算是一個最明顯的例子。

中國亦有相同的例子，就是陝西。大家有沒有看過《黃土地》？看過的人一定印象深刻：那裡漫天遍地都是黃土，所以有「黃土高原」之稱，人們都是住在山洞，地理環境惡劣，生產困難。十四五歲以下的孩子，十居七八沒有褲子，有幾戶人家，全家上下只有一條褲子，誰要外出，誰就穿上那條褲子，在家裡的人都是光著屁股。陝西正是貧窮到這個難以想像的地步。

誰會想到，在二千年前，陝西曾經是全中國最繁榮的政治經濟中心？杜甫詩云：「秦中自古帝王州」，西安曾經是西周、秦、西漢、新朝、東漢、西晉、前趙、前秦、後秦、隋、唐等十三個王朝的首都，斷斷續續的持續了一千一百四十年之久，中國歷史上沒有一個城市比它作得更多、作得更長的「帝王州」。

早在秦朝，咸陽居住了百萬人，以當時的標準，是數一數二的國際大都會，只有羅馬可相比擬。此地不但是交通中心，而且，方圓一千里都是肥沃的土地，《史記・貨殖列傳》形容為「膏腴沃野千里」，楚漢相爭之時，劉邦因為霸佔了陝西這塊大糧倉，軍糧源源不絕，終構成了他戰勝項羽的必要條件。

陝西一帶之所以衰落到這個地步，是因為八世紀時，唐朝發生了「安史之亂」，安祿山率領吐蕃與漢人混合兵團造反，政府借回紇軍隊來反擊，大混戰之後，道路、溝渠和灌溉系統遭受全面的破壞，土地荒廢，無法再耕種。

另外一個原因，是人們大量砍伐樹木，令到上游地區沙漠化，下游則長期乾旱，無法種植農作物。因此，農田的面積日漸縮小，在以農業經濟為主的時代，其經濟力量相應日益萎縮，陝西遂從此失去了作為政治重心的條件。

至於經濟形態的變化呢？十九世紀時，經濟學家李嘉圖(David Ricardo, 1772-1823)提出「相對優勢」(comparative advantage)，意思是：某地方或某企業，從事某一特定經濟活動時，相對於其他的地方或企業，有其天然優勝地方。舉例說，經營勞工密集的工業，國內比香港有相對優勢，因為國內的土地價格和人工，遠遠比香港廉宜得多。

從另一方面看，非洲的土地價格和人工，比中國更廉宜，那是否就比中國更有相對優勢呢？答案是否定的，因為工業除了講求廉價的土地和人工之外，還有種種的配套，例如交通、資訊、工人質素、集資便利、外匯進出方便、政府文件手續簡單……等等。非洲在這些方面太落後，故此在整體上，非洲工業相對中國工業，並無相對優勢。

一個倚仗自然經濟形成的大城市，必然是因為該大城市在某種經濟領域有相對優勢。但當經濟轉型後，該大城市未必能在新經濟領域中擁有相對優勢，因此不能保持繁榮。

我想舉的例子是英國。

英國的工業革命始於十八世紀。英國的卡特賴特(Edmund Cartwright)在一七八五年在曼徹斯特首先發明了動力織機，減低了生產成本，也解決了技術工人不足的問題。一八三〇年，曼徹斯特和利物浦相連的鐵路開通了，這兩個城市同時變成了工業重鎮，由於紡織工業投資少、周轉快、利潤大，這兩個城市亦變得非常繁榮。

到了二十世紀中葉，英國進入了後工業時期，紡織這種早期的工業紛紛遷往亞洲的新興國家，情形就如近八、九十年代，香港的製衣紡織業遷往大陸設廠生產，因為新興國家比英國更有相對優勢。曼徹斯特和利物浦的工業，只有轉型的份兒，前者變成了一個金融城市，後者則變身一個重要的港口。

大家有沒有看過《亂世佳人》(Gone with the Wind)這齣由同名小說改編的電影？戲中的城市阿特蘭大，是美國南部的著名城市。還有一個有名的城市，叫新奧爾良，兩個都是南部的經濟重鎮，主要靠出產棉花和煙草而「發達」。直至南北戰爭時期，這兩大城市的繁榮已不復再，因為經濟形態已改變，北部的新興工業城市開始崛起，例如紐約和芝加哥，規模均遠較南方的農業城市為大。阿特蘭大和新奧爾良只好轉型，前者現在是東南部的批發和零售中心，可口可樂公司即以此地為總部，後者則改以海運與旅遊業作

一九三九年在美國上畫的《亂世佳人》(Gone With The Wind)是改編自瑪格蘭特米契爾 (Margaret Mitchell，1900-1949)的小說《飄》。故事以美國南部阿特蘭大的農場為背景，講述美國南北戰爭期間，一段「烽火兒女」的愛情故事。

為經濟支柱。

隨著北部工業的崛起，南北部的生產力亦漸漸拉遠。我們看到這些農作物的出口，佔整個經濟的比重越來越低，南北戰爭時，農作物佔美國的國民生產總值約六至七成，但到了現在，只剩下百分之二而已。

到了二十世紀初期，繁榮重返南方，但已不再是靠農業產品，而是靠開採石油，經濟的中心不復是阿特蘭大或新奧爾良，而是達拉斯、侯斯頓這些新興的石油城市，石油城市的興旺，從肥皂劇的鼻祖《豪門恩怨》可見一斑，該劇的名字正是「達拉斯」(Dallas)。

但達拉斯和侯斯頓的繁榮，因為石油工業的「空洞化」——轉向開採第三世界國家的開採成本較低的油田——到了現代，美國的經濟形態轉入了後資訊時代，波士頓和矽谷就分領東西岸的風騷。就是在同一經濟的層面內亦會有輕重的變化，比如同在工業化、現代化過程中，底特律因製造汽車而雄霸一代，到了七、八十年代，車廠外移，汽車行業在美國整體經濟比重不斷下降，底特律負債重重，宣告破產，直到現在轉型發展高科技產業，才從谷底翻身。

第五節 苛政猛於虎

假如一個城市與鄰近地方的政治制度或經濟制度出現了重大的歧異，財富必然向擁有較先進的政治和經濟制度的地區傾斜，致使這地方出現了繁榮。

第一個例子便是東、西柏林。

二次大戰後，戰敗的德國被盟軍分割成美、英、法、蘇四個佔領區，其首都柏林位於蘇聯佔領區之內，同樣被四國瓜分。一九四八年六月，西方三國建議將其佔領區合併，稱為「德意志聯邦共和國」。蘇聯立即封閉由其佔領區通往柏林的公路及鐵路，藉此打消西方統一德國的計劃，或迫使西方退出柏林。

柏林是一個孤城，不能自給自足地獨立生存，美國既無法越過蘇聯佔領區，也無法對柏林提供日常的補給品，更不能用武力打開往東柏林的通道，否則可能引起第三次世界大戰。美軍於是採用空軍投擲日用品，補給、支援柏林市內的二百萬居民。一直到一九四九年五月，蘇聯才取消封鎖。

東、西柏林並非兩個城市，而是一個城市分裂為兩部分，東柏林由共產黨統治，西柏林由民主政府統治。在兩套截然不同的統治理念之下，結果是東柏林的人民不斷逃往自由的西柏林，東柏林日益衰落，西柏林卻越來越繁榮。於是，東德於一九六一年八月十三日，築起柏林圍牆，下令將越過圍牆的人全部槍殺。初時柏林圍牆只是臨時建築，後來終於演變成永久的「鐵幕」。結果，西柏林變成了全世界最繁榮的城市之一，東柏林卻一直衰落破敗下去。直至一九九〇年，柏林圍牆被東柏林的市民所推倒，東西德統一，才出現了轉機。

第二個例子是巴拿馬運河區。一九〇三年，美國策動巴拿馬脫離哥倫比亞獨立，並與剛成立的巴拿馬政府簽定了《巴拿馬運河條約》，使美國享有運河的開鑿權、永久使用權和控制權。在美軍佔領下，運河區非常繁榮，而運河區以外的地方，則混亂不堪。這局面與香港的情形十分相似。

第三個例子是美國伯明翰。由於加拿大的銷售稅率比美國高，溫哥華的居民經常開車一個半小時，往伯明翰購物，甚至要加滿汽油，才啟程回加。伯明翰雖是小城市，商店卻其門若市，溫哥華比伯明翰大得多，商店就門庭冷清。

第四個例子便是所謂的「蘇東坡」：在中蘇的邊界，由於中國的經濟較蘇聯蓬勃，許多蘇聯人便越過邊境來，到中國售賣貨品。

政治制度的優勢，亦必然促進一個地區的繁榮。墨西哥是由制度革命黨統治下的一黨威權，鄰近的美國則是民主政府，實行資本主義。墨西哥人渴望自由，更加羨慕美國的富裕，大量偷渡到美國，而美墨交界的地方，亦出現了畸形的繁榮。

根據儒家思想，只要行「仁政」自然令人心歸向，也即是會令統治地區繁榮起來。儒家學派對「仁政」下了這樣的定義：減輕刑罰和賦稅，不打擾農務，壯丁便有閑暇去學習做人的道理，在家則事奉父兄長輩，在國家則事奉上級。（註六）

註六：《孟子・梁惠王上》：「王如施仁政於民，省刑罰，薄稅斂，深耕易耨，壯者以暇日修其孝悌忠信，入以事其父兄，出以事其長上，可使制梃以秦楚之堅甲利兵矣。」

儒家施行「仁政」的最經典例子，是在夏朝的末期，其末代國王桀施行苛政、殘害人民，失去了人民的支持。商國國王湯則施行仁政，他攻打東面，西夷的人民怨怒他；他攻打南面，北狄的人民怨怒他，埋怨：「為甚麼這麼晚還未攻打我們？」所有的人都希望接受湯的統治，盡早脫離桀的苛政（註七）。推行仁政的結果是天下人民歸心，如百川匯海一樣，向仁政施行地集中，當然這就會促成當地的繁榮。

還有一個典故，就是「苛政猛於虎」：有一次，孔子帶著學生，經過一處樹林，看到一位婦人在哭泣。孔子的一個弟子子路問她：「為甚麼妳哭的這麼傷心呢？」婦人說：「前年，我的公公被老虎吃掉。去年，我的丈夫也被老虎吃掉。今年，我的兒子又被吃掉了。我一想到，就很傷心。」子路很奇怪的問：「明知這裡有老虎，為甚麼不早搬走呢？」婦人哭得更傷心了：「因為這裡沒苛政！」（註八）。這是從相反角度看同一問題，苛政把人民趕走，做成了當地的蕭條。

苛政對人民的威脅，更超過了老虎。正如越南、柬埔寨這些地區，沒有完整的司法制度，連人身安全也沒有保障，怎會是理想的居所呢？

現代社會的所謂「仁政」，就是法治、民主、保障私有產權。哪一個政制適應時代潮流，適應人民的需要，財富及民心就會歸向它。

下一節我們會直接討論香港歷史，而早期香港的繁榮就是租界繁榮，政治和經濟制度是直接導致孤島式繁榮的因素，這個對香港的發展有密切的關係。

註七：《孟子・梁惠王下》：「《書》曰：『湯一征，自葛始。』天下信之，東面而征，西夷怨。南面而征，北狄怨曰：『奚為後我』民望之，若大旱之望雲霓也。歸市者不止，耕者不變。誅其君而吊其民，若時雨降。民大悅。書》曰：『徯我後，後來其蘇。』」

註八：《禮記・檀弓下》：孔子過泰山側，有婦人哭於墓者而哀，夫子式而聽之，使子路問之，曰：「子之哭也，壹似重有憂者。」而曰：「然，昔者，吾舅死於虎，吾夫又死焉，今吾子又死焉。」

第三章

偶然中的偶然

第一節　租界式的繁榮

這一章的名字叫作「偶然中的偶然」，是使用了「唯物辯證法」的概念。唯物辯證法把命運分成偶然性和必然性兩種因素。將幾個偶然的因素相加起來，就有了必然性，得出必然的結果來。舉例，一棵樹的種子掉在泥土上，是偶然性的因素；再配上其他偶然性的因素如充足的雨水和溫暖的天氣，一定便會得出種子發芽、生長的結果。

用數學上的集合論來表達，一個集（可用一個圓圈來表示）可以代表一個偶然，幾個集重疊起來（相等於幾個圈重疊起來），即是幾個偶然的條件重疊起來，其交集（圓圈重疊的部分），便相扣成必然性的因素。

香港能夠延續一百五十年的繁榮，是偶然中的偶然，即是非常非常的僥倖。

我們且將香港的歷史來分段：由一八四二年至一九四一年，這一百年間，可視為「租界式的繁榮」。這現象由幾個因素造成：首先是歐洲國家船堅炮利，打進了中國，在中國統治了某些地方，在這些地方實行西方的法律制度，成為了國中之國，包括香港、上海法租界、天津租界、武漢租界、青島租界等等，租界外面的整個中國，則仍然實行中國的法律。這些地方有深淺不同的程度的畸型繁榮，但是本質是一致的。

香港是第一個因租界統治而變成繁榮的地方。與其他租界最大的不同是，香港是唯一永久割讓地，其他的地區，則只是暫時租借。

由港島至九龍的界限街是割讓地，界限街以北的新界地方，卻是租借的，租借年期由一八九八年算起共九十九年。在未割讓給英國之前，香港只是一塊非常荒涼的「光禿石山」，何以英國人偏偏垂青於這片不毛之地？

其原因是多個偶然的組合。

整個過程是義律的個人選擇，義律是大英帝國當時在中國的商務監督，算是首席的中國通，英國政府當然聽他的意見。

香港是一個優良的深水港，但附近的地區並非沒有深水港，例如現在深圳的蛇口、鹽田便是。而且，香港並非珠江的出口，而是有所偏斜。真正的珠江出口的地方是在虎門、澳門，所以早在十六世紀時，葡萄牙人第一個選定了澳門作為他們的殖民地。

到了義律的時代，形勢有了根本性的改變。原來，珠江出口經常有大量流沙淤塞，所以並非深水港，去過澳門的人都知道，那裡的水是黃色的，正是因為含有大量流沙，由於水淺，大型船隻根本無法泊進澳門的碼頭，中年以上的人相信記憶猶新，那時容載數百人的大船，也得由縴夫用繩索拖拉，才能泊岸。

十六世紀的葡萄牙人並不介意海港的深淺，因為當時航以東來的不過是幾百噸的帆船。十九世紀發生了工業革命，大型蒸汽船開始盛行，深水港的重要性才凸顯出來。

作為一個深水港，香港的另一點優勝之處，乃維多利亞港是天然的避風港口，比「裸露」在海邊的鹽田或蛇口，更適合於船隻的停泊，尤其南中國海是一個多颶風的地帶，避風港的重要性是不言可喻的。

在文獻上，看不到義律選擇香港的真正原因。他返回英國後，遭受到當時英國外相帕默斯頓的抨擊，由此看來，他的決定只是個人選擇，並未為英國人所理解。

其中一個不足為外人道的理由，是香港在軍事上易守難攻。香港島是個孤島，四面環水，而大英帝國的海軍世界最強，要守住一個孤島，當然比保護一個接連著中國大陸的港口——例如蛇口或鹽田容易得多。而且香港是一個荒涼地方，遠離大陸的人口中心，不怕窩裡反。北面有大帽山獅子山為屏障，在交通上與大陸隔絕，比較容易防守。這大概是義律出自對安全的考慮。

英國第二次從中國手上得到的土地，是九龍半島。這是作為港島的屏障。但英國人在香港投下最重要的「注碼」，例如港督府和滙豐銀行，全都放在香港島。

還有一個關鍵，是香港有接向南洋的交通之利。整個南洋，都是英國人的控制範圍。從英倫三島開始航行，繞過南非的好望角，再到印度，經過了馬六甲海峽的馬來西亞、新加坡等南洋地方，香港正是這條海航線的延續。

香港僥倖地被英國人選中，成為第一個在帝國主義武力統治下的中國領土，不施行中國的政經制度，轉行歐洲帝國主義的政經制度，於是西方的商人有了信心，紛紛來港經商。

所謂的「租界」，其實分成了兩類。第一類是將原來的大城市劃出一部分，供給外國人居住，成為「城中有城」的局面，例如上海、天津租界。另外一類，則是整個地區都是租界，例如旅順、大連、青島、香港的新界部分。

租界有其獨有的特色，「治外法權」(extra-territorial rights)是其中最重要的一項：只要罪案發生在租界內，或者與外國人有關，就得依照外國的法律去審判，並由外國法官和中國官員共同會審。說是共同會審，但外國人有槍炮挺腰，聲音大得多，所以，在租界內，實際上是受外國人的法律所管治。

「治外法權」並非近代的發明。中國政府一向要求外國人按照他們自己的法律去自治，從明朝的阿拉伯商人到晚清的西方商人，均是如此。而西方商人到中亞的鄂斯曼帝國做生意時，也享有「治外法權」。「治外法權」除了保障外國人免受中國「野蠻」的法律所管轄，外國商人更需要西方的契約法去保護與中國人訂立的商業合約。早在一八四二年之前，外國人已有把「治外法權」的管轄範圍擴大，從只管轄外國人，變成也管轄中外糾紛，鴉片戰爭之後，擴大的「治外法權」終於成為事實。

第二個特色，是貿易興盛。西方帝國主義的其中一大目的，就是為了貿易，列強所選擇的租界地區，無不是優良的港口，可以作為轉口貿易的大商埠。這些租界很快便成為了洋貨的入口集中地，然後再由當地運輸到整個中國。

割讓予英國之前，香港只是一塊非常荒涼的「光禿石山」。圖為一八四一年一月廿六日英軍佔領香港時，首次登陸的西區水坑口。

由於是中國法律管治不到租界地區，所以它的第三個特色，是作為政治避難所。

從清朝末期開始，包括孫中山在內的所有革命人士，全部匿藏在香港，受到港英政府的法律保護，清廷也奈何他們不得。一直到了民國時期，凡是政治鬥爭中的失敗者，一旦被通緝，就逃往租界。

例如袁世凱稱帝失敗，新政府通緝慫恿袁稱帝的「洪憲六君子」，六人便逃往租界。段祺瑞的皖系從當權到被直系打敗，安福系全部當權派，立刻逃往天津租界，溥儀被逐出紫禁城後，也是住進天津租界。北洋軍閥下野之後，租界已經成為必然選擇，問題只在於「套餐」A、B或C——逃往天津、上海或是香港而已。當時有人諷刺這些政治鬥爭的失敗者是「一隊夷齊下首陽」——伯「夷」和叔「齊」是商朝的人，周朝取代了商朝之後，兩人「義不食周粟」，避到首陽山自耕自食。說他們是「一隊」伯夷和叔齊，確是既謔且虐。

再晚一點的陳炯明，因為根據地在廣州，遂逃往比較近的香港，甚至到了「國共內戰」之後，上海清幫老大杜月笙要「著草」以避共產黨，也是逃來了香港。

失敗軍閥當中，只有吳佩孚一人不肯住在洋人統治的租界。這位「玉帥」以「三不主義」自炫：不積錢、不納妾、不入租界。但他房子的後巷，就是租界，假如有人來拘捕他，必要時，可以立即逃往租界，以保老命。

總之，每一次政局有變，均有大批軍閥逃往租界。這些過氣權貴絕大部分坐擁巨額民脂民膏，狂嫖濫賭，當然促進了租界的繁榮。他們卻又野心不死，經常幻想捲土重來，租界又成為各方勢力買空賣空、合縱連橫的舞台。

第四個特色，就是所謂的「買辦階層」。

香港開埠初期，經濟由「南北行」和「金山莊」所主導，這兩個行業就是買辦制度的始祖。

那時的南北行並非一系列的海味參茸連鎖店，而是一種行業的統稱：把南貨北銷，或北貨南銷的商人，都聚集在今日港島文咸西街一帶，稱為「南北行」。南銷的北貨包括了從天津、上海、福州、廈門、汕頭運來的豆類、食油、雜糧、藥材等等，運到南洋去。南貨則從暹羅、新加坡、馬來西亞、緬甸、越南、印尼、菲律賓運來的大米、樹膠、錫礦、椰油、椰乾、沙藤等等，運到中國內地。

南北行的商人有自辦貨物，亦有代客買賣貨物，每日公開開盤拍賣。代客買賣時，無論買者還是賣者，都要「九八計算」收取佣金，即是一百元抽兩元佣金，買進賣出都要抽佣，是為「剃刀門楣」。

南北行還兼營銀行業務。它既代客匯款到海外及內地，也接受存款及借貸。一來中國人並不相信洋鬼子開設的匯豐及渣打銀行，二來這些銀號的利息比較高，三來存款及提款的手續都很「user friendly」，憑著存摺和印章就可提款，既方便不識字的中國人，就算存戶突然死亡（在當時醫學水平低落及政治動亂的中國，這是常有發生的事），其家人也可取錢。熟客甚至認人而不用印章，特別適合中國人的習慣。

不必多提，那時候並沒有「銀行三級制」，開設銀號或經營存貸業務並不需要向政府領牌。

南北行聚集在文咸西街一帶，文咸東街和德輔道西也有一些，當時的上環，就是在港的中國人的商業中心，到了今日，上環仍然可以印證當日的繁榮，文咸街一帶照舊被稱為南北行。

至於金山莊，則是「豬仔」的過境地。

十九世紀中期，美國西岸和澳洲悉尼一帶先後發現了金礦，急需大量廉價勞工到那裡，人多價賤的中國人，自然是「獵頭公司」的覬覦對象。外國公司大量聘請中國人去「掘金」，其實是當礦工，因為掘到的金屬於西方的老闆，並非歸掘金的礦工所有。中國人把三藩市叫作「舊金山」，悉尼叫作「新金山」，而千里迢迢去掘金的中國人則是「賣豬仔」。

當時的中國人「賣豬仔」到海外，簽約和收錢都在金山莊辦理。豬仔在出境前，會先在金山莊住上幾日，從金山回到中國後，也會先在金山莊暫居數天。不用說，金山莊也兼營國貨、手信，甚至匯兌款項、代收發信件，總之，獵頭公司、百貨公司、酒店、銀行、郵局，都是它。大家都知道，「豬仔」的收入甚豐——否則誰肯萬里渡海的去「金山」當苦工？——金山莊大發其財，不在話下。

總括一句，南北行是溝通中國南北部，以及南洋的中心，金山莊則是中國與西方的仲介地，前者以販賣貨物為主，後者則以販賣人口為主。

在鴉片戰爭之前，清政府並不准許外國人直接跟中國人做生意，只能透過在廣州特許的店號，統稱為「十三行」(但數目卻不一定是十三間)，才有跟外國人做生意的專利權。「十三行」享用專利權的義務，是監督洋人的行為、保證繳稅和向洋人傳達政府的法令。這便是第一代的買辦。

鴉片戰爭後，中國被迫開放經濟，「十三行」失去了壟斷地位，套句現代的術語，是「買辦市場開放了專營權」。

但是，外商仍然需要透過買辦來跟中國人做生意，金錢來往也只跟買辦交收，皆因中國人做生意太過「蠱惑」，不透過買辦則難以收數，而且，買辦實行「責任保證制」，承擔了所有的風險。

不消說，初期的買辦很多由南北行和金山莊的經營者或僱客所擔任，因為前者做慣貿易，早已搭通了買賣貨物的「天地線」，後者則無論是「豬仔」或「豬仔販賣者」，多少也懂得說一點英文，和英國人也好溝通。

說到最有名的買辦，莫過於怡和洋行的何東，與太古洋行的莫仕揚。

何東是中英混血兒，說得一口流利英語，最初在怡和洋行當助理，後來變成了買辦，二十年間，累積財富高達二百萬元，成為了第一代兼最有代表性的華人大家族。前《工商日報》老闆何世禮將軍，以及商業電台大股東何佐芝，均是何東的後人。

莫仕揚原來就長袖善舞的大商人，經太古洋行力邀而出任其買辦，佣金高達百分之五，兼且可從中國商人手裡再得回扣，真是財源滾滾而來。他連同兒子莫藻泉、孫兒莫干生，連續三代都是太古洋行的買辦，累積財富以千萬計。

到了二十世紀三十年代，買辦制度迅速沒落，主要是洋行在中國的勢力已鞏固，不想再付出佣金，以太古洋行為例，佣金從五巴仙減至二巴仙，最後減至零點二五巴仙，莫干生終於捱不住，主動向太古洋行請辭。

何東家族的分支何世光、何世亮兄弟（他們是何東弟弟何福的兒子），本來也是怡和洋行的買辦，但被怡和大班故意發放虛假的內幕消息，炒股票破產收場。何世光出走到越南，何世亮吞槍自殺。世亮的兒子何鴻燊後來白手興家，成為一代賭王，但又是另外一個故事了。

另外一批崛起的家族，則是歸國的華僑。他們長期住在外國，習慣外國的環境、生活和意識型態，反而不喜歡住在內地，而且，他們在外國多年，往往累積了一筆開業資金，不少更有在外國經營雜貨店的經驗，例如先施百貨公司的創辦人馬應彪和永安百貨公司的創辦人郭樂、郭泉兩兄弟，都是來自澳洲悉尼的歸國華僑。

香港的第一家百貨公司，是在一八五〇年，由兩位英國人「連」(T.A. Lane)和「卡佛」（N. Crawford)

共同開創的「連卡佛百貨公司」。但百貨業的真正崛起，是在二十世紀初期，當時，香港已是一個有三十萬人口的中型轉口商埠。

把許多種不同的貨品集中於同一間店舖，是嶄新的概念。這門新興的服務性行業，是當時利錢最豐厚的生意，先施和永安憑著「不二價」這條新橋段，迅速冒起，先施更是第一家聘用女售貨員的公司，不用說，女售貨員的吸引力和賣貨能力比男售貨員高得多！

發財後的大家族，均將他們的兒女送往外國最著名的學府留學，成為第二代、第三代的接班人。這些受過高深教育的華人，盤根錯節地控制了香港的經濟命脈。由於英國的殖民地統治者太不了解中國文化，需要透過華人來統治，「高等華人」遂乘時崛起，正式進入了政治建制，市政局和定例局（即現在的立法會）都有華人代表，正如做生意要透過買辦，搞政治也要透過這班政治買辦，形成「英人與華人共治」的現象。

在列強的武力統治下，非但在香港，就算在其他的租界，也是實行這種畸型的統治方法。租界式的繁榮，就是建築在這塊統治基石之上。

第二節 孤島時期

十九世紀中葉，民族主義先是在歐洲開花，火燄逐漸蔓延至全世界。民族主義是帝國主義勢不兩立的死對頭。人民有了民族醒覺性之後，帝國主義者必須花費更高昂的武力成本，才能有效的管治殖民地。這令到租界的「邊際利潤」日益削薄，漸漸得不償失，直接造成帝國主義的沒落，到了二十世紀，慢慢地成為「夕陽工業」。

「五四運動」後，中國蘊釀了多年的民族主義意識，突然燃點成熊熊大火，從孫中山到北洋軍閥，無不以民族主義為訴求，主張收回租界。

一九二五年，日本紗廠槍殺了工人領袖顧正紅，上海二千多名學生發動遊行，號召收回租界，英國巡捕抓掉了一百多人。其後，一萬多人聚集在巡捕房門口，要求釋放學生，反被巡捕開槍屠殺，死傷數十人，就是著名的「五卅慘案」。

因為「五卅慘案」，全中國的人民都憤慨起來，由於兇手是英國人，香港是英國的殖民地，自然首當其衝。廣東省的各大工會一致通過，發動了「省港大罷工」，除了反對帝國主義之外，還乘機爭取政治權利，法律平等、勞動生活條件的改善等等。

六月二十三日，十萬名罷工工人在廣州大遊行，步行至沙基時，英法水兵開槍掃射，五十二人當場死亡，一百七十多人重傷，是為「沙基慘案」。

國民政府一邊封鎖香港，一邊與港英政府談判和解方案。港英政府看看國民政府，外有北方軍閥，內有國共鬥爭，判斷其快將「玩完」，於是不肯在談判中做出任何讓步。雙方談判破裂。

蔣介石獨攬大權後，注意力集中在北伐，「省港大罷工」漸被忽略。由於罷工需要大量金錢去支持，「上面」的注意力減低了，罷工委員會也就無力支持下去，終於在一九二六年十月十日，完成了「歷史使命」，「省港大罷工」正式結束。

一九二五年的「五卅慘案」令全中國人民都憤怒起來。圖為太原民眾聲援上海民眾示威的抗議活動。

誰知英國人大跌眼鏡，國民政府非但沒有垮台，反而越搞越旺，一九二八年北伐成功，統一中國。蔣介石成為全中國的領袖後，開始向列強施壓，要求收回租界。西方小國的特權被取消，美、英、法、日等大國亦遭到了壓力，國際間也漸漸吹起了反帝國主義的呼聲。租界出現了重大的危機。

柳暗花明又一村，一九三一年發生了「九一八事變」，日本入侵東三省，中國有了被侵略的危機，中華民國和列強都認為，保留租界和治外法權，對中國和西方都有好處。六年之後，「盧溝橋事件」爆發，日本鐵騎「進出」中國，席捲了差不多整個中國大陸，蔣介石向西方乞求援助也來不及，自然再也不敢提及收回租界了。

中日戰爭爆發後，上海周圍的所有地方已被日本人所佔領，但日本還未向列強宣戰，所以一直不敢攻進上海租界。這四年間，中國是戰場，租界卻是避風港，人民和財富紛紛走往租界避難，因此，在中國淪陷的時期，上海反而異常繁榮，這就是上海的「孤島時期」。

香港同時亦出現了畸型的繁榮。這是租界地作為逃難聖地的迴光返照。我祖母和父親亦在這時期從廣東省中山縣搬來香港。

「中日戰爭」的初期，美國非但不支持中國，反而暗中支持日本。日本的本土並無天然資源，鋼鐵和燃料均需要從外國進口——獲得天然資源，正是日本不停侵略東亞的重要原因——美國既是全世界鋼鐵和燃料的最大出產地，運輸路程又比歐洲更接近日本，自然而然的成為了日本的原料供應商，大發戰爭財。著名的富豪老甘迺迪(Joseph Kennedy)，即甘迺迪總統的爸爸，生意瓣數極多，電影、造船、地產、金融，甚麼都幹，其中一項一本十利的大生意，便是出售鋼鐵給日本。

日本最大的錯誤，是見到希特勒的軍隊蓆捲了整個歐洲之後，以為希特勒必勝無疑，慌忙「下注」，與德國和意大利組成了軸心聯盟。此舉惹得美國大怒，立刻停止對日本的鋼鐵和燃料供應。日本頓時叫苦連天。

日本不甘坐以待斃，多次派特使跟美國談判，均不得要領。美國的立場是，除非日本無條件撤出中國大陸，否則絕對不會放行鋼鐵和燃料的供應。到了一九四一年，日本的燃料只足夠半年之用，迫不得已之下，只有放膽一搏。唯一的「背城借一」之計，就是「偷襲珍珠港」，乘美國不備，以突襲摧毀掉它的主力，才有戰勝的機會。

日本人對美國開戰，代表它正式向盟軍宣戰。皇軍旋即入侵所有的租界及殖民地，此後，租界不再對難民提供任何的保護作用。

香港和上海相繼淪陷，人口大量流失，經濟迅速衰退，變成了普通的城市，與中國其他的城市無甚分別。

在香港淪陷的三年零八個月，日本人將澳門四周包圍，澳門成為了唯一的「孤島」。我的家人亦在這時候，逃難到澳門暫居。

賭王何鴻燊之所以在澳門掘得第一桶金，便是利用當時澳門的特殊地位，走私火水和藥物，來回日本佔領區和澳門。正是透過這種政治的縫隙，何鴻燊才可以在短短的幾年間，賺得了第一個一百萬。

當時澳門的人口已有五十萬，但是在二十一世紀的今天，經過澳葡政府在九十年代多次特赦從大陸而來的偷渡客後，澳門的人口也只是五十萬而已，可知「孤島時期」的澳門是如何的繁榮。

另一個轉捩點在第二次世界大戰。一九四三年，中、英、美三國在開羅開會，美國總統羅斯福同意，中國在戰後收回香港，然後，將香港劃成國際自由港。美國的如意算盤是：香港開放給全世界來貿易，英國在港的特權便消失了，對美國有利無害，並可藉此換取蘇聯也放棄在大連的優越權益。

英國的立場是答應取消在華的所有治外法權及有關特權，至於香港和新界，大英帝國首相邱吉爾強硬地說：「不通過戰爭就休想從英國手上奪去任何東西。」

大戰結束之後，中國收回全部租界，比香港更繁榮得多的上海，也被收回。皆因中國名列世界「五強」，是聯合國安全理事會的常任國，又怎能容忍代表著國恥的租界繼續存在呢？這是說不通的。

租界雖被收回，但殖民地例外。香港和澳門是最後兩處依然被西方國家所統治的中國地方，「租界式繁榮」發生了質變，進入了第二階段。

先說香港。這塊土地是英國人在遠東的橋頭堡，唯利是圖的英國人不肯放手，雖然面對著共同抵抗軸心國的盟友中國，但大利當前，又算老幾？在第一次世界大戰時，中國也是戰勝國，協約國「分贓」時照樣不分給中國。同樣道理，第二次世界大戰的戰後安排，英國也不用給面子中國。早在「開羅會議」結束之後，英國已第一時間宣布，戰後「不打算放棄任何領土」。

但你精我不呆，國民黨根本不打算將讓出香港，共產黨亦有霸佔香港之心。日軍宣布投降後，國、共、英三方鬥快出兵，誰先登陸，誰就可佔據香港。結果，英軍派遣的海軍首先抵達，恢復了對香港的統治，國共兩隊軍隊其後趕來，只能望門興嘆。

當時的局勢的危急，真是千鈞一髮。冥冥中令英國人繼續對香港的管治，延長了香港的命運。這是僥倖中的僥倖。

至於澳門，從未間斷為葡萄所擁有，因為日本在一九四一年的聖誕節攻佔了香港，卻從來沒有攻打過澳門，所以葡萄牙人從來未離開過澳門。除非中國跟葡萄牙打一仗，或者跟葡萄牙談判，否則不可能取回澳門。

第三節 命懸一線

香港作為大英帝國的殖民地，到了一九四五年，已經命懸一線，像一把「達摩克利斯之劍」(註一)，劍尖從半空指著人的頭頂，只用一條馬毛吊著，看馬毛甚麼時候斷掉，人的腦袋瓜兒便給一劍插穿。

當時中國的形勢，所有的租界和殖民地都沒有了，只剩下香港和澳門。第一，中國是世界五強。第二，英國國勢日落。第三，中國經過「八年抗戰」的洗禮後，全民覺醒，民族主義高漲。有了這三大前提，中國又怎能容許英國繼續霸佔香港下去呢？就算英國人硬不肯走，死命佔著香港，香港人又會否服從呢？

在軍事實力上，國民黨打了八年抗戰之後，士氣高漲，國軍連日本人也不怕，何況英國人？英國的皇家三軍遠在歐洲，國軍真要殺入香港，可說是予取予攜，駐港英軍不會有還手之力，甚至根本不會還手。

就算不用軍隊，國民黨在內部搞垮香港，也是易如反掌。早在軍閥割據的時候，香港已經是間諜的活動中心。到了國民黨統一中國後，對日本、對共產黨的諜報及反間諜行動，也多在香港進行。十四K和新義安的創辦人全是特務頭子戴笠的手下，整個石硤尾都是國民黨的勢力範圍……在戰後，說香港的黑社會盡是國民黨的特務，也不為過，要在內部搞垮香港，真是「話都無咁易」。

別說下令特務在內部搞罷工、搞暴動，就是香港人本身的民族主義，也是高漲得厲害。中國要收回香港，香港人簡直是倒履相迎，只會水到渠成。

然而，發生了幾件偶然中的偶然的事件，救回了香港，再次改變了香港的命運。

第一件是「國共內戰」。中日戰爭才剛結束不久，國民黨和共產黨便談判破裂，大打內戰。國民黨打內戰，靠的是美援，而英國是美國最堅定的盟友，蔣介石也非得籠絡英國不可，形勢比人強，蔣介石遂無法收回香港。

內戰一打起來，蔣介石節節敗退，無暇理會香港。香港既然是唯一的租界，害怕內戰的中國人只有紛紛走來香港。而來得最熱烈的，莫過於國民黨的貪官污吏和資產階級。例如白韻琴的叔父是桂系中人，是國民黨大將「小諸葛」白崇禧的堂叔，官至鐵路局局長。國民黨內戰失利，「白叔叔」第一件事是夾帶細軟，逃來香港。

香港戰前人口本來有一百八十萬，但戰後人口失散，只剩下六十萬。這些「國民黨餘孽」，令到香港人口迅即變回一百八十萬。但旋即又產生了第二個大難題。

一九四九年初，國民黨已敗象畢呈，「國祚」被共產黨取代是彈指間事。但共產黨是比國民黨更崇尚民族主義的組織，而且它親蘇聯，跟英國完全「無偈傾」，最出名的是「紫水晶艦事件」。

滿清政府訂立的不平等條約，賦予了英國軍艦在長江內河航行的權利。但當解放軍已經控制了長江流域，英國的「紫水晶艦」卻照樣直闖長江，解放軍當然不跟英國人客氣，開炮就打，把「紫水晶艦」

註一：希臘傳說。狄奧尼修斯（Dionysius）是錫拉丘斯城邦（Syracuse位於西西里島）的暴君，達摩克利斯（Damocles）是他的佞臣。有一天狄奧尼修斯提議與達摩克利斯交換一天身分，讓達摩克利斯嘗試做一天君主的滋味。在晚上的宴會，達摩克利斯大吃大喝，十分開心，直至發現頭頂原來懸著一把劍，只用一根馬毛縛著，馬上喪失所有興致，請求狄奧尼修斯放過他。

扣留下來。當時外交部一位年輕的中國通尤德，即是後來當上了港督的那一位，跟共產黨談判了一個多月，也不得要領，結果是「紫水晶艦」暗中維修，乘夜逃之夭夭。

當時的第四野戰兵團的司令官是林彪，他從東北一直打到深圳河，戰無不勝，如果真的攻來香港，英軍將無法抵擋，也根本不會嘗試去抵擋。

然而，四野兵團到了深圳河，便停止進攻。毛澤東和周恩來為何這樣決定？這是歷史的一個謎。其時，英國已決定了放棄香港，只要求共產黨別要沒收英國商人在上海的資產，以作交換，可見得香港當時的地位，甚至不及英商在上海的財產重要。

當時共產黨的算盤，是先把所有的國民黨全部掃清，然後一舉收回港澳，以免大事未成，先引起外交糾紛，節外生枝。到了這個時候，香港的被收回，也就是以月計的事。

到了林彪的四野登陸了海南島，香港被收回的時間緊迫得以日計，只看毛澤東幾時一聲令下，英國人便會乖乖把香港奉上，一聲也不敢吭。就在這個關鍵時刻，發生了一件奇蹟，就是「古寧頭之役」：戰無不勝的解放軍竟然在金門戰敗，全軍覆沒，國民黨得以在台灣苟延殘喘，偏安一隅。共產黨既收不回台灣，遂把香港作為暫時緩衝之地，英國得以繼續保存這塊殖民地。

另外一個考慮，是共軍自華北打到全中國，「解放」了太遼闊的地區，兵力散滿整片大陸，所以必須再度集結軍隊，預備再攻台灣，再來解決香港問題。

國民黨在大陸兵敗如山倒，原來的軍政人員很多投降給共產黨。誰知國民黨命不該絕，在台灣繼續活下去，這些「貳臣」又想覆水重收，走到台灣去。他們必須透過一個中介地方，才可以「轉口」赴台，而共產黨則乘機在其中滲透間諜，到台灣收集情報。沒有了香港，潛伏的「匪諜」便難以滲入台灣。這是毛澤東和周恩來的一大考慮。

此外，新成立的中華人民共和國政府也必須有一個非正式的渠道，與國民黨談判和通訊，最適合的地方莫過於香港。到了這個地步，保存香港是戰略性的決定。

但因為蔣宋王朝的貪污腐敗，令到美國的杜魯門政府也決心放棄台灣，國民黨單獨抵抗共產黨，肯定無法長守偏安之局。台灣一倒，香港焉能獨存？

一九五零年十月十九日，中國人民志願軍首批部隊跨過鴨綠江，跟朝鮮人民軍一起與美國為首的聯合國軍作戰。

但旋即又爆發了另一件偶然事件，再度扭轉了香港的命運，就是「韓戰」。

日本戰敗之後，朝鮮半島分由美國支持的大韓民國（南韓）和由蘇聯支持的朝鮮民主主義人民共和國（北朝鮮）兩個政府所分治，以北緯三十八度作為分界，史稱「三八線」。北朝鮮的金日成政府一心統一全國，於是在一九五〇年，發動了「韓戰」。

金日成之所以敢於發動「韓戰」，完全是基於一場誤會。

一九五〇年一月十二日，美國國務卿艾奇

遜（Dean Acheson）在記者招待會中，申明美國在太平洋的防線：由亞申留群島到日本，延伸至沖繩，再到菲律賓，而且表明了美國無意保衛南韓。其實早在一九四九年，美軍的地面部隊已撤出了南韓，給人的印象是，美國對蘇聯的前線是在日本，而非朝鮮半島。

美國是世界第一的軍事強國，無論是蘇聯的斯大林、中國的毛澤東，或者是北朝鮮的金日成，均是膽大包天的大梟雄，但也決不敢跟美國正面交戰。然而美國既然表明立場，不會干預，有便宜可撿，那就不妨大撿特撿了。

艾奇遜講話後五個月，在蘇聯和中國的暗中支持下，北朝鮮越過三八線，突襲南韓。北朝鮮有十五萬訓練精良的軍隊，又有中共和蘇聯支持。相反，南韓李承晚政權腐敗透頂，軍隊的數目只有五萬，完全沒有現代化的武器，甚至連坦克和重型大炮也沒有，所以北朝鮮不費吹灰之力就差不多佔領了整個南韓。

美國總統杜魯門猶豫了兩日，終於下了一個令人意想不到的決定：出兵保衛南韓。他接受NBC電視台訪問時，直言：「姑息只會導致進一步的侵略，終會導致戰爭。」他的決定，得到了參眾兩院的支持，而在聯合國的投票中，由於蘇聯缺席，也通過了出兵，令到美軍有了「聯合國部隊」的合法性。

南韓已失掉了大半壁江山，軍隊在漢城東南方二百哩的釜山堅守。麥克阿瑟率領美軍支援，被圍困在釜山，軍隊無法展開。唯一的突圍方法，是用「左鈎拳」打開一個缺口，在北朝鮮軍隊的後面登陸，切斷對方的補給線。

麥克阿瑟一意孤行地主張在「仁川」登陸。仁川是距離漢城只有二十哩的港口，佔領了仁川，便有如把漢城納入袋中；而漢城是整個南韓道路及鐵路網的交會中心，非常重要。北朝鮮一旦喪失了仁川，補給線便被切斷。一九〇四年，日本皇軍便是從仁川登陸朝鮮半島，可見仁川在軍事上是決定性的要塞。

結果，麥克阿瑟成功率領軍隊在仁川登睦。北朝鮮軍隊失陷了仁川，根本無法集結兵力，部隊一小撮一小撮的被美軍殲滅，兩個星期之後，只剩下三萬名殘餘部隊，拋棄了武器，攀山越領的走回北朝鮮，退回三八線。

麥克阿瑟認為「除惡務盡」，主張揮軍北上，為大韓民國統一朝鮮半島。由於他在「仁川登陸」的威名，令美國人支持他的所有決定。杜魯門於是約麥克阿瑟在太平洋的威克島（Wake Island）見面，商討朝鮮半島的最後決策。

杜魯門害怕越過三八線觸發到中國的武力介入，甚至引致蘇聯發動第三次世界大戰。麥克阿瑟則認為，中國只是蘇聯的附庸國，不會單獨行事，而斯大林亦決不致於因為朝鮮半島而與美國正面衝突，就算「中共真的以武力援助平壤，必定會遭到我們無情的迎頭痛擊。」別忘記，麥克阿瑟是打贏大仗的軍事天才！

最終麥克阿瑟得到杜魯門同意他進攻平壤，統一朝鮮半島，建立他作為軍人的又一項至高功業。

當時中華人民共和國成立了一年，經過了連年的「中日戰爭」和「國共內戰」，農業和工業均被嚴重破壞，百廢待興，才在去年，全國大部分地區都在鬧水災，而當時中國最大的「可見敵人」在台灣，絕大部分的軍力部署在東南方，東北是全國駐軍最少的戰略區。要在這種背景下，跟世界第一強國美國開戰，簡直是瘋了。

但是，朝鮮半島是中國的軍事屏障，當年的日本便是藉著朝鮮半島作為跳板，繼而東三省，終於席捲了整個中國。中國的領導人剛剛打完了「中日戰爭」，怎不曉得前車可鑑？北朝鮮是中國對美國的唯一緩衝，一旦失去了，美國的陸軍便直指鴨綠江，不需一個晚上，就可以殺進東三省了。

中國和美國沒有邦交，曾經多次透過第三者，警告美國不要踏過三八線。同時積極防備，抽調四個軍、三個炮兵團、三個空軍團到東北，組成「東北邊防軍」。

在一九五〇年十月三日，周恩來透過印度大使，向美國提出最強烈的警告：如果美軍跨越三八線，中國將會出兵干預，但如果南韓獨自出兵統一朝鮮半島，中國則不會干預。

美國對中國的部署和警告不加理會，就在「周恩來警告」後六日，麥克阿瑟的軍隊攻入北朝鮮。

金日成向斯大林求救，斯大林當然不敢跟美國開戰，於是用客氣但又不容商量的方式，要求中國出兵援助北朝鮮。朝鮮半島的命運落到了毛澤東的身上。

隨著局勢的急轉直下，中共的黨中央早就不停開會，幾乎所有的領導人都反對介入戰爭，反對得最激烈的，是林彪。林彪是中國的第一大將，如果要跟美國開戰，統兵的將軍不作第二人之想。林彪反對的理由很直接：美國有最先進的新型武器，解放軍主要的武器是機關槍和迫擊砲，連大炮也不多，大炮的射程和殺傷力更遠遠比不上美軍，運輸工具，很少，而最決定性的空軍，差不多等於沒有。中國根本不是美國的對手。

連負責帶兵的將領也反對，但毛澤東和周恩來卻決定出兵援助金日成，因為他們的考慮並非單純軍事性，而從戰略大局著眼。朝鮮半島落在「美帝」的手中，固然大大不妙，蘇聯也是虎狼之國，難保它不會以「中蘇友好同盟互助條約」為理由，派出一百幾十萬遠東軍進入東三省，共抗「美帝」。不說太久，就在五年前，斯大林藉口對日作戰，曾經把軍隊打進東三省，後來中國領導人千辛萬苦，才把東三省從北極熊的嘴巴裡挖出來。前車可鑑，毛澤東怎會重蹈覆轍？

所有人的分析都忘記了最重要一點：毛澤東的梟雄性格。他天不怕地不怕，軍旅生涯二十五年，根本不會害怕打仗。整個共產黨的骨幹菁英，全都是長征幹部，經過了二萬五千里長征，以當年共產黨的弱小，也敢與強大的國軍和日本皇軍對抗，而且獲得了勝利。以兩軍的實力比例來說，美軍並不比當年的國軍或皇軍更強，因為共產黨統一了中國之後，解放軍也絕非當年可比。

毛澤東和周恩來一方面決定參戰，另一方面則假意推辭，以爭取蘇聯的最佳援助條件。蘇聯的大前提是決不出兵，只肯提供大量軍事物資，包括中國亟需的飛機在內，但卻不肯提供機師，只肯派出一個二十八人的顧問團，開設速成班，訓練中國的機師。

毛斯兩雄談妥條件，中國籌備出兵。為了避免對美國正面宣戰，也避免被批評軍事干預朝鮮半島，中國以「志願軍」的形式出兵：這是中國人民志願到朝鮮半島幫助金日成政權，而非中國與美國開戰。

因為林彪稱病，不肯帶兵，毛澤東決定派國防部長彭德懷率領志願軍。毛澤東曾有詩稱讚彭德懷：「山高路遠坑深，大軍縱橫馳奔，誰敢橫刀立馬，唯我彭大將軍。」可知彭德懷是多麼厲害的一名勇將。

麥克阿瑟攻進平壤之後，繼續率領美軍北上，同時間，由彭德懷帶領的志願軍每天自黃昏開始行軍，直至清晨四時，清晨五時之後，便躲在山洞裡。他們越過鴨綠江，聚集了十二個師，即是十二萬名士兵，另緊跟著六萬名後備部隊，而美國的偵察機完全沒有看到他們。

麥克阿瑟把軍隊分成多股獨立作戰的小部隊。這種作戰方式，是掃除敵方殘餘部隊的最快方法，但如果踫上敵軍的主力，這些小部隊就會被逐個擊破。麥克阿瑟採用這種戰略，顯然認為勝券在握，不把北朝鮮放在眼內。「仁川勝利」已沖昏了他的頭腦。

在十月二十五日，志願軍突然出現，攻擊的重點，是走在最前線的大韓民國軍隊。但麥克阿瑟仍然認為，中國只派來了一萬六千名士兵，不堪一戰。

志願軍打了勝仗之後，立刻撤退，躲回山區。中國的立場是很明顯的：中國不想跟美國作戰，只希望美軍遠離鴨綠江，與北朝鮮再劃定一條停火線。

但麥克阿瑟完全沒有想到這點。他強烈地認為，使中國不參戰的唯一方法，是把軍隊推進鴨綠江，於是，他下令轟炸鴨綠江的橋樑，令中國軍隊無法過江。

當時渡了江的中國軍隊，已經超過三十萬人，足夠與美軍一戰。而寒冬即將來臨，鴨綠江結冰後，無橋也可渡江。麥克阿瑟雖下令炸橋，令下得太遲了。

美軍有二十四萬七千人，還不包括空軍在內，火力則數倍於志願軍。中國軍隊連運輸工具也沒有，背著武器和糧食來打，但他們慣於打山區游擊戰，用了夜間滲透、攻擊側面、設置路障等等以弱敵強的戰術，加上麥克阿瑟最初時的輕敵，一下子便把美軍打得人仰馬翻。

麥克阿瑟慘敗，軍隊迅速退回三八線，而在撤退期間，仍然不停受到志願軍神出鬼沒的攻擊，美軍雖然擁有強大的火力和制空權，但中國軍隊根本不怕這些損失，美軍傷亡慘重。

這邊廂，麥克阿瑟慘敗得信心盡失，要求國防部增援二十萬軍隊，甚至計劃退回釜山。那邊廂，毛澤東因為勝利來得太快、太漂亮，也患上了先前麥克阿瑟患過的大頭症，下令彭德懷越過三八線，收回整個朝鮮半島。

彭德懷認為，連番大戰之後，部隊疲憊不堪，後勤的冬裝、糧食、武器均接濟不上，建議推遲攻越三八線。但毛澤東堅持，彭德懷只能說：「既然政治形勢要求我們打，既然毛主席下了命令要我們打，而我們現在打起來又有很多困難，所以一定要慎重，要適可而止。」

毛澤東的大頭症和麥克阿瑟的大頭症得著了同一結果：慘敗。志願軍攻佔了漢城不到一個月，美軍開始大反擊，志願軍嚴重受創之後，好不容易才守住了三八線。

韓戰在一九五三年結束。早在兩年前，麥克阿瑟因私自向中國軍隊發出挑釁性的新聞公報，破壞了政府與中國談和的打算，而被杜魯門「炒魷魚」。杜魯門則在一年前下台，由共和黨的艾森豪威爾當了總統，跟中國和北朝鮮宣布停火，朝鮮民主主義人民共和國和大韓民國仍以三八線為界，與未打仗時全無分別。

這一場韓戰，中國犧牲極重，人命、軍事開支之外，連「毛皇帝」的「太子」毛岸英也被美軍炸死。而中國得到的，除了保衛到北朝鮮這緩衝國，還是百多年來中國對西方打得最漂亮的一仗，正式洗刷了「東亞病夫」這污名。

韓戰的另一貢獻，是救回了香港，改寫了香港的命運。

話說杜魯門決定參戰之後，發表了「韓戰宣言」，明確地表示：「在這情形之下，如果被共產勢力取得了寶島，將是太平洋地區安全的直接威脅，亦直接威脅到美國在該地區進行合法和必須的任務。因此，我已下令第七艦隊保護寶島。」

台灣既然得到美國的保護，中國也就無法打下台灣，而收回香港的時機也就未成熟。

毛澤東是頂尖兒的戰略家，十分重視軍事訊息。韓戰後，美國封鎖了整個中國大陸，香港是唯一得到情報的窗口，如果收回了香港，豈非等於自己挖掉眼睛、自己刺穿耳朵？韓戰雖然在一九五三年結束，但一天中國有機會與西方開戰，一天香港便有留在英國人手中的必要，決不能收回來。

於是，周恩來與英國外交部聯絡，要求英國履行三項條件，作為中國暫不收回香港的前提。

一、香港不能有民選、不能出現自治，這是防止自治演變成獨立，那中國便永遠失去了香港。英國本來在一九四六年，已經提出了「楊慕琦計劃」，企圖「要以最佳方式使香港居民在管理其自身事務中，發揮更充分和更重要的作用。達到此目的的一個可行方法，是把目前政府承擔的若干職責，轉移給一個有充分代表性的市議會。」換句現時的說法，這是民主化和「港人治港」。但由於周恩來和英國政府有了這個新的共識，在一九五二年，英國內閣終於正式否決了香港的政制改革計劃。其後大英帝國的殖民地一個一個的搞普選、搞自治，但香港從來沒有份，頂多是找一些高級華人來當「非官守議員」，幫助英國人治理香港。

二、香港不可被利用作為反共基地。因此，警方的政治部的職責包括打擊國民黨，同時也要打擊共產黨，以恐防共產黨利用地下組織來控制香港。

三、香港不可以存在外國的反華勢力，亦不可以在香港滲透諜報。

英國政府在毫無選擇之下，只有答應條件，與中國達成協議。而香港的局勢到了一九五二年，亦穩定下來。

以上的連串事件，只要有一件發生，香港的命運立刻改寫，香港也不會是今天的香港，真是好險！

第四節 絕處逢生

自從抗戰勝利之後，香港人口急速上升，共產黨取得了中國之後，更促使大量人口從內地逃到香港，到了韓戰前夕，香港的人口已達到二百三十六萬人，韓戰爆發後，人口更是急速上升(註二)。

到了一九五二年，香港的政治局勢穩定下來，但一處地方除了安定之外，更重要的，是「搵到食」，香港這一片小地方，怎能養活接近三百萬的人口呢？

香港政府首先做的，是「止蝕」。

來了香港的人，沒法趕走。但總得想辦法阻止人口繼續大量湧入罷？根據中英以前訂立的條約，中國人有權自由進出香港，英國無權阻止。於是，中英兩國政府商量，各出「茅招」，港英政府單方面封閉關閘，中國則要求人民先申請單程通行證，才准來港，而港英政府的海關則要先見到單程證後，才放人進港。這就是單程證的起源。

但是如果一名內地人士沒有單程證，卻用偷渡的方式突破了邊防，進入了市區，香港政府也會發給他身份證。因為一入到市區，躲藏便很容易，如果不給予他們正式的居民身分，只會迫到他們無以為生、鋌而走險，直接導致男盜女娼，倒不如給他們身份證，更切合實際。這就是有名的「抵壘政策」。

每一個大城市，都需要大幅的後勤地區(hinterland)，支援它的生存。支援紐約的是美國東部，支援洛杉磯的是加利福尼亞州，支援倫敦的是英格蘭東南部，支援東京的是日本本州東部，支援北京的是華北地區，支援上海的是華東地區，就算是新加坡，也有馬來西亞在背後……城市越大，所需要的後勤地區越是遼闊，因為城市人口密集，從食物、水源，到日常用品，均無法自給自足，非得依靠後勤地區去支援不可。越是大的城市，便需要越大的後勤地區。

香港的當然後勤地區，自然是內地。珠江三角洲供應糧食和東江水來港；內地更是香港最大的出口地，佔了出口總值的三成六。

但因為韓戰爆發，英、美既是盟國，香港這殖民地也非得依從大局，對華禁運。禁運的名單洋洋大觀，包括了金屬機器、鋼鐵製品、非鐵金屬、石油、石油器材、交通器材、化學燃料、化學儀器、交通設備等等。

因為禁運，香港登時變成了一個沒有後勤地區支援的「孤兒仔」，與珠江三角洲幾乎完全割裂，進出口貿易總值減少了接近三成，非但對中國進出口減少了，因為香港主要是轉口港，西方不買中國貨，對美國和對英國的出口也分別暴跌八成和一半，情況之「大鑊」，可引《華僑日報》一九五三年出版的《香港年鑑》來說明：「這一年的香港商業的歷史，是以近百家商號累億元的虧折，逾百家商行的擱淺與傾覆，上千家商業機構的自行收束與改組，數以萬計店員的失業寫成的。」

香港一直賴以為生的事業，是以內地為主的轉口貿易，現在「搵食傢俬」丟失了，所謂的「窮則變，變則通」，唯有開創另一種「事業」——走私。

走私是高風險、高利潤的生意，韓戰的禁運令到不少人大發了戰爭財，霍英東就是最有名的例子。

註二：戰前香港本有一百八十萬人，戰後下降到六十萬，但因淪陷時毀壞了七成的洋樓和兩成的唐樓，令到香港無法承受新增的大量人口。

在韓戰之前，霍英東已經做過戰時殘餘物資的買賣，也曾經買船到東沙島打撈「海人草」(註三)，這些經驗令他成為了船運物資的專家。韓戰一起，這位膽大有腦的年輕人便乘時上位，當時把一百萬元的貨運到澳門，便能賺到二十萬元，可知其利潤之深。由於葡萄牙並無參與禁運，貨物到了澳門，便能順利運上內地。

霍英東投身走私，賺得了第一桶金。但據他後來說，他的「同行」中，一百人也沒有一人成功，不是當場被捕，就是把錢花光。從事最熱門的走私生意，仍免不了落得如此下場，何況一般小市民？

當時香港人的慘況，到處滿是人，人人沒有工作，一家八口睡一張床，一層舊樓住百多人，油麻地的上海街一帶，就是人口的集中地。

我有個親戚，住在當時荒蕪一片的荃灣，天天沒飯吃。他每隔兩天，便走路到尖沙嘴，花一毫子坐渡海小輪到中環，再由中環步行到北角，只為了到我家，吃一頓免費飯。

當時一名工人月薪不過三、四十元，聘請前還得「鋪保」，即是要工人找一家店鋪來作擔保，萬一他虧空公款，或者因工作失誤而導致公司損失，也好有抵押賠償。「鋪保」這種制度，直到七十年代，才日漸式微，但在八十年代初期，銀行出納員、茶樓收銀員這些「敏感職位」，仍然需要「鋪保」，以策安全。

當時天主教、基督教的神父和牧師常常派奶粉、衣物、鮮奶、朱古力給貧苦大眾，很受歡迎，小孩子見到，尤其高興。他們派發這些「贈品」，不一定強迫接受者受洗入教，甚至不一定要聽他們講道理，那時候從沒見過這種「蝕本生意經」，但現在已經大行其道，名曰：公關或形象宣傳。

一九五三年，我四歲，在天主教的慈幼小學唸一年級。四歲唸一年級，年紀確是小了點，這是我家裡想出來的「跳班制」，那我就可以跟姐姐一起上學，方便家人照顧。

在慈幼小學，每天如果早到學校，聽神父講一堂早課，便可取得一個豬仔包、一瓶維他奶。因此，我天天早兩小時起床，去聽彌撒，就是為了維他奶和豬仔包。雖然我就讀天主教學校多年，彌撒也聽了多年，卻不是天主教徒，當年誠心信奉的，只是豬仔包。

面臨當時的絕境，香港能夠生存下去，全靠幾項優勢。

第一，當時很多上海資本家，為了逃避共產黨的統治，南下香港，這些人包括了唐翔千、陳廷樺，田元灝、周文軒等等。他們也一併帶來了工業技術和資本，數目達到數十億元，這是香港工業起步的原動力。

第二，由於大量人口到港，這就相當於提供了無限量的廉價勞工。由這個時候開始，香港的廉價勞工，一直由內地源源不絕地供應，直至八十年代，港英政府取消了「抵壘政策」為止。「抵壘政策」其實是一項障礙賽，首先你得爬過高山，避開內地的公安和香港的邊境警察、狼狗，或者是游泳渡過大鵬灣，避開噬人的鯊魚，到達香港後，更須想盡辦法，潛進市區，才能成為香港居民。因此，能夠下來的，皆是頭腦靈活、身手敏捷、刻苦耐勞的一級菁英，而且極富冒險和拼搏精神。他們不需政府投入資源去教育，一到步便有工作能力，可以立即進入勞動市場，成為生產力。相對於香港的本地人，這些「乜都冇」的大陸客

註三：海人草又名海仙草，加工之後，可製成醫治胃病的藥物。那時澳門一間公司正在到處收購海人草，收購價是每磅一美元。

爛命一條，珍惜現有機會，更加「搏殺」得多，例如科幻小說大師倪匡、美亞娛樂資訊的主席李國興、信報的創辦人林行止，都是其中的佼佼者。

第三，在戰後，英國的政策左轉，走向社會主義，經濟江河日下。幸好香港是殖民地，由外交部的傳統官僚所管治，他們不像英國政客般，改信了時髦的社會主義，而是繼續信奉所謂的「放任經濟」(laissez faire)。在殖民地，也不用講甚麼人道，更不用派發甚麼社會福利，甚至不知道中國在甚麼時候，會「一時興起」，決定收回香港。於是，英國人除了基本的管治之外，甚麼也不做。既然祖國和殖民地政府都任由香港人自生自滅，香港人退無其所，只有「頂硬上」，把「小宇宙」發揮到了極點。

第四，香港採用了英式法制。這是西方行之有年的一套法律制度，外國商人在這套法制之下，居住得有安全感，財產放在這裡，產權得到明確界定，遇上商業糾紛時，也有信心法律會將糾紛公正地解決。在這一點，東南亞沒有一處地方，可與香港相比。

第五，香港作為英國殖民地多年，中學生接受「番書仔」教育，大都懂得英文，在大學不普遍的當時，這些中學畢業生是勞動力的骨幹。在旅遊業，售貨員懂得說英文，足以應付來購物的美國人，在國際貿易，來往的書信電報也以英文來作溝通，更別說金融業，溝通語言差不多全是英文了。在整個東亞，只有菲律賓的英文比香港好，而日本的英文程度更是早成笑柄，不消提了。

香港的「死中求生」，是「裡應外合」的結果。上面討論了五點內在因素，以下輪到外在因素。

那時戰後重建，許多國家都處於經濟高速發展期，尤其是美國。美國是個大量消費的社會，對廉價物品有極大的需求。這些必需品當然不能夠在西方製造，因為西方的人工貴，成本高昂。美國人最信得過的地方，就是日本、香港和新加坡，至少這三處地方都有法制，貨不對辦或遇上騙子時，也能夠循法律去解決問題。這一點的重要性，相信今天到中國內地做生意的朋友，會大有同感。

其實，日本是「偷襲珍珠港」的罪魁禍首，美國佔領它時，目的只是廢掉它的「武功」，令它無法再「作惡」，無心把它視作自己人。豈料韓戰爆發，就想利用日本來對付中國，所以美資就投放到日本，英資就把資金存放在香港，用作廉價生產，正因為香港久受英國統治，法制和產權也十分分明，美國人覺得這兩樣「資產」很有保障，所以在六〇年代開始，香港的工業迅速起飛。香港最大的經濟奇蹟就在這種「偶然性」情況下誕生。

另一項重要的收入，就是美國的第七艦隊，負責巡邏亞洲，基地設在日本的橫須賀和菲律賓的蘇碧灣，職責之一是守護台灣海峽，也不時作客香港的添馬艦。

第七艦隊的海軍水兵來到香港，最主要的花費，是黃色事業。灣仔星羅棋布開設的無數酒吧，便是由這時開始。當時由威廉荷頓和關南施主演的荷李活賣座名片《蘇絲黃的世界》(Suzie Wong's World)，便是描述香港吧女的生涯。

我唸中一時，英文老師說：「你們要到灣仔謀生，懂一句英文就可以了。拉著一名美國水兵，對他說『Hello John, cheap, cheap, come on!』這些水兵很多叫做 John，把他們拉到吧女面前，吧女立刻會付佣金給你。」

香港作為外國人的旅遊勝地，最大的一個原因是沒有銷售稅，遂得到了「購物天堂」的美譽。另一方面，中國給外國人神秘的感覺，他們進不入鐵幕中國，來鐵幕邊緣的香港走走，在落馬洲遙望一下紅色中國，也是旅遊項目。

香港繁榮的基礎，就是奠基於以上的優勢，一點一滴的，慢慢建立起來。

第五節 大轉折

論到地理上的優越性，上海是全中國最富庶、文化質素最高的地區——華東地區——的中心，對外則靠近太平洋，面向全世界最繁榮的美國和日本。香港不過是珠江三角洲的一個城市，華南地區的財富和人民質素固然比不上華東，而且，華南所接近的歐洲，經濟實力一來不如美國和日本，二來，兩地的距離之於華東和美國、日本的距離，亦遠了一半以上。上海的地理因素遠比香港為佳，是彰彰顯明的。

然而，今日香港的經濟實力，卻超出上海不可以道理計。其中究竟有何原因？

正如我在〈苛政猛於虎〉所指出，因為香港施行「仁政」，經濟遂能起飛。現代社會所謂的「仁政」，就是民主、法治和資本主義制度，香港雖然沒有民主，卻享有英式法治，以及是全世界最資本主義的地方，而在中華人民共和國治下的上海則既無民主、也無法治，更是實行社會主義。道路上，兩個城市走著不同的路，越走越遠，在二十七年間，香港在制度上的優越性勝過了上海在地理上的優越性，成績單表現在財富上，一九五二年的上海遠比香港富裕得多（更不用說一九四九年解放前的上海了），但到了一九七九年，香港的經濟繁榮到達了上海人連想也想不到的程度。

一九七九年發生的大轉折，是因為中國政府在三中全會之後，經濟政策實行了一百八十度的「U-Turn」，開始仿效香港，走資本主義的路。

其後不久，中國收回香港的日期，也進入了議程。離奇的是，發起者不是中國，而是英國。因為香港和九龍雖是永久割讓的殖民地，但新界地區卻只是租借地，由一八九八年開始租借，期限是九十九年，到了一九九七年，剛好到期交還。因為樓宇按揭的期限是十五年，所以英國政府急於在一九八二年敲定「續約」，否則新界地區的樓宇按揭年期只能日漸縮短，因為英國政府根本沒有法律根據去賣出一九九七年之後的土地。

中國政府一向的立場，是不承認不平等條約。換言之，中國既不承認香港和九龍是英國的殖民地，也不承認英國擁有新界的九十九年租借期。但中國之所以暫不收回香港，皆因時機尚未成熟，我在之前已論述過了。

在中國公開宣布改革開放的同日，即是一九七九年的元旦，中華人民共和國同美國正式建交，從此，台灣的中華民國只能「莊敬自強」，再也不能在國際間代表「中國」下去了。

香港本來是中國與西方的緩衝區，中美建交後，代表中國和西方列強的關係進入了穩定的階段，再也沒有存在緩衝區的必要。從此之後，香港對中國帶來的利益，只剩下了經濟一項。

這當兒，英國不斷試探中國就香港問題的立場，中國可不能繼續「悶聲大發財」下去，要明確的給英國人一個答覆。以民族主義建國的中國的答案只能是：中國必須對香港恢復行使主權。

當時英國首相戴卓爾夫人成竹在胸，因為香港是中國最主要的外匯來源，中國決計不可能犧牲重大的經濟利益，強行收回香港。她的如意算盤，是用香港和九龍的主權，來換取新界的治權。

誰知戴卓爾夫人在一九八二年九月到了北京，鄧小平否定了英國「三個條約仍然有效」的基本立場。條約無效，即是英國根本不擁有對香港和九龍的主權，當然更不能仗此來交換治權了。戴卓爾夫人給殺了個措手不及，離開談判地點人民大會堂時，失魂落魄的跌了一跤，這一跤，象徵了英國在香港一百五十年統給的完結。

戴卓爾夫人算錯了的，是鄧小平並非毛澤東，更非一般的共產黨，而現在的中國也不是五、六十年代，甚至是七十年代初期的中國。

毛澤東對「共」比對「中」更為注重，如果他收回香港，非得要香港也實行共產主義不可。因此，如果毛澤東仍在執政，他將為了中國的外匯利益，不會收回香港。但鄧小平並非教條主義者，他注重實際多於注重意識形態，他的名句是：「不管黑貓黃貓，會捉老鼠的便是好貓。」（註四）相比起毛澤東來，鄧小平是「中」多於「共」。在鄧的眼中，收回香港後，不實行共產主義沒有甚麼大不了，「一國兩制」也沒有甚麼大不了，只要實際上可行，兼且對中國和共產黨的整體利益有利時，沒有甚麼政策是不可行的。

還有一個原因是時移世易，經過了文革之後，中共高層飽受到極左政策的荼毒，也普遍認同了注重實際的政策。如果在五、六十，甚至是七十年代的初期，相信不會有中共高層同意「一國兩制」的構思。

英國完全依照鄧小平設計的方法來解決香港問題，雙方並在一九八四年簽訂《中英聯合聲明》。圖為《中英聯合聲明》文本。

結果，英國只能完全依照鄧小平設計出來的方法，去解決香港問題。在一九八四年，雙方草簽了《中英聯合聲明》，決定在一九九七年七月一日，中國正式收回香港。

在當時，一九九七將是一個大轉折，但只是十三年後的事。香港人即時要面對的大轉折，卻是內地的改革開放。

鄧小平處事的手法大膽之餘，也十分謹慎。他說，改革開放是「摸著石頭過河」，不敢一下子在全國推行，而是首先建立經濟特區，作為試點，成功之後，才逐步擴展至全國。

在這階段，內地與香港依然大有分別，內地非但無法與香港競爭，香港反而可以利用它的改革開放，大做生意。

第一批到內地做開荒牛而發了大財的，是到內地設廠的廠家。八十年代，香港已經是個高度繁榮的城市，人工也是東南亞中最高的。西方對亞洲最大的需求是廉價的工業產品，因此，香港逐漸被人工更平的東南亞其他國家的工廠搶去了訂單，例如泰國、印尼、馬來西亞等等。但當香港的廠商把製造中心遷到內地後，人工比東南亞便宜得太多，而且，香港製造業工人只有八十多萬，無法「食盡」西方市場的需求，所以西方非得也光顧其他的東南亞國家不可。但珠江三角洲的工人卻多達六、七百萬，如果有市場，還可以源源不絕的從內陸地區供應到來，可說是要多少有多少。

就這樣，香港人在內地投資興建的工廠，把東南亞國家的訂單都搶了過來。香港人負責的，是投資、管理、行銷網絡。簡單的說法，是在內地設廠、聘請低薪員工，但高收入的職位和利潤，則全都放回香港，香港哪有不更加繁榮的道理呢？

第二項有利條件，是中國剛剛改革開放，甚麼設施也沒有，轉口無法不經香港。香港的港口由於人工太貴、成本太高，轉口貿易一直下跌，但由一九八二年起，轉口貿易卻以每年二至三成的高速增長，皆

註四：這句話後來被訛傳為：「不管黑貓白貓，能捉老鼠的便是好貓。」中國的家貓有黑貓、有黃貓，但很少白貓，養白貓的主人更很少為捉老鼠而養白貓，因為白貓是寵物貓。

人民幣不能自由兌換，所有中國國內企業的集資行動，只要想外資參與，必須通過香港進行。

因中國因素令到香港的港口物有所值。

第三項有利條件，是人民幣不能自由兌換，而中國對外國金融機構在國內的商業活動，也有著極嚴格的規限和監管。因此，所有中國國內企業的集資行動，只要想外資參與，必須通過香港進行。紅籌國企在香港的上市、集資活動此起彼落，不絕如縷，香港遂不可免地成為了金融中心。

第四項有利條件，是中國改革開放以來，有一部分人先富起來。這一部分先富起來的人，大多是貪官污吏。我認識某地的外經委，他說：「我床底有一百萬現金，如果存入銀行，銀行全都是國營的，這一百萬很快便會給國家知悉，我就會被打靶。最聰明的方法，是買張單程證來香港，把所有錢存入香港的銀行。」

香港銀行太多、戶口太多、存款也太

多，根本沒有人、也不可能查明每筆存款的來歷。所以中國的人不論是貪官污吏、正行商人、偏門撈家，全都在香港有戶口、把錢存進香港的銀行，因為他們領教過文革時的中國，就算是現在的中國，其官員也不知哪一天倒上了霉，錢不一定提得出來。其實，在中國，縱是正行商人，很難不涉及官商勾結，更加絕少沒有行賄，而那些經商的高幹子弟，如果父執輩在政治鬥爭上失利，自己更必然被清算身家。

有人考慮過把錢存進外國的銀行。但他們大多不懂英語，也難以適應外國生活。再說，西方國家遠在天邊，除非一去不返，如果要繼續留在國內賺錢，有哪一處比「千里香港一日還」更方便的呢？

這些內地湧來的資金，有的買樓，而且專買豪宅，把樓市炒到比天高；有的炒股票，而且專買紅籌國企，把股市炒到飛天。結果在金融風暴一役，把他們殺個片甲不留。縱使他們輸得血肉長城，內地資金仍前仆後繼，湧來香港。

最有名的例子是建萊集團的老闆秦錦釗。他二十多歲從內地來港，做大陸生意發了大財，把賺來的錢全用作炒豪宅，尤其喜歡炒中半山的帝景園，全盛時期擁有八十個豪宅單位。金融風暴後，他手上持有的豪宅陸續「打靶」沽出，前後共輸了二十億元。

問題是，九七年後，中國做生意的能力已追上了香港。我們再也不能作為中國跟外國做買賣的中間人，因為經過二十年的生意往來，買賣雙方已經熟落，自己可以進行交易，不必經過中間人。再者，內地大城市的電訊、交通等等基建基本上已告完善，而且比香港便宜得多，外國人要做中國生意，根本不需要經過香港。香港唯一的優勢，是金融的自由，如果人民幣可以自由兌換，香港經濟即時敲起喪鐘。

那麼，進入了「後九七」時代，香港憑甚麼生存？下一節再詳述。

香港回歸 1997

第六節　前路茫茫

九七之後，我們同時面對著多個不同的大方向。

第一個、而且是最重要的，是香港的繁榮原來建基於英國人使用武力，把香港從中國的內地割裂出來。由於香港採用了英式的殖民地制度，在政治、經濟和法律上，相比起中國內地而言，佔上了很大的優勢。我們正是利用了這份差別，才造就了今天的極度繁榮。

「鄧小平變法」是中國經濟政策的大「U-TURN」，自此之後，中國和香港朝著同一條路走，就是資本主義之路。香港由於起步極早，所以遙遙領先，但內地卻以更快的速度前進，到了九七年，兩地的距離大為拉近。到了回歸之後，英國這個絕緣體消失了，香港變成中國的特別行政區，兩地的差別進一步模糊化。

今後香港和內地還有甚麼分別？在新的政治體制下，香港將會扮演怎樣的角色？它會保持先前的獨特制度，還是日漸向中國同化？

第二個重大的方向，就是港英政府在統治的後期，由於快要交回香港給中國，有很多重大的政策，採取得過且過的態度，沒有了長遠的打算。

舉例說，聯繫匯率令香港的金融市場失卻了自主，港元成為了美元的代用券。美國加息，我們只有跟著加息，美國減息，我們也只有跟著減息，偏偏我們的經濟循環，不一定跟美國相同，因為香港的最大貿易伙伴並不是美國，而是中國，但人民幣並非公開兌換的貨幣，所以港元無法跟人民幣掛鉤，美元遂變成了最方便的選擇。

因此，香港的貨幣供應和金融現狀，經常出現自相矛盾的局面。舉例來說，在九七之前，美國是弱勢，香港的經濟卻是最強，但香港只能跟隨美國減息，扣除了通貨膨脹，香港實際上是負利率，儲蓄收息是不停虧蝕的愚蠢投資，市民只有借錢來購買資產，才能把財富保值，於是人們瘋狂買樓，造成了樓價的飛升，在十年之內的升幅，比起之前三十年的升幅加在一起還要高。這就是「地產泡沫」的成因。

金融風暴之後，美元變成強勢，港元卻迫得跟著美元走，所以，港元的幣值相對地變得比其他國家的貨幣高出了一截，這自然不利於香港的出口。同時，美國的聯邦儲備局為了壓抑國內的泡沫經濟，不斷加息，香港雖然經濟不景氣，也只能跟隨加息，把通貨收縮也計算在內，實質利率高達十多厘，當然更加影響人們的投資和消費意欲，經濟更形蕭條了。

此外，教育制度、房屋政策、醫療福利等等，在英國統治的最後十多年，局面也只是因循下來，絕無試圖建立任何長遠的安排。

上述的所有議題，有的可以保存「五十年不變」，有的非改不可，有的只須作出某程度改動。但如何改動，也是必須三思而後行的重要決定。在這個大轉折的要緊關頭，對於要保留甚麼？要改革甚麼？社會出現了大量的分歧。

甚麼是令香港賴以為生的真正因素？甚麼是無此需要的殖民地遺風？譬如說，司法獨立是賴以生存的必要因素，但法官戴假髮、穿大袍是否需要改革的殖民地遺風呢？

我們應該革除殖民地統治遺留下來的不良傳統，再輸入中國傳統文化的菁華部分。但如果做得不好，則正如英國大文豪蕭伯納所言：他和美女所生下的子女，可以結合他的醜陋和美女的愚蠢，結合了兩者之所短，優點全被拋棄。

自由經濟就是其中的一個弔詭：

在殖民地時代，政府對英資大開方便之門。英資在某些行業有壟斷性的地位，例如航空公司，某些情況不說自明地使用英國貨，例如地鐵車廂和巴士，某些「筍盤」會「明益」英國公司，例如新機場的設計和政府用高價找顧問公司撰寫的「顧問報告書」，至於大量英國人在香港政府坐享高薪厚職，更不在話下了。

九七之後，特區政府應該讓英國人繼續享有特權，還是給中央政府的人去承繼這些特權，抑或是改變政策，取消特權，實行完全的自由經濟？但我們真的甘心把壟斷、「筍盤」這些大量的便利，無額外條件地讓外國人與我們一起分享嗎？

第三個方向，是香港由殖民地政府轉變為特區自治政府，英國人用一百五十五年建立起來的權威不復存在，代之而起的，是一個全新的政府。

這產生了兩個問題：

第一，原政府既不存在，人們遂失去了服從的慣性。

第二，這個新的管治階層，並非由普選產生，而普選是現代社會的「天命」之所繫，政府不由普選所產生，認受性便不夠強。行政長官的任命，是由北京透過間接選舉來操縱，權威來自北京。但是，香港人不少是反共分子，「大英帝國遺民」固然如此，七十年代偷渡來港的所謂「阿燦」更是中堅，這些人先天上便不服從北京，行政長官的權威既來自北京，也就難以令這些人心服。

公務員習慣了英國人的統治，一夕間突轉成了中式，政治文化出現了很大的差距。正如一間公司，本來是洋老闆，實行西式管理，突然轉了中國人老闆，用中國家族式的管理，原來的公司文化自會解體，而新的文化，則必待有一位能幹的管理者，才能把舊人再度凝聚，培養出新的公司文化。香港的情況正是一樣。

最後一個方向，則是自八十年代開始，我們的堅尼系數（Gini Coefficient）不斷上升，代表了貧富差距日益嚴重，這是社會的一個大炸彈。近幾年經濟衰退，貧富懸殊日益加劇，社會幾乎割裂成兩個部分。

今後香港特區政府的漫漫長路應該如何走？甚麼應該做？甚麼不應該做？當權者需要極大的政治技巧，去平衡各方面的需要和矛盾，要不然，會兩面不討好。香港繁榮能否繼續，端賴於我們能否跨過這次挑戰。

第四章

人間正道是滄桑

第一節 「一國」何以「兩制」？

對於解決香港回歸，鄧小平採取了相當彈性的政策。

他容許香港回歸中國版圖之後，不用實行共產主義、社會主義，或者是「有中國特色的社會主義」，中國的行政制度從此開了一個缺口。這缺口就是「一國兩制」，副題是「五十年不變」。另一個較為俗套的說法，就是「馬照跑，舞照跳」，跑馬是賭錢，跳舞是色情，如果這兩件「大逆不道」的「壞事」也可以照做，還有甚麼資本主義的東西是不可以接受的呢？換言之，這是「五十年不變」的生動說法。

字面來說「一國兩制」，就是在一個國家的主權下，實行兩種不同的制度。

人們比較容易理解的，是「一國」：一片領土在同一個政權的主權控制之下，就是一個國家。

何謂「兩制」呢？「兩制」就是兩種制度。但「兩制」在中國，也不是甚麼特別的事兒。如果「兩制」代表了行政上的自治，中國向來就有自治區，例如西藏自治區、廣西壯族自治區、新疆維吾爾族自治區等等。如果「兩制」代表了實行與國內其他地方不同的經濟制度，中國在三中全會之後，便有了深圳、珠海、汕頭、廈門四個經濟特區。那麼，「兩制」下的香港，與中國的其他地方，又有甚麼分別呢？

隨著經濟特區的成功，在八十年代和九十年代的整整二十年之間，非但經濟特區以急速的步伐進一步開放，中國的其他地方，也以同樣急速的步伐向資本主義的路途走，到了今天，非但深圳經濟特區是一個實行資本主義的大城市，像上海並非經濟特區，但其開放程度已足以成為香港的主要競爭對手。

在整個中國，私營企業的數目已經比國營企業的數目為多，而香港雖然以私營企業為主，但也有一部分的公營企業，例如港鐵和機場等等。現在香港與國內的經濟制度相比較，只有數字和程度上的分別，沒有本質上的分別，因為兩者均是採行資本主義。

「自治區」在行政上有自主權，「經濟特區」實行資本主義，事實上，中國的所有地方，均實施著不同的行政規條，但這些，顯然全都不是「一國兩制」。

唯一的分別，相信在於香港的法制基礎。香港特別行政區的最高法律，是附屬於中國憲法下的《基本法》，但除此之外，香港並不實行任何的中國法律，實質上，是繼承了英國「普通法」（Common Law）的傳統。

普通法的最基本理念，就是「法治」(rule of law)。

第一，自由是公民的基本權利，只要法律沒有禁止的，人們都可以去做。反過來說，政府「越權無效」，即是說，政府必須嚴格按照法律的規定去做事，法律沒有賦予它的權力，它統統不可以做。

第二，法律之前，人人平等，無論是政府、國王、貴族、高官、議員，均沒有法律上的特權，一概受法院的管轄。

第三，非經法院的合法審判，不得剝奪任何人的財產、自由和生命，這是「假定無罪」原則的具體實現。

第四，注重訴訟程序 (due process)。程序是法律的一部分，如果用不符合法律程序去做合法的事，也是違法。

第五，法律沒有追溯權。人們在立法之前所做的行為，並不受該條法律所管束，法律只對立法之後所發生的事情有效。

第六，司法的獨立性。法院獨立於行政和立法部門之外，法官判案只有更高一級的法院才能推翻，行政和立法部門不能置喙，最高級的法官雖由行政部門所任命，但行政部門卻不可以將他（們）免職，這保證了法官判案不受任何政治力量所影響。

香港這一百七十多年來，就是實行著這一套英國傳過來的普通法制度。這制度從條文到人文精神，與中國二千多年實行的法律制度截然不同。

中國有文字記載的歷史，始於三千四百年前，商朝把首都遷至「殷」（今日的河南安陽小屯村）之後。從刻在甲骨和鑄在銅器的文字得知，商朝已經有了雛形的法律和刑罰。周朝主要承繼了商朝的法則，所謂的「師茲殷罰」，初期有九篇刑書，稱為《九刑》，到了周朝中葉的穆王時代，「王道衰微」，便派了「司寇」（大法官兼司法部長）呂侯編寫了《呂刑》，是《九刑》的修訂版，主要是加入以錢來贖罪的條文。但無論《九刑》還是《呂刑》，寫的只是大原則，內容十分粗糙。

已知的第一部成文法典，是戰國時代魏國宰相李悝所寫的《法經》，內容的詳細程度到達「殺人者誅，籍其家及妻氏；殺二人及其母氏」（殺人者死，家人及妻子娘家的人收入官府當奴婢，殺二人的則連母親娘家的人也收入官府當奴婢），或者是「罪人年十五以下，罪高三減，罪卑減一」（十五歲以下的罪犯，重罪的減三級刑罰，輕罪的減一級刑罰）。

後期公孫鞅改革秦國的法制，以《法經》作為基礎，再把講大原則的「法」，細分成規範著實則為的「律」，由此，公孫鞅成為了「法家」的代表人物。

中國的法律正是本自秦律。從戰國時代的「商鞅變法」（註一）開始，秦國由重視法律的法家思想所主宰，年復一年的，秦律逐漸完成。秦始皇統一六國之後，整個中國順理成章的，採用了秦律。

漢朝取代了秦朝，漢律是秦律的修訂版，之後幾個國祚持久、法制影響深遠的朝代是唐、宋、明、清。換句現代 IT 人的說法：秦國由商鞅制訂出來的法律是「中國法律 1.0版」，之後秦國每次的修訂是「中國法律 1.1至 1.N」版，劉邦初成立漢朝時的《九章律》（註二）是「中國法律 2.0版」，漢朝每次的修訂則是「中國法律 2.1至 2.N版」，撇開魏、晉、北魏這些對中國法律制度貢獻不大的朝代不談，大清律例應該是中國法律的第六次改版。隨著清朝的末代皇帝宣統在一九一一年的遜位，「中國法律 6.N版」也完成了其歷史任務。

如果說，中國的法律經過了二千多年的發展，也一無是處，那末免太小看了中國人的智慧。封建中國並非無法無天，從皇帝到官吏，都得依法辦事，只是，中國的法律傳統與西方的大大不同，也跟現代人心目中的「法治」大相逕庭，確是事實。

中國法律的最大特色，是法律之前，並非人人平等，而是像歐威爾的著名小說《動物農莊》的名句：

註一：公孫鞅是衛國人，又叫做「衛鞅」，秦國把「商」這地方賜了給他，稱為「商君」（「商」，即是今日陝西省的商州市），所以他亦叫「商鞅」。

註二：李悝的《法經》分為盜、賊、囚、捕、雜、具等六篇，漢朝再加上：戶、興、廄，合共「九章」，即是偷盜、搶劫、監獄、警察、其他、加刑及減刑、稅務及國家財務、國家建設及徭役、馬匹（國家運輸、訊息傳遞及軍事用途）。

「人人平等，但有些人比其他人更平等。」（註三）

所謂的「八議」，是對八種階級提供犯罪時減免刑罰的特權，包括了皇親國戚、皇帝的朋友、有德行的人、有才能的人、對國家有功的人、高官和貴族、曾經努力幫助過國家的人、上一個皇朝的後人。

這八種特殊階級，除了犯了「十惡不赦」（註四）的罪行，即是涉及謀反、不孝、侮辱皇帝和儒家聖人之外，統統可以減刑。

舉個例子，清朝的直系皇族親貴，並不會判處死刑，犯上最惡劣的罪行時，頂多只會罰以「圈禁高牆」，即是獨自關在一間大屋裡頭，直至死亡，可說是終生監禁的「頭等版」。

那時的中國雖然沒有憲法，但也有類似的規範，就是「祖宗大法」。開國君主傳下來的規定，從皇帝之尊以至任何人，誰也不准改變。

例如清朝「鐵帽子王」的制度，這王爵可以代代相傳，「鐵帽子王」犯了罪，可以判他的罪，甚至可以砍他的頭，但是他的「鐵帽子王」爵位卻不可以取消，皇帝必須找一個這位倒楣的鐵帽子王的直系後人，去承繼他的爵位，如果找不到直系後人，便往上溯，總之要找到第一代鐵帽子王的後人，才能承繼這爵位，是為「鐵帽子」。

又例如康熙皇帝，他雖然並非開國君主，但奠定了清朝的江山，所堅持的政策也有「祖宗大法」的地位。他指定後世「永不加賦」，清朝就是到了末期，儘管財政緊絀，不停的想出新花樣的苛捐雜税，但卻從來沒有加過田賦。

封建中國並非沒有完整的法律條文，眾多本厚厚的《大清律例》，要唸完可不比現在香港大學唸一個法律學位更容易，也許更難。「律例」其實是「法、律、令、例」簡稱，「法」是國家的基本政策和政府組織方式，例如前述的「祖宗大法」，有點兒憲法的成分。「律」是一條條的法律條文，主要是刑事法。「令」是行政命令，而「例」則是案例。

官吏判案，既要依從「律」，也得參考「例」，可見中國的法律傳統，也像英國的「普通法」一樣，同時依據法律條文和案例，判案不能偏離法則。

傳統的中國法律也非不注重訴訟程序。凡是涉及死刑的案件，都得把建議死刑的文件交到皇帝的手上，由皇帝決定，親手用御筆「勾決」批准，才能執行。官吏雖然喜歡用嚴刑迫供，但甚麼案件用甚麼器具來迫供，也有法律上的嚴格規定，當然，涉及罪案越嚴重的，可以用的迫供手段也越重。

大家先不要見笑這些制度化了的「迫供規定」，香港的法律雖不允許用嚴刑來獲取口供，但是，案件越是嚴重，警察用刑的機會便越高，警隊高層「隻眼開隻眼閉」的機會便越大。不用說，重案組用刑的頻率和輕重，都比警隊的其他部門高得多。

不同身分地位的人，所能施用的刑罰，封建中國的法律也有嚴格的規定。一個人有官職，或者有功名，

註三：George Orwell的《Animal Farm》：「All animals are equal but some animals are more equal than others.」

註四：「十惡」是謀反、謀大逆、謀叛、惡逆、不道、大不敬、不孝、不睦、不義、內亂，犯上了「十惡」罪行的人，按照法律是不能赦免的。

在大部分的案件種類中，均享有免受嚴刑逼供的特權。功名的作用居然如此的妙不可言，怪不得古時就算無心官宦的人，也非得考取功名不可，沒有本事考到功名、卻做生意發了大財的，亦要花銀子來捐官」，買一個「銜頭」，以便「功名傍身，全國通行」了。

封建中國的法律並非「法律面前，人人平等」，沒有「人身自由令」，但基本上，判案必須依據法律條文和先前案例，也注重訴訟程序，以及沒有追溯權。

至於法律沒有明文禁止做的事，中國人民理論上是可以做的，但英式法律制度歡迎「捉字虱」或「走法律罅」，中國法律制度則視「走法律罅」為洪水猛獸，不容許其存在。換言之，在英國，法律的「剩餘解釋權」在人民的手上，但在封建中國，法律的「剩餘解釋權」則在衙門的手上。

歸根究柢，是因為中國的法律事業不夠專業化。

儒家學派一向不重視法律，認為道德教化比法律更重要，孔子的說法是：「必也使無訟乎。」

儒家學派一向不重視法律，認為道德教化比法律更重要，孔子的說法是：「必也使無訟乎。」一人人和睦相處，沒有訴訟，才是治國的最高境界。而凡是當官的，都是科舉制度的成功者，深受儒家思想所熏陶，他們根本瞧不起法律，認為這是「末節」。

在這種意識形態之下，熟讀法律的，是刑名師爺（註五）、是狀師，前者是官員的法律顧問，後者則是律師的古代版，人們鄙稱為「訟棍」，社會地位很低很低。電影《審死官》所描述的狀師馬師曾或周星馳，憑藉法律專業知識，大肆戲弄官員，畢竟只是電影橋段，在清朝末年不可能存在。

前已說過，《大清律例》殊不簡單，現代人有這麼多的考試天書，憑自修考取律師牌也是非常困難，古代人亦是無法讀通《大清律例》。只有紹興人父傳子、子傳孫，從《大明律例》傳到《大清律例》，代代把作為「訟棍」的秘訣傳授給後代，因此，「紹興師爺」壟斷了法律這個行業，別處地方的人根本插不上腳來。然而，對法律的理解，你爸爸跟我爸爸、他爸爸，均是大不相同，教出來的子弟的法律知識也就有了歧異。於是，法律的詮釋既沒有標準，也不一致，更沒有連貫性，在這種客觀現實之下，「法治」又焉能建立起來呢？

相比起英國，有專門的法律學院去修讀法律，學習相同的法律知識，由四間法學院的畢業生操縱了整個司法行業（註六），他們同聲同氣，說著同樣的專業語言，司法的標準遂建立起來，「法治」的基礎也由這些法律的專業菁英所奠定。

鴉片戰爭之後開始，西方東漸，中國人見識到西方的「堅船利炮」，也漸漸瞭解西方的精神文明。放洋考察或當外交官的大臣固然不少，「同治維新」之後，更開始有幼童留學西方，變成了「假洋鬼子」

註五：師爺分為「刑名師爺」和「錢穀師爺」兩種，前者是官員的法律顧問，後者是財政顧問，地方官員要到任崗位，一定要聘請這兩種師爺，否則無法工作。刑名師爺和錢穀師爺均由紹興人所壟斷。

註六：在英國，只有Gray's Inn、Lincoln's Inn、Inner Temple和Middle Temple 四間學院的畢業生，才能當大律師。

回國。就算沒吃過豬的人，也見過豬走路，沒到過西方的人，也到過租界或是香港，對西方的法律制度開始有了一定的認識。

這些「吃豬人」或「看豬人」，在社會上形成了一股呼聲，促進了中國的法律改革。

可惜，受到保守派大臣的阻撓，法律的改革進度緩慢如龜，直至「義和團」爆發，「八國聯軍」蹂躪北京，保守派全面崩潰，清廷才開始了全盤西化、全面改革的政策，其中自然包括了法制改革。

一九〇六年，中國公布了史上的第一部憲法《欽定憲法大綱》，刑部出身的「修訂法律大臣」沈家本主持編修的《大清新刑律》，在一九一〇年通過了「總則」部分，但清朝垮得太快，「分則」部分還未來得及通過，第二年，滿清政府的「命」已被革命黨所革掉，中華民國取而代之。

民國政府成立之後，照單全收了清朝的法律制度。理論上，中華民國應該繼續滿清政府未了的法制改革，但國民政府實在「太忙」了：先是袁世凱忙著稱帝，繼而是軍閥忙著內戰，連南方國民黨部的廣州政府，也忙著內鬥和籌備北伐，所有人自顧也不暇，法制改革這些芝麻綠豆的小事，誰有空去理會呢？

直到蔣介石北伐成功，名義上統一了全國，法制改革才又擺上了桌面，馬不停蹄地趕快進行。

受到保守派大臣阻撓，法律改革緩慢如龜，直至「八國聯軍之役」爆發，清廷才開始推行法制改革。圖為侵佔北京的「八國聯軍」在城內各處布防巡邏的情景。

國民政府把法律條文分成：憲法、民法、商法、刑法、民事訴訟法、刑事訴訟法等「六法」，並編集成為《六法全書》，是一部完整的法律條文彙集。後來再添加了行政法，取消了商法，把商法的內容拆散，分別放入民法和行政法之內，依舊叫作《六法全書》。

《六法全書》依照的藍本，是源自羅馬法的大陸法。大陸法是西方國家普遍接受的現代法律，英國和美國也同意它的文明地位。中國第一次有了一套與西方共同語言、並且獲得西方承認的法制。

一九四九年，國民黨敗走台灣，中華民國變成了地方政府，仍然沿用《六法全書》，直到民進黨執政，依舊不變。

那邊廂，共產黨在大陸成立了中華人民共和國。共產黨把國民黨的「六法」完全推翻，採用了一套符合馬克思主義和社會主義精神的法制，推行至全國。這也是一套革命的法制。

簡單點說，馬克思認為在共產社會的完美世界，根本不需要法律。而革命的時代是非常時期、是過渡時期，為了革命，一切可以權宜，亦不需要法律。結論是：中華人民共和國沒有法律，是一個無法無天的國家，直至一九七九年，「鄧小平變法」後，事情才有了轉機。

換言之，在一九四九年後，中國突變成為一個完全沒有法治的國家，而香港則繼續實行英式的普通法。直到如今，中國的法制雖然經歷了二十年的改革，但仍然遠遠不到西方人所要求的標準。如果真的要嚴謹地找出「兩制」的定義，相信只有「法制」這一點，至於兩地的政治制度和經濟制度，根本無法凸顯出「兩制」有何不同。

至於說「一國兩制」是鄧小平的發明，或者是中國歷史上的創舉，絕對是誤解。

世界歷史本來就是充滿了侵略、吞併等等醜惡活動的一部史書。一個國家擁有一塊新的領土，是一件十分常見的事。如果新領土的新人民在歷史、文化及制度上，都與這國家大有不同，國家通常有四種方法去應付。

第一種，也是最乾脆的方法，是「種族屠殺」。就原始民族而言，這是最通常使用的法子。蒙古人對付頑強抵抗、不肯乖乖投降的民族，便會血腥屠城，殺得一個不留。數最有名的例子，還是歐洲人進入美洲，對付其土著的法子，也是「滅其種族，奪其土地」。

撇開殘忍和不人道不談，「種族屠殺」是最簡單的做法，完全不用面對融合兩個種族的問題。純從經濟利益的角度看，現代社會最有價值的是人力資源，土地反而較不值錢，所以，「種族屠殺」已不是有利可圖的做法。更重要的當然還是，現代人的道德倫理把「種族屠殺」視為最大的罪惡，這樣做的國家會遭受到國際社會的政治杯葛、經濟封殺，甚至是軍事介入，這顯然是最愚蠢的行為。

第二種方法是「奴隸化」。把新人民收為奴隸，或者是二等公民，他們只有被統治權、沒有統治權，而且，統治者與被統治者的階級由血統決定，一生也無法逾越。在政治上，自然是實行統治者的制度，但在文化上，雖然兩者共同生活，但卻能各自繼續原來不同的習俗，統治者既不想學習被統治者的習俗，更不想被統治者學習自己的習俗，以免任何一方被同化。

大約在公元前三千年，來自歐洲大陸的白種印歐民族開始入侵印度半島，逐步統治原有的黑種印度土著，並且建立了一套完整的「種姓制度」，規定由高級的、白種的種姓，去統治低級的、黑種的種姓。（註七）中國在元朝時，蒙古人統治漢人，也是採用了這策略。

但到了十九世紀，「人人平等」的概念逐漸在世界通行，「奴隸化」已不為現代文明社會所接受。但「二等公民化」仍然是一項流行的政策，例如英國人的統治香港，便是採用了這策略。

第三種方法是「同化」。國家無分彼此，用相同的政策對待原來的舊子民與新加入的人民，讓他們居住在同一片土地、任由他們自由通婚，時間漸漸會令兩種不同的文化和種族融合成一體。一直以來，中國都是用「同化」政策對待居住在本土的新人民，漢朝和唐朝都曾經有過大量的胡人在中國本土居住，最終亦被中華文化所同化。猶太人亡國之後，民族流散到全世界，過著顛沛流離的生活，始終保持著民族的血統和傳統的文化，但到了中國的猶太人，則完全融入在中華文化的大溶爐之內，同化得不知所蹤。

直到現在，中國仍然採用這政策來同化少數民族，中國人大量湧入內蒙古、西藏和新疆定居，現在還要「開發大西北」，而少數民族的兒童全得從小學習漢語、接受漢人文化。如果一切按照中央政府的如意算盤來進行，在數十年之內，少數民族將會完全被中華文化所同化，就像歷史上發生過無數的同類事件。

第四種方法是「羈縻」。新領土和新人民維持原來的政治制度和生活方式，一切不變，國家亦不將自己的制度和文化，強加於新人民的身上。

這種懷柔手法，古今中外皆有之，阿歷山大的馬其頓帝國和羅馬帝國均有採取羈縻政策，只需要新人民定期向中央政府上繳財富，便不管他們的自治。

註七：「種姓制度」名為「caste system」。「caste」在古印度文是「顏色」的意思。如今西方的白種人也是印歐民族的分支，所以西方語言與古印度的梵文的字根頗多類同之處，英文「colour」即與「caste」有著相同的字根。

在中國，早在周武王分封諸侯的年代，名義上叫作「封建」，史學大師錢穆卻指出，本質上是變相的武裝殖民。周室推翻商朝的江山後，以「共主」的名義統治已知文明世界的全部地方，所謂的「普天之下，莫非王土，率土之濱，莫非王臣」，但骨子裡，仍是由原來的統治者繼續自治該地區。

漢朝初成立時，趙陀在南方自成一國，高祖也採取了羈縻政策，封趙陀為南越王，任由他自治。（註八）漢武帝獲得了大片西域土地，在當地設立的「都護府」，也是採用當地人自治的羈縻政策。

羈縻政策主要是出於現實考慮。當新獲得的土地在地理上與本土相距太遠，或者新人民的種族、文化與本土人民歧異太大，非得派遣大量人員，甚至是軍隊，到當地行使治權，而如果行使治權使用的方式太過硬朗，人民不免反抗政府，除了要浪費政府資源去鎮壓之外，還會減低了人民的生產力。這種情況下，縱使在當地得到經濟利益，也許仍然得不償失。

在某些情況下，政治利益重於一切，即使得不償失，也得強硬地去行使治權。例如，中華人民共和國在一九五〇年再次實質獲得了西藏，首先採用的，是羈縻政策，由西藏傳統上的政教領袖達賴喇嘛和班禪喇嘛負責治理整個西藏。九年後，西藏暴動，達賴喇嘛出走，中央政府改變治藏政策，從「羈縻」轉為「同化」，除開每年花費龐大的人力及軍事資源去維持區內的穩定之外，還得用巨額金錢去資助區內人民的生活，以及作出大手筆的基建，以作為西藏人民失去了治權的補償，安撫民心。

中央政府不惜大做「蝕本生意」，也要維持西藏的治權，並非發了神經，而是精密計算後的決定。因為政治利益是不可以用金錢上的成本去衡量的。中國是個多民族的國家，由五十六個主要民族組成，靠著民族主義去把國家維繫成一個整體，如果讓西藏再次暴亂，甚至是獨立，不排除新疆的維吾爾獨立分子也來效法，台灣亦大有可能宣布獨立，更糟糕的是，本土的人民會對喪失領土的政權不恥，共產黨的江山也隨時不保。所以，中共政權保住領土的決心，超越出經濟考慮的範圍之外，不能單單以成本效益去計算。

其實在香港這塊小小的土地上，新界一直享受著與香港島和九龍不同的「一區兩制」。早在一八九八年，中國和英國簽署《展拓香港界址專條》時，這份租借新界的條約已規定了，新界居民擁有某些與港九居民不同的權利。其後英國人開始根據條約來接管新界時，新界人強力反抗，英國人迫得再給予新界的原居民一些自治的特權。

這些自治特權，直到今天仍然存在，例如由村民選出的自治代表「村長」、凡是男丁均可獲得的「丁屋」，都是「一區兩制」下新界原居民享有的特別權利。

因此，「一國兩制」並非新鮮事兒，更加不是甚麼偉大的構思。中國對香港實施「一國兩制」背後的基本原理，就是中國政府希望香港成為它的資產，而不是負擔。

只要香港在維持在原來的運行軌跡，外資便不會流失，便能夠繼續暢旺中國的經濟。反之，如果把香港的制度一夕間改成和中國內地一模一樣，香港居民一定不會接受，中央政府遂不得不花費極大的成本去維持香港的政治穩定。「一國兩制」的基礎，就是這種成本效益的計算。而只有牽涉到極重大的政治利益時，成本效益的計算才會被擱在一旁。

註八：漢高祖死後，由皇后呂雉執政，宮廷發生激烈的權力鬥爭，趙陀見到「無王管」，索性自立為帝，還發兵掠奪中國的邊境土地。但當中國政治回復穩定後，到了景帝時代，趙陀又再歸附漢朝，又一次當「一國兩制」、「高度自治」的南越王。

第二節 龍的心

記得在數十年前，最流行的歌是《龍的傳人》、《梅花》等，這些流行曲的背後，都代表著那份「以中國人為光榮」的熱血情懷。

漢朝中葉，匈奴分裂成南北兩國，南匈奴率領人口、牲畜、土地，向中國投降，北匈奴的郅支單于則在北方東征西討、強迫西域各國納貢，成立了霸權，還殺掉了中國的使節。漢朝派出大將陳湯，連同西域各國，組成聯合兵團，一舉殲滅北匈奴，斬掉郅支單于的頭顱，懸掛在長安城的大街，讓西域各國使節看到中國的聲威。陳湯給皇帝的報告，寫出了這句千古傳誦的名句：「明犯彊漢者，雖遠必誅！」（冒犯了強大的漢朝的，無論多麼遠，都會被誅殺！）

到了東漢時期的班超，投筆從戎（不當文人當軍人），帶領三十六人外交團訪問鄯善國時，赫然發現匈奴人的外交團也在，班超認為「不入虎穴，焉得虎子」，決定展開奇襲，把一百三十多人的匈奴外交團全部殺光，鄯善國遂不得不與中國結盟。之後班超一伙人到了于闐國，殺其巫師、鞭其宰相，嚇得于闐王殺掉匈奴使節，與中國結盟。龜茲國是匈奴的盟國，攻進了疏勒國，殺掉國王，並「空降」龜茲國高官兜題去當龜茲國王。班超一伙人趕到，囚禁了兜題，把死掉了的疏勒王的侄兒榆勒立為新國王。

班超憑藉一小隊快速攻擊的「特種部隊」和高超的外交手段，控制了半個西域，成為了中國駐西域的最高代表，與匈奴對峙。他在西域政治和軍事上的崇高地位，好比麥克阿瑟在戰後的日本和南韓，可以說是無人之下，萬人之上。

大名鼎鼎的岳飛，率領民兵，在朱仙鎮以五百兵馬，大破金國大將軍兀朮以十萬大軍組成的「拐子馬」（註九），讀他的《滿江紅》：「怒髮衝冠憑欄處，瀟瀟雨歇，抬望眼，仰天長嘯，壯懷激烈，三十功名塵與土，八千里路雲和月，莫等閒、白了少年頭，空悲切。靖康恥，猶未雪；臣子恨，何時滅？駕長車，踏破賀蘭山缺。壯志飢餐胡虜肉，笑談渴飲匈奴血，待從頭、收拾舊山河，朝天闕。」氣勢磅礴，慷慨激昂，令人讀後神往心折。

及後岳飛欲乘勝揮軍直搗金國首都黃龍府，卻被秦檜一日之間，發出十二道金牌（註十）召回，岳飛流下英雄淚，嘆氣說：「十年之力，毀於一旦。」

人民擋著岳飛撤退的兵馬，大哭說：「我等戴香盆、運糧草以迎官軍，金人悉知之。相公去，我輩無焦類矣！」這些人民曾經資助過岳飛，金人重回之後，自然大報復，他們無一能活。岳飛何嘗不知這道理？他拿出朝廷的詔書給大家看，悲泣說：「吾不得擅留。」果然，岳飛一走，先前所得到的土地，全部再給金人奪回。

岳飛回到京城，朝廷論功行賞，封他一個「副國防部長」（樞密副使），但這只是中央政府的行政職位，岳飛縱然百般不願，也得把軍權交出。

註九：《宋史》記載，拐子馬是一種騎兵，兵士穿著堅硬的盔甲，每三名兵士用韌繩聯在一起。但這種騎兵難以打仗，因為馬的步伐和速度不可能一致，縛在一起只會人仰馬翻。另一種說法則是一種馬戰的陣法，以側翼主攻，這說法比較合理。

註十：在宋朝，遞送赦免死罪的詔書和最緊急的軍令，會用金漆把字寫在牌上，由內侍省派專人馬不停蹄的送上。

當宋朝和金國和談時，兀朮寫信給秦檜：「貴國不停向敝國求和，但岳飛卻想北伐，你們必須先殺掉岳飛，才可以媾和。」

於是，秦檜找人誣告岳飛四條大罪：一、在淮河西岸時，行軍時逗留不前，不肯援助友軍。二、自己與宋太祖相比，並看不起同僚。三、陰謀虛報前線軍情，企圖藉此取回兵權（註十一）。四、主使舊部謊報軍情，欺騙朝廷。

因為成了疑犯，岳飛全家「還押監房候審」。但「屈」來「屈」去，也羅織不到足夠證據，甚至「最高法院」（大理寺）的「大法官」們，均認為岳飛無罪，秦檜的黨羽把他們一一彈劾去職，為岳飛說話的官員，都被貶謫或被調離中央。至於為岳飛申冤的平民劉允升，則送進法院，由法院判決死刑。（還記得我在上一章說過中國法律對平民和官員有不同的對待嗎？）

岳飛的上司樞密使韓世忠也為岳飛抱不平，秦檜回答他：「岳雲與張憲的密謀信件雖然找不到，但這件事不一定沒有。」（飛子雲與張憲書雖不明，其事體莫須有。）韓世忠說：「莫須有三字，何以服天下？」

秦檜不夠證據去「煮死」岳飛，到了年終，按規矩要把所有還押犯釋放，秦檜決定使用「茅招」，手寫字條到獄中，即時把岳飛帶到附近的風波亭，秘密處決。岳飛的養子岳雲是案件的「主謀」（註十二），也要處死，再抄掉岳家。

讀史至此，怎不看得人涕淚滿面？據說秦檜謀害岳飛，是夫婦兩人一起出的計策。後世中國人痛恨秦檜夫婦，鑄成秦檜夫婦跪下的鐵像，放在岳飛墳墓的前面。由於人們習慣在秦檜夫婦的像前撒尿洩憤，後人有對聯云：「青山有幸埋忠骨，白鐵無辜鑄佞臣。」鐵塊因為鑄成了秦檜夫婦像而被人撒尿，當然無幸了。

清朝乾隆時代的一位狀元秦大士到了秦檜的墳前，賦詩說：「人自宋後羞名檜，我到墳前愧姓秦。」

「檜」(sabina chinensis)是一種優良的木材，木質細緻、堅實，不易腐爛，兼且有香氣，本來是一個非常好的名字，但是由於出了秦檜這個大漢奸，自從宋朝之後，再沒有人用「檜」作名字。

中國人的痛恨秦檜夫婦，甚至要把兩條麵粉併在一起，放下油鍋來炸，是為「油炸檜」，炸得又香又脆，居然成為國粹的美食，這就是今日常常與白粥一起吃的「油炸鬼」。

以上的故事，均令中國人自豪。這份「傲」，是對中國過去一切成就的肯定，流露出個人對祖國的澎湃熱情。

但當我年事漸長，看的書和人生閱歷也日漸增多，對於世事，也開始從多個角度去看，而不會只看一面，不見其餘。

先前所說的陳湯，固然是一代名將，為漢人立威，名留青史，但他從小的品行使不好，在家鄉已經非常「乞人憎」，征服匈奴立下大軍功之後，也不檢點，《漢書》說他：「……素貪，所鹵獲財物入塞，多不法。」

註十一：秦檜羅織的故事是：岳飛寫信給舊下屬張憲，要後者虛報前線軍情，指前線有異動，以欺騙朝廷把軍權交回給岳飛。

註十二：在秦檜編劇的故事中，岳雲是岳飛與張憲聯絡的接頭人。

這位既威武、又腐敗的陳湯，結局是被皇帝貶為平民，流放到敦煌，後來因為他是殺掉郅支單于的兇手，恐怕他留在西域，被匈奴人抓去報復，才准他回到長安。這一段「明犯彊漢者，雖遠必誅」的餘波，當然不會為世人所提及。

至於班超，從現代人的角度看，是一個帝國主義的代表，用霸權主義去壓迫弱小國家，強使它們成為附庸國。殺掉匈奴使節，並且焚燒他們的帳篷，相等於今日的屠殺大使館職員、火燒大使館，非但在今日是令人髮指的獸行，就是在古代，也有「兩國相爭，不斬來使」的傳統。班超的可惡，由此可見。

說到岳飛那首膾炙人口的《滿江紅》，其實是明朝的作品，因為只有明朝的東蒙古族的達延汗，大本營才是位於西北方的「賀蘭山」。岳飛對抗的金人，來自今日的東三省，岳飛抗金多年，決計不會連這基本的地理常識也弄錯。

至於「靖康恥，猶未雪」，說的是在北宋年間，金人入侵，皇帝欽宗和太上皇徽宗被金人擄走，這件「國恥」發生在「靖康二年」（「靖康」是欽宗年號，即公元一一二六年），所以叫做「靖康之難」。

但說到要「雪」「靖康恥」，不一定是岳飛，只是一個比喻。因為後面的兩句「壯志飢餐胡虜肉，笑談渴飲匈奴血」，也是典故，出自《漢書》：

王莽篡掉西漢，成立新朝時，天下大飢荒，其中以與匈奴接壤的邊境尤為嚴重。「助理將軍」（校尉）韓威向王莽提議：「臣愿得勇敢之士五千人，不賚斗糧，飢食虜肉，渴飲其血，可以橫行。這番話當然是吹牛，軍隊怎能不發糧食，只靠宰吃敵人的血肉維生？但王莽偏偏相信了這番鬼話，把韓威升為將軍。

既然「壯志飢餐胡虜肉，笑談渴飲匈奴血」是漢朝的典故，「靖康恥，猶未雪」也不一定是眼前的事實，而是宋朝的典故。事實上，《岳武穆集》並無收入《滿江紅》，而岳飛寫的詞句用法婉約，例如他的《小重山》：「昨夜寒蛩不住鳴，驚回千里夢，已三更，起來獨自繞階行。人悄悄，簾外月朧明，白首為功名，舊山松竹老，阻歸程。欲將心事付瑤箏，知音少，弦斷有誰聽。」岳飛從沒有寫過像《滿江紅》這樣慷慨激昂的作品。

《滿江紅》是明朝的詞作，不是作者有心偽托是岳飛的作品，就是後人看到「靖康恥，猶未雪」而作出理所當然的附會。其實，這種偽托古人的作品，在中國比比皆是，從「周公旦」所寫的《周禮》，到「管仲」所寫的《管子》，乃至於「莊子」寫的《莊子．外篇》，全都不過是偽托作品。

保衛中國疆土、備受後人崇拜的名將，是貪官污吏、是帝國主義的劊子手，代表中國文化菁華的名文、名詞，是偽作、是假貨，身為中國人卻一直為這些「文化遺產」而自豪，其情況也真是夠吊詭的。

希臘神話的「水仙花少年」(Narcissus)是個美男子，無數女性愛上他，但他看不上任何人。有一天，他走到湖邊，看到水中的倒影，發現世上竟有如此美麗的人。於是，他戀上自己的倒影，終日流連湖邊，最後，更因太愛倒影而往湖中一跳，溺斃了，死後湖邊生出了一朵鮮花，就是水仙花。

「水仙花少年」就是一個不顧現實去自戀的故事。而「愛國熱情」的本質，就是自戀的擴大化，從個人擴大到國家的身上。這種心理，便是民族主義的根基。

黑格爾哲學的「唯心論」認為，世界上存在著絕對的真理，而真理的存在先於物質。以水會被煮沸為水蒸氣作例子，這原理是先天存在的，就是世界上從來沒有水，或是沒有人煮沸過水，致使這事實從未發生過，但原理本身已經存在。

進一步說，所有的原理都是從根據更高層次原理而得出，一層一層的往上推，直至最後的真理為止。

黑格爾又認為，在現實中，不合理的會被合理戰勝，所以凡是存在的，都是合理的。現實世界存在的權力，以主權國家為至高無上（到今日為止，國際法自然堅持「國家主權至高無上」這主題），所以，國家就是真理的化身。

黑格爾哲學的再進一步，就是尼采的「超人論」，繼續發展下去，就演變成日耳曼民族至高無上的納粹主義了。

早在我的少年時代，看過了太多中國傳統文學作品，從《論語》到《孟子》，從《詩經》、《楚辭》到《唐詩三百首》，從《水滸傳》、《三國演義》、《西遊記》到《紅樓夢》，從《史記》到《資治通鑑》，後者更加是反覆看過十多遍，讀得滾瓜爛熟。

因為看得太多古書，自己的思想，也溶進了中國的文化。如果不是對中國文化有深厚的感情，又怎會沉迷於此？反過來說，如果不是沉迷於中國的文史哲學，又怎會對中國有著這樣深厚的感情？

近年來忽然如洪水般湧現的所謂「愛國人士」，他們對中國文化一無所知，我不禁質疑，他們對中國的感情，有何基礎？始於那裡？

如果以男女關係作為比喻，他們的「愛情」，相當於「一見鍾情」，是盲目的、情緒化的、沒有基礎的愛，情人眼裡只見到西施，對所有的缺點則置若罔顧。而我所取的「愛情」，卻是細水長流、聚沙成塔，基礎在於深厚的認識，既接受她的優點，也完全知悉她的缺點，由感情，慢慢地、慢慢地、慢慢地，演變成為愛情。

這一百年來，批評中國文化的人，從胡適到魯迅、李敖，可以說，他們的出發點是知之深、愛之深，因而責之切，他們對中國文化的認識，亦遠遠高出於所謂的「愛國人士」。

中學時代，對我思想影響最大的，是李敖。在二十世紀的六十年代，他在台灣主編《文星雜誌》，以犀利的文筆批判中醫、大學教育、老年人「霸著毛坑不拉屎」（不肯交棒給年輕人），以至於鼓吹「全盤西化」，引起了一場激烈的文化論戰，由李敖以一雜誌之力，筆戰群雄。「文星之役」可說是繼胡適的「新文學運動」之後，最後的一場中西文化論戰，到了七十年代，再也沒有人提及這題目了。

李敖的中國文化造詣之高，唸小學時得到錢穆的賞識，胡適更對他推崇備至，甚至連罵他「小瘋狗」的國學大師徐復觀，也不得不承認李敖的「古書讀得比誰都多」。至於文筆，李敖更自誇為「五百年來和五百年後，中國人寫文章的前三名是李敖、李敖和李敖」。他的觀點，對當時的我影響全深，開拓了我的思路，奠定了我對中國文化的思想。當然，經過了三十多年之後，我讀了很多書，對中國文化又有了很多新的思考，與其時二十出頭的我已有了不少的修正，但李敖對我的影響力，仍然是不可以磨滅的。

近年我思考最力的，就是香港這片夾雜在中西文化之間的土地，究竟有著怎樣的意識形態？有關這項課題的分析，暫時我還沒有見過。

香港人經歷了一百五十五年的殖民地統治，被英式文化所潛移默化，影響極深，儘管在基因上流的是中華民族的血，但在意識形態上，已經是變了種的中國人。

我認為，香港目前的困局，一部分在於中西文化意識形態的差異，使得香港與北京的思路不同，互不信任、互相猜忌，特區政府夾在中國文化的北京和英國文化的香港之間，管治上更形困難。

其中非常重要的中西文化差異，是一元社會與多元社會的信念。千百年來，中國奉行大一統帝國觀念，強迫所有人民有著大一統思想，大家向著同一方向前進，不會各有各想、各有各做。對整個社會有利的事，多提多讚；對社會不利的，絕口不提，這樣子，資源不會內耗，國家自然能夠進步。

一元社會與多元社會孰優孰劣？我將在下一節論述。

第三節　攻乎異端

一九四二年，毛澤東主持了「延安文藝座談會」，與文藝工作者指示了文藝作品的任務和正確發展。他認為，文藝作品既是「團結人民、教育人民」的有力武器，也是「打擊敵人、消滅敵人」的有力武器。隨之衍生的，有五大問題：立場問題、態度問題、工作對象問題、工作問題、學習問題。

在立場方面，文藝作品要「站在無產階級的和人民大眾的立場。對於共產黨員來說，也就是站在黨的立場，站在黨性和黨政策的立場。」

在態度方面，文藝作品要歌頌、也要暴露，問題是在對其甚麼人。對敵人，要「暴露他們的殘暴和欺騙，並指出他們必然要失敗的趨勢……」對統一戰線的同盟者，要「有聯合，有批評」。對人民群眾，當然要讚揚了。

在工作對象方面，文藝作品的對象是工農兵及其幹部，還有學生。但這些學生並非「舊式學生」，而是未來的幹部。

在工作方面，文藝工作者必須熟悉工人、熟悉農民、熟悉士兵、熟悉幹部，認真學習群眾的語言，思想感情和工農兵大眾的思想感情打成一片，決不能脫離群眾，生活空虛。

在學習方面，文藝工作者必須學習馬克思列寧主義，也要學習社會，研究「社會上的各個階級，研究它們的相互關係和各自狀況，研究它們的面貌和它們的心理。」

簡單點說，就是「文藝服從政治」，就是「政治標準放在第一位，藝術標準放在第二位」。這種想法，就如中國歷史上所謂的「文以載道」——文章的目的，在於灌輸正確的思想。

共產黨的「文藝服從政治」立場，是一個極端，獲得諾貝爾文學獎的高行健主張的「冷的文學」，是另一個極端。兩者的態度恰好背道而馳。

高行健認為，「文學原本與政治無關，只是純然個人的事情，一番觀察，一種對經驗的回顧，一些臆想和種種感受，某種心態的表達，兼以對思考的滿足。」所謂的「冷的文學」，就是「對於大眾，或者說對於社會，不負有甚麼義務」，不同於「那種文以載道，抨擊時政，干預社會乃至於抒懷言志的文學。」

當高行健得獎後第一次訪港，在一次演講中再次「宣傳」其「冷的文學」，時維二〇〇一年一月三十日，地點是中文大學的邵逸夫堂，冷不防被一名中七的女學生謝小婷所詰問：「中國歷代文學家都有很強的教化作用，因此才不致於華而不實，不致於空洞無聊，表現出先天下之憂而憂，後天下之樂而樂這種人類高尚的情操，是一種高層次人的存在。西方的藝術在文藝復興以後，較著重個人的情感的表現，在政治宗教的成分是較小的，但並不代表中國幾千年來優秀的文學文化就是不好。我們不可抹煞他們的成就。況且，文字創作都有教化的作用，是用來普及知識嘛。如果我們的文學是完全凌駕教化之上，那文學還有甚麼價值呢？再者，行為心理學的研究認為，在人的互相作用下，文學作品對社會環境有很大的影響，既然文學作品影響了環境，也令很多人模仿文學的內容，如果完全不對社會負責任，那文學作品還有甚麼價值呢？」

毛澤東、高行健、謝小婷三個人對同一件事（文學），居然有三種截然不同的看法，我是唸歷史的，從歷史的角度去看，可以把箇中的原因清楚地詮釋出來。

毛澤東生於亂世，當時列強入侵中國，所有的知識分子均汲汲於如何救國、如何使中國強大起來，「經世致用」是他們相同兼唯一的思考方向，到了毛澤東主持「延安文藝座談會」時，更是正值中日抗戰的緊張當兒，中國面臨亡國的關頭，很自然地，甚麼都得為政治讓路。換句話說，中國人快要亡國滅種了，也只有感懷救國的文學，才能夠獲得大眾的興趣，難道到了國破家亡人也快死的時候，人們還有閒情逸致去看風花雪月的詩詞文章小說戲劇嗎？

高行健所處的時代，正值毛澤東執政，整個中國的文藝路線，就「延安文藝座談會」所訂下的政策的延續，就是「文藝服從政治」，文藝應該「為千千萬萬勞動人民服務」。有些作品，雖然有藝術性，但是內容卻不符合政治標準，按照毛澤東的說法：「內容愈反動的東西而又愈帶藝術性，就愈能毒害人民，就愈應該排斥。」高行健所主張的個人自由、沒有主義，正是對中國文藝政策的不滿，因而產生反抗和修正，這種心態，正如在古代的印度人，信奉嚴格劃分階級的婆羅門教，佛祖釋迦牟尼（註十三）卻創立了「眾生平等」的佛教，教義非但主張人人平等，連人和所有的生物也平等，這正是對婆羅門教的反抗和修正（註十四）。

謝小婷所處的時代背景，與毛澤東和高行健又有不同。九七前後的香港，是中國有史以來最最繁榮的世代，社會上充滿了靡靡之音，坊間流行的文字作品，不外是金庸的武俠小說、亦舒和張小嫻的愛情小說、倪匡的幻想小說，又或者蔡瀾的遊戲文章，作為一名「有志於學」的年輕人，對於香港文學的淺薄，以及文字作者對家國的漠不關心，她有所不滿是可以理解的。她對高行健的批評，正好反映出香港人和內地人經歷過的不同歷史。

從毛、高、謝三人的分歧可以看出，不同的人、不同的時代，對同一事件有著不同的看法。

其實，藝術、表達形式、人類思想，三者是分不開的。藝術可以是文字，可以是音樂，可以是圖畫，可以是電影，甚至可以是行為，但卻不能脫離表達形式而存在。此外，藝術也是感情的表達，但沒有思想，哪來的感情？而且，這思想還必須是人類的思想，因為非人類的思想，人類根本不可能有共鳴，就算是以精神病人為主角的《狂人日記》，以星球人為主角的《小王子》，以狗隻為主角的《野性的呼喚》，寫的都是人類的感情。

所謂「文以載道」，意思是說「道」是思想上、政治上，或者是經濟上的「道理」，但如果說「道」泛指人類的思想和感情，則「文以載道」之所言，確有是理。

毛澤東和謝小婷的意見大部分相同，說穿了，就是強調文藝的「教化功能」，著重於其短期的利益。「教化」有兩項功能，一是推廣知識，二是輸入價值觀。然而，傳播知識和價值觀，頂多算是教育，稱不上藝術。藝術則是一種美感，是作者和受眾之間、受眾和受眾之間的心靈交流，接受到藝術品內含的訊息的人，內心產生了共鳴，例如達文西的畫作《最後的晚餐》和米開安基羅的大衛雕像，是美的傑作，但除了美感之外，又有何教化功能可言呢？

註十三：佛祖姓「喬達摩」（以前譯作「瞿曇」），意即「最好的牛」，名「悉達多」，意即「目的達到了的人」。他是釋迦族的王子，「牟尼」則是「賢人」的意思。「釋迦牟尼」就是釋迦族的賢人，而「佛陀」則是「得道者」的意思。

註十四：佛教雖然教義與婆羅門教大異，但信奉的滿天神佛，絕大部分仍與婆羅門教相同，所以算是「修正」。

推廣知識的功能固不待言，說到輸入價值觀，則一共有三種價值觀，一種是統治者相信的，另一種是社會上大多數人相信的，最後一種，則是只有小眾相信、或者是剛剛才被一位或一小撮前衛思想者想出來的新價值觀。

毛澤東和共產黨所主張的藝術要做到的，正是輸入第一種價值觀。在香港，仍然有很多人主張藝術必須要做到第二種價值觀，所以敗壞現有社會道德的藝術品，例如露出男性性器官的雕像，依然不容於香港。

然而，如果人人依循統治者的價值觀，或者「跟大隊」地永遠接受現時的價值觀，人類的思想便永遠不會進步。

舉例說，在清末，大多數人都相信君主制度，「改革派」如康有為，也只是主張君主立憲而已。但是一小撮革命黨主張「建立共和」的小眾思想，在短短的二、三十年間，卻變成了主流的意識形態。

另一個例子，是一百年前，甚至是五十年前，同性戀尚是不容於社會——尤其是基督教世界——的異端，更是犯法的行為。在古希臘和中國，同性間的性行為雖然廣泛地存在，可是，其本質只是強者施於弱者的「孌童」（註十五），而非兩情相悅、互相對等的同性戀。英國大文豪王爾德，便是在一八九五年，被控告「同性性行為」(sodomy，不能譯為「雞姦」，因為對方是自願），因而鋃鐺下獄，身敗名裂。然而，到了今天，同性戀已經被西方國家所承認，英國人同性戀的猖獗甚至聞名世界，在香港，同性戀也在一九九一年非刑事化，兄弟同志都站了出來。

社會思潮不停的在變，如果大家的想法都一樣，短期而言，看不出有任何的不妥。但是從長遠的角度看，大家想法一樣，一錯可以直錯到底。像在二十世紀六十年代的中國，社會最看重的是人民內部的矛盾，最擔心的是資產階級的復辟，因而要不停的階級鬥爭。這一套意識形態，如今安在哉？

毛澤東認為，藝術必須維護現有的價值觀，或者是統治階層的價值觀。謝小婷認為文字有教化和普及知識的作用。兩人對「文以載道」的概念，就是只看短期利益，忘卻了藝術在長期上、對人類的思想、感情所造成的影響。

藝術不一定必須有「教化」的作用，但卻必須有其思想，單純為藝術而藝術，但沒有思想、沒有感情的作品，只會淪為軀殼，不會存有令人產生共鳴的靈魂。高行健說得好：「文學原本就是個人的事情，不妨可以當作個人的一番事業來做，也可以只抒情遣興，或佯狂臆語、自我滿足，當然也還可以干預時政。要緊的只是別強迫他人，自然也容不得強加的限制，無論這限制以何名義，國家還是政黨，民族還是人民，將這類抽象的集體意志賦予權力的形態都只會扼殺文學。」

從上面的一段話，可以看出，說高行健的藝術主張是脫離社會的純藝術，未免誤解了他，他只是認為藝術是個人的思想和感情的表達，不應該由政治干預，如此而已。如果要我從毛澤東、高行健、謝小婷三人當中，選擇一個對藝術的立場，吾從高。

註十五：在中國，孌童雖然流行，始終不能登上大雅之堂，社會鄙視孌童者，更看不起孌童。但在古希臘，強者和年長者去孌弱者和年輕人的童，卻被認為是把勇氣和經驗傳授給弱者和年輕人，是高尚兼流行的行為。

但直到今天，國內的輿論、宣傳以及文藝政策，雖然已經有了一定的自由度，但在最高的層次，仍然採用一元化的思想去管治，由國家去統一控制，文藝作品雖然不一定要「為政治服務」，但卻不能攻擊政府(例如罵中共政權)，不能「毒害人民思想」(例如色情刊物)，更加不能同國家的政策相違背(例如鼓吹台獨)，因此，言論自由仍然是「有限公司」。

在西方，自從十七世紀中葉自由主義興起之後，其意識形態漸漸走向多元文化。自由主義鼓吹的是個人權利，每個人都有發表自己意見的自由，儘管這些意見很可能不為社會所接受。最有代表性的說法，是法國大學問家伏爾泰的名句：「我不同意你的說話，但我拼死也要維護你說這話的權利。」(註十六)

多元主義者相信，大家將心裡想法自由的表達出來，不同的思想互相衝擊，從辯論中得到真理，雖然辯論的過程會消耗一定的社會資源，但到了最後，社會終會有所得益。

另一方面，一元主義者認為，把言論和形式統一起來，社會的爭論少了，便可以減少資源內耗。但他們忘記了，在統一言論和形式的過程，已經虛耗了大量的資源在鏟除異己上，實無異於「未見官先打八十大板」。統一了言論和形式之後，也令到人民無心於創作新事物，因為新的想法不被承認，遂令人們失去了創作性。

一個巢穴中的所有螞蟻，都是同一蟻后的後代，牠們的基因完全相同，行為也是完全一樣，牠們根本不用思考，只有依賴社會，才能生存。所以，一些生物學家認為，一個巢穴的所有螞蟻，合起來才算是一個個體，一隻螞蟻只能算是個體的一部分，不可以算是獨立的生物。

人類雖然也是社會性生物，但人類的基因有著其多變性，現在這一刻地球上有六十億人口，除了同卵子雙胞胎之外，沒有兩個人的基因完全相同，就算是同卵子雙胞胎，也會隨著歲月而累積了一定程度的基因突變，因而有著極細微的分別。人類之所以能夠在地球上生存，基因的多樣性是一大要素，如果一種生物的總數量少於五百，其基因的多樣性便不足以令其繁衍下去，因為基因庫的數量不足，會令到生物不可免地近親交配，只要有少量的個體有著基因缺陷，很易蔓延到整個族群，令到整族滅亡。因此，中國現在雖然仍有一千多頭大熊貓，但這一千多頭大熊貓一來懶於性行為（熊貓一向不大熱衷於繁殖下一代），二來基因庫的多樣性日漸減少，牠們遂變成了瀕臨絕種動物。

其實，性行為的出現，正是為了基因的多樣性。性行為的本質，是兩套不同基因的混合。早在三十億至四十億年前，當時地球上只有細菌生存，已經懂得互相交換基因，甚或是「吃掉」同伴的基因，以使自己的基因更為多樣化。

地球的環境不停的在變化，最嚴重的一次，要算是二十億年前的一次大污染。當時，地球大氣中的氧氣含量接近零，細菌賴以呼吸生存的，是氫氣，現代生物非它不能活的氧氣，就古代的細菌而言，是毒得不能再毒的毒氣。正如今日地球的生物（主要是人類）把太多的氧氣變成了二氧化碳，古代的細菌也消耗了太多的氫氣，造成了氫氣的匱乏。

於是，一部分「懂得變通」的細菌，便開始打「水」的主意。水，地球多的是，而水分子是由兩份

註十六：伏爾泰很大可能沒有說過這句話，只是後人加在他的身上。但這句話已成為伏爾泰最有名的「遺言」。

氫氣加上一份氧氣所組成，只要細菌能夠分解水分子，何愁沒有氫氣？

所謂的「懂得變通」，其實就是能夠適應新環境的基因。當時，有一種藍綠色的細菌，它們是現代藍綠菌 (cyanobateria)的祖先，它們便是這些「懂得變通」的細菌。這些古代的藍綠菌能夠分解水分子，吸掉分子中的氫氣，賴以生存。但正如前面所言，水分子是由氫氣和氧氣所組成，吸掉了氫氣，剩下了的氧氣，便越來越多，在「短短的」數千萬年之內，氧氣在大氣的含量增加了二十萬倍，在大氣中的含量達到了百分之二十一，之前靠呼吸氫氣生存的生物，全數滅種，地球變成了嗜氧生物的天下。

這一次的生物大滅絕，是地球有史以來最嚴重的一次，相比之下，今日的「温室效應」，甚至是第三次世界大戰，也只屬小兒科而已。唯一慶幸的是，大氣成分「急速」變動的過程，歷時了數千萬年，才告完成，生物藉著基因的迅速突變，終於「順利過渡」，得以在地球上繼續繁衍。要是大氣成分的兩成在二十四小時之內突變成另一種氣體，所有生物一定立刻死絕。然而，就算在歷時數千萬年的大滅絕過程中，要是所有的生物的基因完全相同，沒有一些能夠適合變異後的生活環境的「異種」，它們也一定「一鑊熟」，不會有倖存者過渡到下一個世代，繼續繁衍，並且發揚光大。

說到基因多樣性的重要，最經典的例子是「鐮刀狀細胞性貧血」(sickle-cell anaemia)。

「鐮刀狀細胞性貧血」是一種基因疾病，主要發生在非洲裔黑人的身上，中東人和地中海人也偶有此病。其發病的的基因位於第九條染色體，一個人的父親或母親擁有這條基因，他只是「隱性遺傳者」，並不會發病。但如果他的父母同時擁有這一條基因，他便會在大概出生後六個月左右，遺傳病發作。

這種病令到血液中含氧量減少，紅血球因而改變了形狀，從原來的圓形變成了鐮刀形，病人的心和腹部會發腫，手腳脹大兼且劇痛，毫無疑問，會引致一定程度的死亡率，也會阻慢了患者的發育。

從這角度看，這一條會引致「鎌刀狀細胞性貧血」的自然是劣等基因。根據物競天擇原理，劣等基因應該早被淘汰掉，它之所以繼續存在，是因為在西非洲的某些地區，瘧疾特別盛行，偏偏「鎌刀狀細胞性貧血」雖然令人又痛苦、又容易死亡，卻對瘧疾有著異常的抵抗力，因此，在這些地區的天擇競爭，擁有「鎌刀狀細胞性貧血」的基因的人，格外佔有優勢。

美國非裔人的祖先正是來自非洲的奴隸，一部分遂遺傳了這種基因，這種基因在非洲某些瘧疾流行的地區固然大有優勢，但是在瘧疾的個案極少的美國，卻變成了沒有作用的劣等基因。

投資界有句名言：「不要把所有的雞蛋放在同一籃子。」人類基因的互不相同，萬一地球突然發生變化，改變了今日的生存環境，也可能有一部分人存活下來。就算是世紀絕症愛滋病，也有一部分白人擁有免疫的基因，不致於因為一種絕症便覆沒了所有的人類。

總而言之，一元存活的物種，一旦出現不利的變化，便會全體滅亡。同一原理，一元思想的社會下，人類便沒有進步，因為大部分的人只會因循舊有的事物，新事物的開始，往往只是少數人的異見，要在很久很久以後，才會被一般人所接受。

在五世紀到十五世紀的整整一千年間，歐洲陷入了「黑暗時代」，土地雖然分裂成為許多國家，沒有一個中央的政治權力，然而，卻有一個普世的統一教會，在意識形態上主宰著土地上所有居民。

當時教會對世界的詮釋，主要的依據來自《舊約聖經》，再輔以阿里士多德的《物理學》，以及托勒密 (Claudius Ptolemaeus，約 100-約 170)的《大綜合論》(Almagest)。「托勒密系統」使用了一套幾何學的計算方式，指出地球是宇宙的中心，太陽和月亮繞著地球而轉，背景是一大堆不會移動的星星。

先是哥白尼（1473-1543)發現地球並非宇宙的中心，太陽才是，還有，地球繞著太陽運行，接著伽利略(1564-1642)仿傚荷蘭人製造出望遠鏡（註十七），直接觀察星體運行，證實了哥白尼的學說，還有佐丹奴．布魯諾（1548-1600)認為宇宙無限，連太陽也不是宇宙的中心，而只是許多星體的其中一個，而且，宇宙依循著某種客觀的法則運行（而非任由上帝喜歡怎樣便怎樣，沒有一定的法則）……這些見解在當時是小眾、是異端邪說，哥白尼被視為「亂講廿四」，伽利略給送上宗教法庭，被判決終身監禁，後來改判終生軟禁在家，最慘的還是那位「佐丹奴先生」，宗教法庭把他送到羅馬廣場，活生生的燒死他，在途中，把一根鐵枝插穿他的舌頭，令他在臨死前無法說出最後一次的異端邪說，污染群眾的心靈。（註十七）

任何新的思想，在初期一定只是少數人的聲音，而且十居其九點九都是錯誤的，甚至只是胡思亂想，在哥白尼、伽利略、布魯諾的同時，不知出過多少個怪人、瘋子，胡言亂語過多少胡說八道。但如果不給這少數人發聲的機會，容許大量既無聊又無用的雜音出現，真理便無從滋生，社會遂變得僵化，不可能再有進步。

正如先前說過毛澤東在「延安文藝座談會」的講話，乍看上來，似乎十分有道理，對社會有很大的好處，但是這些好處，是即時的、短期的、還是長期的？即時有好處，不一定短期有好處，更加不一定長期有好處。「文藝為政治服務」這政策，在一九四二年五月二日的那一刻及往後的一段日子，既可幫助中國人培養愛國及反日的情緒，也可以幫助到中國人培養對共產黨的好感，前者對國家有好處，後者對共產黨有好處，至少給人的印象是如此。但是長期而言，中國人民共和國在一九四九年十月一日成立之後，共產黨成為了執政黨兼且是法統上唯一准許執政的政黨，人民的思想卻因「一言堂」的文藝政策而受到了桎梏，日漸僵化起來，有的人更因無法自由創作而對政府生出了怨懟之心，這對政府沒有好處，對共產黨也沒有好處。

又例如中國在一九八〇年開始推行的「一胎化」政策。固然，以中國人口之多（當時已經超越了十億人）、人民之窮困（當時的人均生產值只得二百美元）、天然資源之貧乏（只佔全世界可耕地的百分之七），控制人口是必然要走的路。可是，政府究竟應該採用甚麼方法來控制人口呢？要集思廣益，先讓人民自由討論、反覆辯證，用「真理越辯越明」的方法去得出結果呢，還是由中央集權去英明決定，一紙行政命令便強要全國遵行，哪一種方法比較好呢？

沒有人反對中國必須要控制人口，而「一胎化」政策也的確有效的控制了人口增長。但「一胎化」政策實行了多年，許多先前思慮不及、意想不到的後遺症紛紛浮現，例如農村大量殺女嬰，造成了男多女少的局面。中國國家統計局在公元二千年的一次人口普查，新出生男女嬰孩的比例已經到達了一百一十七比一百（註十八）！兩性人口的不平均，令到許多男性無法找到對象，對他們既不公平，也對他們的心理及生理有著極大的影響，甚至危害到社會的安定。近年一些人口販子專門拐帶少女，販賣到鄉間作新娘，

註十七：這段故事可見，哥白尼是「始作俑者」，卻沒有受到懲罰，布魯諾死得最慘，在歷史上的名氣卻小得多，因為人們常常誤會燒死的是哥白尼。

正是這政策的副產品。

又例如大量獨生子女的出現，他們既得到父母的過份溺愛，兼且兒時沒有兄弟姐妹一起遊玩長大，心理上多多少少與上一代人有別，社會上有一個半個、十個八個、一千個一萬個獨生子女，沒有多大的問題，但如果整整的一代人，佔了很大的一部分是獨生子女，對意識形態究竟有著怎樣的影響，誰也說不上來。但無論如何，這肯定不會是好的現象！

以上的，還只是中期性的壞影響，從更長期的眼光去看，一個獨生子跟一個獨生女結合，他們之上，有兩對父母，合共四人，有四對祖父母和外祖父母，合共八人，當他們長成為中年人的時候，很可能有十二位老人家需要供養，他們的子女還不算在內，這對於他們的經濟，是何等沉重的負擔，這對於整個社會的經濟結構，更加是難以彌補的大災禍。

又以新加坡為例子，新加坡一九六三年脫離馬來西亞而獨立，之後在政治上一直採用中央集權制，由李光耀和吳慶、拉惹勒南、韓瑞生、林金山、巴克、杜進材、王邦文、奧斯曼渥等人組成的治國班子「說了算」。新加坡地少人多，因此，從立國之初，李光耀這一伙「人民行動黨」便決定嚴格控制人口，向國民大事宣傳節育，並半強迫有了兩名孩子的國民做結紮手術。

但李光耀始料未及，在現代社會，中產階級的生育數字本就較少，在新制度之下，中產階級（主要是華人）有家有業，自然不會與政府的政策唱反調，依足法律，生育率越降越低，至於不顧一切、越生越多的，相信大家都猜到了，是無產階級（主要是馬拉裔和印度裔）。當然了，中產階級的子女受的教育比較好，無產階級的子女受的教育比較差，順理成章的，這扯低了新加坡人口的教育水平。

終於，在新加坡立國二十周年的國慶群眾大會上，李光耀發表了著名的「婚嫁大辯論」，要求新加坡的大學畢業生多點娶教育程度較高和智力水平也較高的女性，不應該「愚昧地堅持」娶教育程度低和天資也低的女性。這番講話令到人民行動黨在次年的大選中得票率下降了百分之十二，但李光耀仍然推行新政策：凡是中學畢業以上的夫婦，生育第三個或第四個孩子時，可獲得特別的稅金回扣。這政策背後的理據，是統計數字證明了成績優越的學生，其父母的教育水平也高，但難怪李光耀發急，根據一九八〇年的人口普查，大專和中學程度的婦女平均生一點六名子女，小學程度平均生二點三名子女，沒受過教育的則平均生四點四名子女。

無疑的，基因對人類的讀書能力有著決定性的影響，但在現代社會，讀書能力並不代表一切。成功的電影導演、美術指導、髮型設計師、時裝設計師，以及推銷員、商人等等專業，不一定需要優良的學歷，甚至可以說，在這方面獲得成功的人士，多半讀書不成，因為同時在讀書、創作、人際關係方面均有傑出成就的基因，畢竟是少數中的少數。新加坡的這項政策，看起來像提升了國家的基因水平，但同時也令到其國民的基因庫的多樣性大為減少，從長遠的角度看，未免得不償失。

大家都知道，新加坡是個一元社會，由政府控制了所有的輿論。當政府要求國民節育兼絕育時，國

註十八：男孩出生的機會比女孩高，在其他國家，新出生男女嬰孩的比例大概是一百零六比一百。但男孩的夭折率也較高，在古時，醫療水平不高，通常男孩的高夭折率可抵消其高出生率，但現代的高科技醫療，增加了男孩的長大成人的機會率，令到男性的數目稍多於女性。

新加坡是個一元社會，由政府控制所有輿論。

民踴躍支持，也沒有人提出異見，唱政府的反調。但當政府發覺政策出錯，企圖扭轉局勢，要求菁英國民多生子女時，菁英國民的反應是：我們先前響應政府的政策，早就做了結紮手術，現在政府又叫我們多生子女，又怎可能呢？

多元性包括了種族平等、言論自由，還有宗教的自由。我們自幼所受教育，是理性、科學的，用中國共產黨的說法，是「唯物」的。但宗教顯然屬於另一範疇的事物，是「唯心」的，不能單憑科學的方法，去分析其真假。

香港的首任行政長官董建華在二〇〇一年二月八日，在立法會的答問大會說：「法輪功多多少少有邪教的性質。」可是，究竟甚麼是邪教、邪教的定義為何？

如果說，李洪志鼓吹自己擁有無邊法力，所以法輪功便是邪教，那麼，釋迦牟尼用佛法降魔，耶穌用五餅二魚來填飽五千人的肚子，難道不是法力無邊嗎？就算是美國的許多基督教教派，包括大家熟悉的大傳道家葛培理 (Billy Graham，1918 —?)所屬的基本要義派 (Evangelist)，也相信法力的存在，而且，法力不獨存在於耶穌的時代，就算是現代，某些傳道者得到了神的欽點，也會有特殊的法力，而利用法力來為信徒治病，是從釋迦牟尼到耶穌、從古代到現代，傳教最有效的不二法門，有時甚至是「指定動作」。大家又怎能說法力是邪教的象徵呢？

如果說，法輪功要求信徒個人崇拜，以李洪志為神。然而，佛教的釋迦牟尼、基督教的耶穌、回教的穆罕默德，哪一種宗教沒有個人崇拜呢？反過來說，沒有崇拜，便沒有宗教，因為宗教的本質就是崇拜嘛。

其實，宗教本來就與科學精神相違背。科學的本質，就是大自然有著一定的規律，而這規律是可以計算的，通過數學，可以解釋並預測所有大自然已經發生了和仍未發生的所有事件。更精確地說，是計算出所有事件可能發生的機會率。但是，宗教涉及的卻是超自然（supernatural）的存在，超乎任何的計算，是科學所不能解釋的。

舉出以上例子，是要點出如果有上述特質，即神化、迷信甚至個人崇拜就成為邪教的成分，這豈不是所有宗教都加以否定？

中國和香港特區對法輪功的指控，一樣適用於其他所有的宗教，包括了佛教、基督教、回教三大宗教在內。當然，共產黨是唯物的，不相信任何宗教，但《中華人民共和國憲法》的第三十六條既已標明了人民的宗教自由，便不應該用這理由去攻擊法輪功。

說到中國賦予人民的宗教自由，由於很多香港人，包括評論員在內，對於中國法律並不熟悉，在這裡不妨說一說「中國式的宗教自由」。

中國憲法的第三十六條除了寫明「中華人民共和國公民有宗教信仰自由」之外，後面還有一段「奇怪的」條文：「任何人不得利用宗教進行破壞社會秩序、損害公民身體健康、妨礙國家教育制度的活動。宗教團體和宗教活動不受外國勢力的支配。」

「破壞社會秩序」是全世界任何國家的法律均不容許的事情，就算沒有「利用宗教」，難道又是合法的嗎？「損害公民身體健康」則比較難明白了，吸食大麻、搖頭丸是「損害公民身體健康」，沒有錯，但也沒有甚麼宗教會向教徒提倡服食危險藥物，再說，「損害公民身體健康」本來就是犯法的，根本不用與宗教扯上關係。照中國官方傳媒的宣傳看，法輪功根本沒有作用，治不了病、也健不了體，同時中國官方也沒有說法輪功練壞人的身體，練後會走火入魔、吐血或生癌而亡，如此，與「損害公民身體健康」云云，似乎扯不上關係。

至於「妨礙國家教育制度的活動」，主要是防止宗教團體辦學。宗教團體很喜歡興辦學校，趁兒童心智未成熟，灌輸他們宗教思想。這固然是傳教手法，但也促進了人民的教育，正是「一家便宜兩家著」，所以很多國家都歡迎宗教團體來辦學。而現代的教會學校亦十分「識做」，不會在校內「硬銷」宗教，徒惹人民的反感，而是盍興乎來：辦學既然可以改善形象，總會有「魚」游來入教。

在中國，政府一向包辦教育，並且在課程中加入了共產主義思想，把下一代從學生時代，便培養成為黨員，這種招攬新血的手法，其實與教會辦學的本質一般無異。既然教會是共產黨的競爭對手，也就難怪中國政府要獨佔教育這門「生意」，

法輪功要求信徒個人崇拜，以李洪志為神。然而佛教的釋迦牟尼、基督教的耶穌、回教的穆罕默德，那一種宗教沒有個人崇拜呢？

不肯與教會「利益均霑」了。

說到「不受外國勢力的支配」，最大的用意，是防止羅馬天主教廷介入中國的政治。由羅馬天主教廷統治的梵蒂岡是一個獨立國家，地球上的天主教徒超過十億人，是世界屈指可數的權力中心。中國不容許梵蒂岡介入中國的政治，更加不容許回教、摩門教，以及其他「總壇」設在外國宗教介入中國，影響到共產黨的政權，因此，便有了這一段條文。

法輪功在本質上，是中國的民間宗教。但教主李洪志老早移民了美國，並且入籍成為美國公民，法輪功的「總壇」也設在美國。照中國憲法的解釋來看，說法輪功是「外國勢力」，也無不可，至於憲法的這一條文是否合理、是否「惡法」，又是另外一回事了。

《基本法》第三十七條也規定了「香港居民有宗教信仰的自由，有公開傳教和舉行、參加宗教活動的自由。」在「一國兩制」下，香港的宗教大可搞「妨礙國家教育制度的活動」，即是教會可以自由辦學，基督教、佛教、回教，甚至是孔教，也在香港大搞學校，至於中文大學崇基學院和浸會大學的基督教背景，以及能仁學院的佛教背景，更是大家熟知的事實了。而「外國勢力」支配香港的宗教活動，也是容許的，基本上，香港絕大部分的教會，只是「分壇」，「總壇」全設在外國，如果要把外國的宗教勢力全部逐出香港，不啻叫香港人從此放棄宗教信仰。

香港是多元社會，容許言論自由和宗教自由，因為自由社會相信思想無罪，只有行為才有可能犯罪。假如該宗教的教義或實質行為直接或間接教唆犯法，如殺人、強姦、賣淫、推翻國家等等，才算是觸犯法例，便可把它定義為邪教，例如美國的大衛教派囤積軍火，企圖推翻政府；日本的奧姆真理教在地鐵站放置沙林毒氣等。

法輪功的教義究竟是荒誕不經，抑或是大有道理，與它是否邪教並無相干，最重要的是，它有沒有犯法？董建華説它「多少有邪教的性質」，究竟基於甚麼理據？

要想明白甚麼是邪教，首先得搞清楚「正教」的定義。且讓我們先重溫一下宗教的歷史。

宗教的歷史源遠流長，幾乎一有人類，便有了宗教，甚至可能在現代智人出現之前，我們人類的前身先祖，也已經有了宗教崇拜。

根據人類學理論，宗教很可能出於「萬物有靈論」(animism)。英國人類學家泰勒 (Sir Edward Burnett Tylor，1832— 1917)使用這個名詞，主要是描述原始民族相信任何生物或死物皆有靈魂，包括了動物、昆蟲、石頭、樹木、河流、山嶽、太陽、月亮，也有靈魂，而宗教的「最基本定義」(minimum definition of religion)就是「萬物有靈論」。

人類從崇拜靈魂而至崇拜代表他們種族的圖騰，漸漸地，人類開始信奉人格化的神，並且按照自己的形象去造神。而宗教也就成為了人類的必需品，正如法國大儒伏爾泰所言：「神就算不存在，也有必要製造祂出來。」(Si Dieu n’ existait pas, il faudrait l’ inventer.)

古埃及、古希臘和古中國的原始宗教，均是滿天神佛，脱離不了「萬物有靈論」，比較有近代宗教理論架構的，是古印度的婆羅門教。

大約在公元前十二世紀，同現代歐洲人同一個祖先的印歐民族侵入了印度次大陸，印歐民族與印度土著兩者的宗教文化匯合，便成為了婆羅門教。

婆羅門教的三大綱領，是「吠陀天啟」、「祭祀萬能」和「婆羅門至上」。《吠陀》(Veda)的意思是「知識」，四部《吠陀》就是四本最古老的宗教文獻，最早的部分約寫於公元前六千年，在公元前二千年至公元前五百年左右結集成書。

第一部是《梨俱吠陀》，內容是歌頌神的詩歌，第二部是《耶柔吠陀》，內容是祭祀儀式，第三部是《娑摩吠陀》，內容是歌譜，以上三部稱為「三明」是對神的「擦鞋寶鑑」。第四部是《阿闥婆吠陀》，內容是咀咒敵人、為己消災的巫術咒語，在層次和地位上，自然低了一籌。這四本《吠陀》，相等於猶太教的《摩西五經》，是婆羅門教的經典。

三大綱領的意思，是一、《吠陀》是由神傳給人類的，二、無論做甚麼事，都必須先經過祭祀，因為天界和人們的生活息息相關，三、婆羅門是最高的種姓。

婆羅門教教義的主要理論基礎，是「因果論」和「輪迴論」。所謂的「因果論」，是你做了的每一件事，都會在來世回報，好事做得多，來世便可以投胎當高種姓的人，壞事做得多，來世只能投胎成為低種姓人，甚至淪落為畜生、昆蟲。「輪迴論」則是生生世世，不停的投胎，像車「輪」一樣不停的「迴」轉，循環不息。

大家可以看出，「因果論」和「輪迴論」是一而二、二而一的理論，套句《中庸》的說法：「不可以須臾離也。」從婆羅門教徒的角度看，有因則有果、生命不滅，固然是世間的真理。我是唸歷史的，從歷史的角度看，這一套宗教理論正好為種姓制度提供了合理性，低種姓的人只要規規矩矩的做人，來生便能有「升級」為高種姓的機會。這令到人民更加容易臣服於統治階層，不會隨便反抗或暴亂。

大約在公元前十二世紀，印歐民族與印度土著的宗教文化匯合，便成為了婆羅門教。圖為婆羅門教三大主神之一的保護神「毗濕奴」。

四本《吠陀》本集是用印歐民族最初進入南亞次大陸時所使用的方言所寫，到了公元前十世紀打後，當時的印度人已經沒有閱讀這些「古文」的能力了。於是，「吠陀專家」便用當時通用的梵文來解釋《吠陀》，是為「婆羅門書」。

流傳今日的「婆羅門書」一共有十五部，每部《吠陀》都有自己的「婆羅門書」，而集所有「婆羅門書」於大成的，是最後期的《奧義書》。（註十九）

《奧義書》主張精神修練，要做到「梵我合一」的境界，這顯然已超越了婆羅門教先前所追求的「祭祀萬能」（前者是靠自己去修練，後者是靠求神來幫忙），這是從「萬物有靈論」轉換到哲學的境界。因此，印度人把《奧義書》稱為「吠檀多」(Vedanta)，即是「吠陀的最高境界」。

事物在盛極時常常埋藏了衰落的種子。《奧義書》大約在公元前六世紀成書，是為婆羅門教的高峰，但這時，婆羅門教又開始分裂了。

一方是正統的婆羅門教，另一方則是改革派，其中又分裂成為許多個小流派，後來佛教稱此為「九十六外道」或「六十二見」，耆那教則稱此為「三六三見」。這有點像後來的天主教分裂出新教，新教再分裂出為數不清的支派。

這個局面稱為「沙門思潮」。沙門就是出家人，或到處漫遊、或在森林苦修，以《奧義書》為思考的中心，希望得出終極的真理。

說到「沙門思潮」的出現，得先瞭解當時印度的政治環境。

印歐民族並非以一個單一大國侵入南亞次大陸，而是分由多個不同的小部落，逐步蠶食，終於吞併了整片大陸。故此，當時的印度分由多個不同的部落去管治，互不相屬，相同的只有統治階層的種族，以及共同信奉的婆羅門教。

經過千多年來的壯大、聯盟、吞併，到了公元前六世紀，南亞次大陸再不是由部落所統治，而是變成了大國爭霸的局面。大國的興起，代表了剎帝利種姓的壯大，他們再不甘心屈居婆羅門之下，於是支持異端的沙門，企圖找出一個理論基礎，以證明剎帝利的地位不在婆羅門之下。

悉達多是迦毗羅衛國的太子。迦毗羅衛國屬於釋迦族，這是一個黃種人的國家，有別於其他由印歐民族統治的大部分國家。它位於今日的尼泊爾，面積三百二十平方公里，約莫等於香港島加上九龍半島的大小，有八萬戶人家，人口五十萬人。

悉達多的爺爺師子頰王有四個兒子：淨飯王、白飯王、甘露飯王、斛飯王，淨飯王是長子，承繼了

註十九：「奧義」的梵文是「Upanisad」，是「坐」的意思。主持祭祀的婆羅門「榮休」之後，住在森林中，著書立說，這種作品叫作「森林書」。有的婆羅門收徒弟，傳給徒弟神秘的教義，是為（深）「奧」的意「義」，老師站著教，徒弟「坐」著聽，是為「Upanisad」。「森林書」是「婆羅門書」的一種，《奧義書》是「森林書」的一種，一共有二百多種《奧義書》流傳至今。

國王之位，而悉達多則是淨飯王的長子兼太子。他的媽媽摩耶夫人在中年時才生下他，傳說中，悉達多是從媽媽的脅下出世，這相信是出自婆羅門教的傳說。婆羅門教的《原人歌》說：「他（原人）的口是婆羅門，他的雙臂變成王族，他的腿成為吠舍，而從他的腳上生出首陀羅。」悉達多是刹帝利種姓，自然是從脅下出生的人了。

摩耶夫人中年產子，就算不是「老蚌生珠」，也是高齡產婦，生下悉達多後七天便輪迴轉世去了。悉達多由姨母撫養長大，同其他宗教的創始人一樣，悉達多「少具慧根」，熟讀吠陀經典與高級人的學問（註二十），長大後娶了一個妻子，生了一個兒子。

悉達多雖然得到了尊貴的地位和美麗的妻子，過著人人羨慕的生活，但他並不滿意，而是日夜不停的想著「生、老、病、死」這「四苦」，於是，他向婆羅門的著名學者請教，並且先後拜了兩名師傅。這兩名婆羅門學者教了他很多，但仍然解決不了悉達多心中的問題，於是，在二十九歲的那一年，悉達多「離家出走」，到處找尋生命的真諦。

悉達多的行為，在當時並不罕見，因為《奧義書》提出了「四住期」，認為一個人的理想生命應該分成四部分：二十五歲前是「梵行期」，要學習吠陀知識，二十六歲至五十歲是「家住期」，要娶妻生子、尋求事業，並虔誠地施行祭祀，履行俗世的責任，五十一歲至七十五歲是「林棲期」，自己一人，也可以帶著妻子，森林居住修行，七十五歲以上（如果他有這樣長命的話）是「遁世期」，要雲遊四方，以乞討為生，最後的磨練意志，等待解脫。當然，悉達多二十九歲便「林棲」，未免太早了一點，但當時「林棲」尋求真理的沙門，多得數也數不清，悉達多只是數不清的其中一個，唯一特別的，是他的太子身分。

當時的婆羅門和沙門都會採用「苦行」的方法來修行，例如多天不吃飯、不喝水，或者單腳站立、睡在荊棘旁，以至於種種虐待自己的方法，這便是「瑜珈」的起源。悉達多苦行了六年，到了後來，每天只吃一粒米，瘦得像樹枝，也無法得道，於是跳進河裡，把身上污垢洗得乾乾淨淨，接受了牧女贈給他的奶粥，停止了苦行。

悉達多吃得飽飽的，把身體調理妥當，坐在菩提樹下，冥想了七七四十九天，終於得道，從太子變成了佛陀。

佛陀研究出來的道理，簡單說來，修行的過程是「中道」，即是不作苦行，也反對任情縱慾，對人生的解釋是「四諦」(四種真諦)：苦諦、集諦、滅諦、道諦。

苦諦是生、老、病、死、憂悲惱、怨憎會、恩愛別離、所欲不得這「八苦」，總之，人生就是「苦過弟弟」。

集諦是解釋苦諦的原因。凡是世界上的事物，都有因有果，因果在佛教的術語叫「因緣」，不過是五種現象的混合罷了。這五種現象就是「五蘊」，即是色、受、想、、行、識。「色」是客觀上的物質，「受」是肉體上的體驗和感受，「想」是思想，即精神上的活動，「行」是行為，「識」是知識，但這知識不等於現代人一般理解的知識，而是包括了由眼、耳、鼻、舌、身、意這「六識」，藉著見、聞、嗅、

註二十：稱為「五明」的高級人學問分為：「聲明」，即是音韻訓詁，「巧明」，即是工藝技術，「醫方明」，即是醫學，「因明」，即是邏輯推理，「內明」，即是哲學。

味、觸、思維，所出的種種記憶。

滅諦是「涅槃」，「涅槃」是梵文音譯，意譯為「圓寂」。在非佛教徒的理解，涅槃就是死亡，但照佛教的理論，死亡就是輪迴，但涅槃則超越了輪迴，一個人涅槃之後，便可以成佛，不用再輪迴了。

道諦是通往涅槃的方法，可總結為「八正道」：正見、正思、正語、正業、正命、正精進、正念、正定，簡而言之，就是依足佛教的教條去思想和做事，便「包無走雞」，足以成佛了。

佛陀得道後，在鹿野苑踫到了五個人，對他們說了三次法，是之為「三轉法輪」，五人立刻信奉了佛理，成為他的第一批信徒，號稱「五比丘」。佛教的男信徒叫「比丘」，女信徒叫「比丘尼」，這就是「尼姑」的出處。

佛陀三十五歲得道，之後的四十五年，每年有九個月四出雲遊去傳教，只休息三個月的暑假——看！佛陀多麼「滋陰」，因為他清楚明白，苦行無益。他的信徒叫「僧伽」，意即「集會」，參加「僧伽」的人，遂叫做「僧人」。順帶一提，我們現在慣稱的「和尚」，本來是得道僧人的專用名詞，但因為「銜頭膨脹」，中國人逢人稱經理、手抱叫大佬，所以漸漸地，普通的僧人也叫和尚了。

正如前面所言，佛陀所領悟的教義源出自婆羅門教，所有佛教的滿天神佛，均來自婆羅門教，因此，也脫離不了「因果論」和「輪迴論」。最大的不同是，婆羅門教認為，因為「因果論」和「輪迴論」，所以有種姓制度、每個人均是不平等。但佛教則認為，因為「因果論」和「輪迴論」，因此所有的生命皆是一樣，眾生平等。換言之，婆羅門教和佛教是基於相同的前提，但得出不同的結論，真有趣。

從這個角度看，佛教是婆羅門教的「異端」。只是佛教在佛陀的「英明領導」下，已壯大成為了一個僧團遍布全印度的大宗教，既然有著群眾的支持，異端立成正教。

值得一提的是，當時的僧團並不崇拜偶像，而且還可以吃肉，因為比丘的日常吃用，是靠著施主的布施，施主施捨飯菜，僧人便吃到了飯菜，施主布施的是肉，比丘便有肉可吃了，施主請僧人到家裡作客，大魚大肉，僧人便有大魚大肉可大吃一頓了。佛教徒只是戒殺生，並非戒吃肉。

佛陀有一名堂弟叫提婆達多，提倡「頭陀行」，即是苦行修練：只能持缽乞食，不能到施主家裡吃飯，也不能自己煮食；只能露天居住，不能宿於房舍；只能茹素，不得吃葷；只能穿「糞掃衣」（用破布縫成的衣服），不能穿普通的衣服……由此可見，現在佛教所信奉的一部分戒律，其實是提婆達多的異端。當然，異端如果有足夠的人去信奉，便能夠「坐正」成為正教。

佛教開始的偶像崇拜，源起自佛陀死後，其舍利子（遺骨）分由八個國家所收藏，各自建塔供養，最初的時候，記念意義大於宗教意義，到了後來，便成了偶像崇拜，與其他的宗教也毫無分別了。

第五章

道不同

由於核心價值觀的不同，香港與北京一直無法信任對方。在缺乏相同的語言和思維水平的情況下，香港與北京自然難以對話。本章將探討香港與北京對這些核心價值的不同詮釋。

自秦始皇統一天下開始，中國人普遍相信一元社會，追求思想一統，認為若思想不能統一便會招致社會不穩。然而受到近代社會思想的影響，香港人卻傾向相信多元開放社會。一個追求創意和科學精神的社會，無可避免地會同時追求多元開放的空間，因為無論我們同意與否，他人的言論都會刺激我們去思考問題。若杜絕異於主流的言論，將少數人的想法窒息於萌芽時期，社會文化便永遠停滯不前。

阿諾爾得．約瑟．湯恩比（Arnold Joseph Toynbee）（註一）在《歷史研究》（A Study of History）一書中的結論是「文化興於患難，亡於一統」。他發現，只要出現統一的帝國，該地方的文化便無法不趨向衰落。可是，這是香港人與北京政府在意識形態上的分歧，我們無法說服北京相信，即使社會上有再多的不同聲音，也不會造成社會混亂。

阿諾爾得· 約瑟· 湯恩比

香港與北京的第二點重大分歧，是中國文化中沒有求真的精神。中國文化是一種實用文化，對於未知的事物，往往採取迴避的態度。孔子曰：「未知生，焉知死」，中國人從來不會去思考物質到最終會是甚麼等問題。除春秋戰國之前有一些純學術的研究外，往後中國出現的所謂學問，絕大部分都是經世致用，要求立即對社會產生效果，不會純粹為思考而思考。二千多年來，中國沒出過一個大思想家，朱熹（註二）的學說也不過是一套解釋儒學的說法。由孔子思想開始，都是要求為當時的社會而服務的，連歷史也是為當時的政治服務。

中國文化思想講求實用性的根源，是為了維持社會秩序。我們不能說這個目的是錯的，因為人是一種社會性動物，必須要維持一定的秩序，社會才不至產生混亂。但這樣做卻其實等同於共產主義，因為它原理上是一種等級主義（註三）。所謂「三綱五常」（註四）等觀念，就是將所有人際關係分成了不同等級，以維持一種固定的關係。然後以這些關係，作為分派利益的準則，從而維持社會的樞紐脈搏。

這種思想最大的問題是將人固定在一個社會位置上，要求每個人都恰如其分地做社會裡其中一顆螺絲釘，不停去演好社會需要他扮演的角色。我們甚少聽見外國人會說做人很難，只有中國人會這樣說，因為只有中國社會會不斷要求我們扮演一個好兒子、好父親、好丈夫、好臣子（註五）等等，來配合社會的需要。中國社會不能容忍一些思想脫離主流、特立獨行的人存在。

註一：阿諾爾得・約瑟・湯恩比（Arnold Joseph Toynbee，1889— 1975）：英國著名歷史學家，寫下十二冊巨著《歷史研究》講述了世界二十六個主要民族文明的興起與衰落，被譽為「現代學者最偉大的成就」。

註二：朱熹（1130— 1200）：南宋理學家，理學集大成者，尊稱朱子。其學說在明清兩代被列為儒學正宗。

註三：共產主義雖提倡廢除階級制度，反對特權。然而共產主義下，卻是奉行以權力劃分的等級制度。例子如作家王實味在一九四二年的《野百合花》中批評延安的共產黨「食分三等、衣分五色」，由此可見，共產黨其實是實行等級制度。

註四：三綱五常：董仲舒改造原始孔孟儒學，提出「三綱五常」說，其後成為社會上重要的道德標準。「三綱」說，即君為臣綱，父為子綱，夫為妻綱。綱是提網的總繩。為綱，就是居於主要或支配地位。五常指仁、義、禮、智、信。董仲舒說：「五常之道，王者所當修飭也。」

中國文化思維的不客觀及欠缺邏輯的特色早已滲透在整個中國語言及文化之中。各家各派思想即使各有不同，本應亦可以互相討論，但孟子卻攻訐墨子曰：「楊氏為我，是無君也；墨氏兼愛，是無父也。無父無君，是禽獸也。」中間的討論根本無邏輯可言，一下子便跳到結論去。在春秋戰國之前，本來亦曾有人嘗試探討物質和宇宙是甚麼等等希臘式哲學問題，然而往後中國的所有學問卻變成以服務當時社會為目標，完全困在倫理道德之中，不鼓勵獨立思考和創造性。

阿諾爾得· 約瑟· 湯恩比

維根斯坦（德語：Ludwig Josef Johann Wittgenstein)(註六）説我們的思維無法脱離我們的語言和文字，但問題是中文基本上是一種極其含糊的文字。中文沒有單數眾數，沒有主動被動，也沒有時態之分，每個字可以包含許多不同的意義，接收者往往需要猜量當中表達的意思，因此不夠準確。中文是一種詩的文學，要用中文來寫科學性、要求意思精準的文章，是有一定的難度的。

二千多年來，中國只有人為維護道德倫理而死，卻沒有人為維護真理而死。即是説，大家會為對君主盡忠、為丈夫守節而死的人鼓掌，卻未有聽聞有人為堅持一加一等於二而抗爭到底。中國人沒有這種為真理而死的傳統，西方人求真的那一份執著在中國人身上是不存在的。而中國重實用輕思想的特性，是跟香港人和現代文明思維有衝突的。

過去十年間，中國有不少關於所謂普世價值的討論，而這些討論又牽涉到有甚麼普世價值與中國的特殊國情是相對的。

我嘗試用一個較顯淺的例子來說明。例如吃的食物必須要有營養，是人人合用的普世價值。但每個人都有自己的特殊身體狀況，例如患有糖尿病，在選擇有營養的食物時，就要考慮到這個特殊的狀況，不能選擇甜的食物。同樣道理，某些普世價值也會因不同的特殊國情而有所調節。原則上看似合理，但事實並非如此，因為身體上的特殊狀況同時又被另一種普世價值所籠罩，就是身體的健康狀況是用甚麼原則去釐定。何謂健康呢？全世界對健康亦有共同的整體價值，患上糖尿病，基本上健康已是出了狀況。

我很喜歡讀近代的新左派理論，這些理論屬相對文化論的一種。何謂相對文化論呢？就是認為世上的文化沒有高低之分，沒有任何一種文化會比其他文化優秀。任何文化只要放回自己那一套文化框架內，都是可解可行的，但若用另一套文化的角度去看，當然會認為它是錯的。

再用一個簡單的例子去說明。假如你的身體出現了毛病，你去看中醫，中醫會用陰陽五行去解釋你

註五：孟子提出的五倫：人際關係主要可分為君臣、父子、兄弟、夫婦和朋友五種。在人倫關係中，每一個人都應該恰如其份地做好自己的角色。

註六維根斯坦（德語：Ludwig Josef Johann Wittgenstein，1889 — 1951）：維根斯坦是分析哲學及其語言學派的主要代表人物。出生於奧地利，後入英國籍。二十世紀最有影響的哲學家之一。其一生的哲學道路可分為的兩個階段。在《邏輯哲學論》(Tractatus Logico-Philosophicus)展示出對哲學抱持正面尊重的態度，但之後的《哲學研究》(Philosophical Investigations)指哲學是某種思想病症。更多的哲學，才能治療這種病症。哲學因此成了某種形式的療法。

的病情，例如心屬火、肝屬木、肺屬金、腎屬水、脾屬土，人會生病是因為體內的五行失了平衡，於是治療會以回復五行的平衡為目標，所以上火要喝涼茶，虛寒則要進補。這些都是中醫的基礎理論。但西醫卻不是這樣看，西醫認為疾病的原因是身體機能出現問題、被細菌或病毒入侵等。如果你用西醫的角度去看中醫的解釋，便會覺得中醫的解釋是完全荒謬的。但同樣地，若用中醫的角度去看西醫的解釋，亦會覺得是完全荒謬的。中、西醫的解釋在相對文化論中是完全相等的。

其實新左派人士與北京政府的看法非常近似，在他們眼中，世上的文化沒有所謂高低之分，只是大家的角度不同而已。然而，現代科學家卻不能接受這種說法，他們認為大家的文化的基礎是不同的。所謂的基礎不同，談的就是普世價值的其中一個重大標準——科學。

科學，有一個非常簡單的標準，就是它是可以被否定的，是可以被驗証是錯誤的。科學驗証是黑白是非的問題。例如要驗証胃潰瘍是否源於某種病毒的入侵，必須要找出致病的病毒，倘若明明出現胃潰瘍卻找不到任何病毒，該假設將會被否定的。反過來，中醫角度的五行失衡，不但是無從証實，亦是無法被否定的。

若從科學技術角度來說，所有傳統醫學，包括中醫、古希臘醫學，甚或是印度古代的「阿育吠陀」（註七）醫學，基本上都是以整體論作為原論基礎。

甚麼是整體論呢？整體論認為，身體健康是一個整體，健康出現問題是因為整體失去了平衡。所以治療時不可以只針對其中一個部位或器官，而是要考慮如何能挽救整體平衡。中醫講的是「金、木、水、火、土」五行的平衡，印度阿育吠陀醫學講的則是「地、水、火、風」四大元素的平衡，而古希臘醫聖希波拉克底斯（Hippocratic）（註八）認為「病人的本能就是病人的醫生」(the instinct of patient is just his doctor)的說法亦非常有趣。古希臘醫學認為疾病是源於人體內的各種體液，如黏液、血液等不平衡所致，例如他們認為發高熱是因為血液太強，所以其中一種療法是將過剩的血液抽走。於是古希臘醫學經常採用放血治療，雖然因這種療法而死的病人古往今來不計其數，但難以置信的是，這套理論直至十八世紀依然有人奉行。

另一方面，更傳統的薩滿教（Shamanism）（註九）醫學則發明了一套最容易被人們接受的理論，就是將疾病歸咎於鬼神。在他們眼中，患病的原因不外乎開罪神明、被邪靈附體、不尊重祖先等，於是治療的方法就是驅逐邪靈、向邪靈道歉或奉上祭品等等。相對文化論的哲學是認為只要以他們那一套的論理去解釋，文化沒有高低對錯之分，那麼在他們眼中，上述傳統醫學的說法也是沒有不妥，尤其只要相信有鬼神，就世上任何事情都能夠解釋。

直至近年我才恍然明白人類為甚麼需要宗教，以往所有哲學書所說的原因都是不完整的。有人說宗

註七：古「阿育吠陀」醫學：又譯為．命吠陀、阿蘇吠陀，是印度的傳統醫學，主要有三種實施方法：藥草療法、推拿療法及瑜珈療法。

註八：希波拉克底斯（Hippocratic）：古希臘伯里克利時代之醫師，約生於公元前四六〇年，後世人普遍認為其為醫學史上傑出人物之一，尊稱之為「醫學之父」，對古希臘之醫學發展貢獻良多。

註九：薩滿教（Shamanism）：一類涉及到診斷、治療與引發疾病等能力的傳統信仰。薩滿教傳統始於史前時代並且遍布世界。崇拜薩滿教的地方包括伏爾加河流域、芬蘭人種居住的地區、東西伯利亞與西西伯利亞等。

教是對於某一種感情的抒發，有人說宗教是對道德與及藝術的追求，亦有人說宗教是對生死的疑問，而馬克思（Karl.Marx）甚至認為宗教是人民的鴉片。哲學家們提出了各種不同的說法，但我認為這些都不過是表面的原因，到最後最原始的原因，是人類大腦先天的構造設定了，無論甚麼也需要得到一個解釋。但世界上不能解釋的東西太多，這些無法解釋的事令我們心裡非常不舒服，於是便一次過發明一套能夠解釋任何事情的理論系統──宗教。由大自然現象到人生的幸與不幸，都可以利用宗教鬼神去解釋，正如編劇度橋陷入死路時，只要安排神仙出現，所有困局便都迎刃而解，死了的人可以復活，時間也可以逆轉。宗教是對整個世界無所不在的萬能解釋，沒有宗教的話，我們便會感到非常不舒服。

若問甚麼是普世價值，其實是在問現代文明與過去所有曾經出現過的文明，包括中國傳統文明有甚麼分別。簡單來說只有幾個方面，包括科學、民主、人權、自由經濟和法治等。而所謂今日的文明，還包括對生命的尊重、對個體的尊重，這些都是在世界歷史上曾出現過的文明中未曾存在過的觀念。在近代文明之前，沒有一個文明發明過科學，沒有一個文明實行過自由市場經濟，也沒有一個文明推行過現代意義的民主和民權，都是非常獨特的東西。

普世價值是否存在，在於你是否認為這些普世價值與以往的傳統文化存在高下之分。如果你認為不同文化只是內容不同，沒有高低之分的話，普世價值對你來說便不存在。非洲土人可以繼續過他的生活，中國人可以繼續過儒家生活，兩種生活是沒有優劣之分的。但如從客觀標準來看，卻很難說完全沒有優劣之分。我們先不要以主觀角度去評價近代文明，因為有些事情是不能否認的。除非認為壽命長短是完全一樣，否則即使你認為短命比長命好，也是一種價值觀判斷。

自有人類以來，人類的平均壽命都只有三十多歲，但現在因為有西醫和科學的原因，平均壽命延長至八十多歲，更遑論電力、冷氣機、電燈等發明出現之後生活得到的改善。在沒有電燈，使用油燈的年代，人們常被油燈的煙燻瞎，老年患上白內障。但有電燈之後，不單白內障患者變少，現代醫學更只消十五分鐘，便可治癒白內障。若你認為所有現代發明都不重要、是物質而已，只要靈魂上感到快樂便可，這就無話可說。但相信一般人都不會這樣認為。

科學的好處在於準確，做任何事之前，理論上都會明確地知道將會出現的結果。其他的傳統技術和方法，都是靠長時間揣摩得到某種藝術技巧而成，某程度上是靠「撞彩」，是不可以計算的。

中國文化與現代文明所講的法律，在原理和運用上有明顯的分歧，而這些分歧所產生的衝突在香港尤其顯著。

彭真

嚴格來說，西方的法律與中國的法家有一個共同點，就是必須栽培人民尊重法律的威嚴。法例的內容無論是如何「戇居」，都要先執行，若不同意條文的內容，大可提出修訂。這個概念尤其是在戰國時期的秦國和魏國，或秦朝及漢初最為強調。我們可以說，這就是據法而治的最簡單基礎。

但中西方對法律有一點哲學上的分歧。無論法家也好，西方的法治也好，他們都相信雖然某些法律是非常戇居，要照樣執行亦是非常戇居，會損害社會的利益。但是維持法律的尊嚴，維持整套法律系統，對社會或個人來說都是更大的利益，因此有時候法律上明明有不合理或要作出犧牲的地方，也要貫徹執行。這是法治最基礎的概念。然而無論是從彭真（註十）提出的「法大還是黨大？」的討論，抑或是最近北京領導人所講的言論，都能看出北京是連這個如此簡單的基礎概念也不能接受。

現時中國所奉行的那一套法律原則，嚴格來說甚至沒有繼承清朝或民國的那一套。清朝和民國的法律基本上都是認同維持法律的尊嚴是最大利益這一點。現時中國法律根據的是來自蘇聯的革命法律原則。革命法律，顧名思義是為革命服務的法律。若革命和法律之間發生衝突時，便是革命為先，為了革命的需要，法律可以不理。

時至今日，革命固然已經不再存在，法律已變成服務政治，政治目的凌駕一切。香港幾次人大釋法都有同樣的問題。以人大為居港權首次釋法為例，根據基本法書面上的解釋，香港永久居民在境外所生的兒女擁有香港永久居留權，這一點寫得相當清楚。但是因為恐怕會有大量內地子女湧入，拖垮香港經濟，於是港府和北京便開始考慮這些因素，因此最後出現人大釋法，推翻終院的裁判，只有獲批單程證香港永久居民在內地所生子女才享有居港權。

當時盛傳若不作釋法，會有一百六十萬港人子女湧入香港，而結果這當然不是事實。為甚麼這些政治考慮許多時最終都會變成笑話呢？第一，政治是瞬息萬變的，經常轉眼已事過境遷，之前的考慮會忽然間扭轉。第二，許多考慮都是基於估計。若基於估計去做一些摧毀法律尊嚴的事，所造成的傷害卻是永遠的、無法逆轉的。傷害是現實存在的，但是否能因此而得益卻是未知的。

現時中國所實行的法律，原理上除了中央政府之外無人能夠接受的。所有法律只對人民有效，若用以對付政府便立即無效，全都是選擇性執法。政府訂立大量的惡法，當大家關係良好的時候，這些惡法是不存在的，但當他需要對付人民時，這些法例馬上又存在了。而規範政府的法律也是不存在的，因為執行這些法例會與政治任務抵觸。

在依據法律的社會，該使用哪一條法例、應如何判刑、應如何執行，都應按照法律所訂明的去做。但中國的法律卻不然，只有中國才有嚴打這回事。所謂嚴打，就是在進行嚴打期間，執法無故突然變得非常嚴厲，判刑也要加重，完全沒有原則可言。

八十年代鄧小平下令進行嚴打，甚至為每個鄉鎮訂下每月槍斃死刑的人數。實行之後，問題漸漸出現，某些區市因為犯罪人數不足，竟追溯起數年前曾犯偷竊已被判刑的犯人來再判死刑，否則不能交代。不過這只是第一層次的問題。

第二層次的問題，是中國法律不相信、西方法律卻深信不疑的「程序正義」的凌駕性。在西方法律下，即使犯人的罪行証據確鑿，只要在法律程序上有任何差錯，也要立即釋放犯人。在中國法律下，遇上這種情況則不會理會程序是否有錯，繼續執行判刑。

第三層次的問題，是西方所講的法治，法例是不能亂訂的。每條法例背後是有一些超越法例的法律原則的。如果不尊重這些法律原則，胡亂去訂立一些超越法律原則的法例，根本就稱不上法治。這就是

註十：彭真（1902— 1997）：原名傅懋恭，曾任全國人民代表大會常務委員會委員長、中共中央政治局委員等職。改革開放之初，有人問時任人大委員長的彭真：「黨大還是法大？」彭真回答：「我也搞不清楚。」

「Rule by Law」（依法而治）與「Rule of Law」（法治）的分別。

所謂超越法例的法律原則包括了甚麼呢？它們包括了法律是不容質疑的，法律是對所有人平等的。如果有一條法例會因為不同階級或種族而判決有所不同的話，這就不算是法治。另外，亦要給予所有人充分的抗辯權利。「刑不上大夫」（註十一），這種做法屬於中國舊式法治，而並非西方所講的法治。

法律原則也包括尊重私人產權的精神。除非証明有絕對的需要或與罪行有關，否則不能充公任何人的私人產權。例如有人在香港被判犯毒或貪污罪名，法庭有權充公他因犯毒或貪污所帶來的財產，但在充公之前必須証明該筆財產與罪名有關，絕不能夠連犯人循正當途徑所得的財產亦充公。

可是國內卻不會理會私人產權的問題，好像西藏首富多吉扎西（註十二），就因為被控向印度的西藏流亡政府提供資金，遭法院判處無期徒刑，四十三億人民幣財產全數被充公，這樣做跟古時的抄家有何分別呢？

中國現時的法律，距離真正的法治仍然很遠。

中國文化與現代文明另一個重大的歧異，就是對人權及個體自由的看法。

西方國家對於人權及個體自由的論述是哲學家們經過數百年時間的討論積累而成的，而且它必需配合幾件重大事件的發生，才會產生今日的面貌。其中一件重大事件，就是宗教改革。

基督新教（Protestantism）（註十三）與天主教（Catholicism）（註十四）在教義上其中一個重大的歧義，是對聖經的重視程度。新教是以聖經為唯一的根據，而天主教則認為聖經只是其中一個根據。天主教認為他們另一個根據是「傳承」，即是由聖彼得（San Pietro）（註十五）開始，教會所有的傳統都是要尊重，因為這些傳統一樣是神指示的。

另一個歧義，是天主教基本上是一個非常嚴密的組織，信徒必須經過教會，進行教會一直傳承下來的那一套儀式，才能得到救贖；而新教則非常著重信徒個人讀聖經向耶穌基督求救贖。在新教的角度，求救贖是一種非常個人的行為，無需他人的幫助，在某程度上是一種個人的解放。

這種思想的啟蒙，就是日後導致西方文化由群體精神走向個體主義的重要因素。早在十七世紀，英

註十一：刑不上大夫：《禮記‧曲禮上》記載「禮不下庶人，刑不上大夫」，大夫以上職級，犯罪時不用刑。

註十二：多吉扎西：藏族富豪，西藏神湖集團公司創辦人。他曾獲西藏自治區委、區政府「私營優秀企業獎」，日喀則地區「扶貧救災特別貢獻獎」，甘肅省甘南州委、州政府「發展甘南公有經濟貢獻獎」，更被四川省南充市建華職業中學聘為名譽校長。但其後因涉案被判無期徒刑，沒收四十三億元財產。

註十三：基督新教（Protestantism）：原意譯為抗議宗、抗羅宗、反羅宗、反對教、誓反教、更正教、改新教等，也經常被直接稱作「基督教」），是與「天主教」、「東正教」並列的基督教三大派別之一。新教是由十六世紀宗教改革運動中脫離羅馬天主教會的教會和基督徒形成的一系列新宗派的統稱。絕大多數華人所稱的「基督教」較常指「基督教新教」，而非基督宗教所有派別。

註十四：天主教（Catholicism）：基督宗教的主要宗派之一，中文又意譯為公教或羅馬公教，但是自明朝時就沿用的名稱「天主教」，已成為正式的中文譯名。在基督宗教的所有公教會之中，羅馬公教會（羅馬天主教會）的信徒最為龐大，其元首為羅馬主教（即教宗），並以教廷作為最高權力機構；而現任教宗為德國籍的本篤十六世。

註十五：聖彼得（San Pietro，1— 64 AD）：或譯為伯多祿，亦稱作伯鐸，是耶穌十二使徒之一，他是耶穌第一個選的門徒。由於「伯多祿」在拉丁文的意思又可解作「小石」，所以耶穌有時會叫他作「磯法」或「刻法」，即亞蘭文「小石」的意思。羅馬教廷認為伯多祿是由耶穌基督所揀選的第一位教宗。

約翰· 洛克

國著名自由主義思想家洛克（John Locke）（註十六）已提出，個人的某些權利是不移（Inalienable）的，即是世上沒有人有權將這些權利轉讓，包括權利擁有者自己。

現代文明將個體的自由及權利放到一個非常超然的境界，然而中國卻至今依然在群體主義哲學的籠罩之下。中國人在做任何事之前，都要先問所做的事對整體社會是有利還是有害。在哲學上，這是一種群體功利主義。

時至今日，中國人民的人權受到剝奪，大部分是由於貪官污吏、制度不良所引起，但北京政府卻不會承認這一點。北京政府的說法是，某些個人權利和自由被抑壓，是成就中國經濟迅速發展所要付出的代價，也就是所謂要「犧牲小我，完成大我」的精神。

然而現今近代文明主張的人權卻是無論公眾的利益有多大都不能犧牲人權，個人的權利是優先的，是不可被剝奪的。以言論自由為例，美國憲法第一號修正案（註十七）就是針對言論自由的保障，訂明立法當局不能通過任何限制言論自由的法例。另外，廢除死刑亦含有個人權利伸展的意義，即是無論一個人做了多壞的事，亦沒有人有權剝奪他的生存權利。

為甚麼尊重個體自由對社會如此重要呢？為甚麼它與近代文明是不可分離的呢？

要說社會規範性極強，事事以為整體服務為優先考慮，相信世上沒有其他生物比螞蟻更貫徹這套原則。每一隻螞蟻都是為蟻群而存在，蟻群可以說是一個生命體。所有工蟻都有準備隨時為蟻群而犧牲，是絕對義無反顧的。

當然，螞蟻與人類在基因上有一個非常重大的分別，螞蟻之所以能夠如此徹底地貫徹為整體犧牲個體的原則，是因為它擁有獨特的先天性條件。由於每一隻工蟻和兵蟻都是由同一個蟻后所生，是基因完全相同的複製品，因此從演化心理學角度來說，哪一隻螞蟻生，哪一隻螞蟻死，是沒有任何分別的。然而，人類卻不然，即使是同一父母所生，兄弟姐妹之間都有基因上的差異，每個人都是獨特的個體，因此要人類像螞蟻一樣無私地為社會犧牲，在生物學上已經站不住腳。

第二個大問題是，我們是否願意或希望活得像螞蟻一樣呢？當每一個人都變成大機器裡面的一顆螺絲釘，像共產主義所提倡的一樣時，我們當螺絲釘會當得快樂嗎？我們會真心認為這種就是我們理想的生活嗎？

第三個大問題是，近代文明注重創新，而創新其實是來自差異。社會要鼓勵每一個個體去發展自己獨立的個性，然後才會有創新。更重要的是，社會的經濟發展是以創新為基礎的，尤其是來到現今這個知

註十六：洛克（John Locke，1632—1704）：英國的哲學家。洛克為英國經驗主義的代表人物，其思想對於後代政治哲學的發展產生巨大影響，並且被廣泛視為是啟蒙時代最具影響力的思想家和自由主義者。

註十七：美國憲法修正案：美國憲法目前存在二十七個有效的修正案。其中，最初的十個修正案是一次性被通過的，因為其主要規定了人民的權利和對政府的限制，因此被統稱為權利法案。

識時代。數年前，地球上還沒有facebook這東西，誰會想到它竟可以在數年內席捲世界。影響力舉足輕重的Google網頁，創立至今也不到二十年時間。

若在政治或社會上規範太多，就等於對個人的思維和行動綁上了無數的枷鎖。盧梭（註十八）（Jean-Jacques Rousseau）在《社會契約論》（註十九）（法語為Du contrat social ou Principes du droit politique）中說：「Men are born free, but they are everywhere in chains.」即「人是生而自由的，但卻無往不在枷鎖之中。」在這種枷鎖下，社會無法進步，注定在全球競賽中失敗。

在近代社會中，獨裁政體如中國是其中一條加諸於人的枷鎖。另外社會規範亦是其中一條枷鎖，好像印度的社會習俗便是強烈至一個無人能夠與之抗衡的程度。印度的經濟發展較其他國家緩慢，並不是因為他有民主政體，而是因為他的社會規範異常嚴重。時至今日，印度社會仍然劃分成數百個種姓（註二十），較低種姓的男子去追求一個種姓較高的女子，隨時有機會被女子的親友殺死。社會有如此嚴厲的規範，如何能不阻礙社會發展呢？

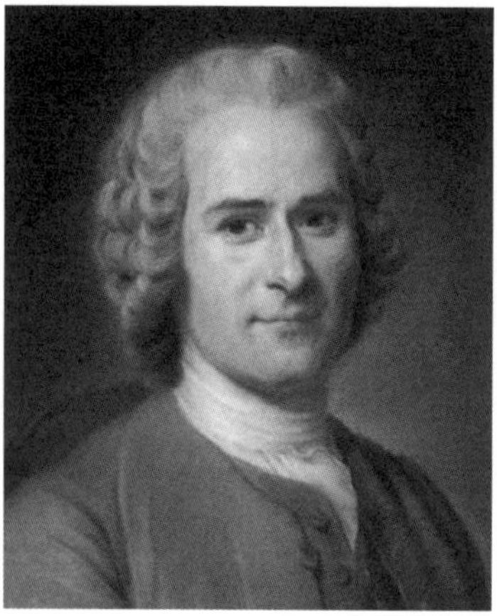
盧梭

近代文明最強大的利器就是科學，而科學亦是以創作性為其中一個重要基礎。科學的客觀性和創作性是不受人種階級身份多寡任何限制的，任何事都要交由証據去說話。即使你是總統或李嘉誠，只要所講的不能通過實驗証明，便不會被接受。就算一百個人中有九十九主張同一方見解，只有一個人支持另

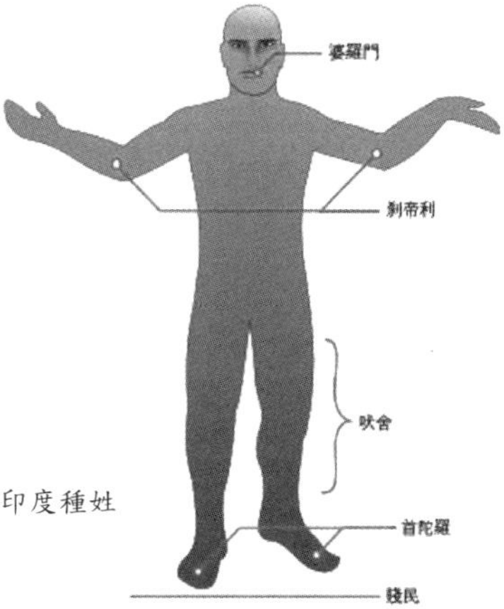

印度種姓

一方見解，最終誰對誰錯也要看實際實驗結果，絕沒有少數服從多數這回事。科學基本上是一門人人平等的學問，而這種平等是建立在個體的基礎上。

說話至此，便要談及香港與新加坡的分別。新加坡就是因為社會規範比香港嚴厲，導致新加坡人的創新力平均較香港人低，這也解釋了為甚麼新加坡人懼怕與香港人競爭的原因之一。新加坡人整體作出了無限的犧牲，他們可以比香港人更注重衛生、比香港人更守秩序、比香港人更服從政府政策，但是

註十八：盧梭（法語：Jean-Jacques Rousseau，1712—1778）：瑞士裔的法國思想家、哲學家、作家、政治理論家和作曲家。他也是影響現代社會民主制度最重要的思想家之一。其重要著作《社會契約論》為反映西方傳統政治思想的最有影響力的著作之一。

註十九：《社會契約論》又譯為《民約論》，或稱《政治權利原理》，是法國思想家盧梭於一七六二年寫成的一本書。《社會契約論》中主權在民的思想，是現代民主制度的基石，深刻地影響了逐步廢除歐洲君主絕對權力的運動，以及十八世紀末北美殖民地擺脫英帝國統治、建立民主制度的鬥爭。

註二十：種姓制度：印度與其他南亞地區普遍存在的社會體系。種姓制度以婆羅門為中心，劃分出許多以職業為基礎的內婚制群體，即種姓。各種姓依所居地區不同而劃分成許多次種姓，這些次種姓內部再依所居聚落不同分成許多聚落種姓，這些聚落種姓最後再分成行不同行外婚制的氏族，如此層層相扣，整合成一套散布於整個印度次大陸的社會體系。因此，種姓制度涵蓋印度社會絕大多數的群體，並與印度的社會體系、宇宙觀、宗教與人際關係息息相關，可說是傳統印度最重要的社會制度與規範。

當一個新加坡人與一個香港人單對單競爭時，新加坡人就是鬥不過香港人。

而且普遍人都認為在一個規範太多的社會生活不太自在，因此新加坡的知識分子及有錢人外移的情況非常嚴重。同樣，這也是國內現時的情況。

最近有調查統計發現，國內擁有一億元人民幣可投資資產的人群中，有27%已經完成移民，47%正在在辦移民。試問一個精英分子和財富流失如此嚴重的社會，它如何能夠發展下去，如何能夠與其他地方競爭呢？

在這分歧下，我們不難預見回歸後的香港只會繼續陷入困境中。要走出這困境，轉危為機，我們不得不從根本去了解香港的發展。特以此書，紀錄我對香港的見解，期望大家從香港的命運中尋回希望。

二十一：資料來自招商銀行和貝恩顧問聯合發佈的《2011中國私人財富報告》

第六章

五十年的大騙局

第一節　群龍無首

香港的問題是我們正面對一個經濟上的大困局，而這個困局是因為中國經濟的崛起而產生的。由於這個經濟上的大困局，我們需要一個能有效帶領社會轉變的、有管治能力的政府，而並非一個繼續蕭規曹隨的政府，才能夠應付這個劇變的局面。

中國政權管治傳統上講求「天命」(註一)。而自清朝之後，近代社會則以「民意」(註二)取代「天命」。然而回歸後，特區政府既失去了港英政府百多年來所累積的傳統威信，也沒有一人一票選出的民意基礎，只靠北京欽點上馬。香港人，尤其是早期移民人口中，有不少南來反共人士、國民黨孤臣孽子、經歷文革的人等，對北京都抱有極大的懷疑，因此特區政府的威信是十分薄弱的。

反觀香港的管治問題，自董建華上台後，好像一切都不能稱心如意，到底問題出在哪裡呢？要回答這個問題，可以先看看以前香港的管治是怎樣的。其實香港在七〇年前和七〇年後的管治形式已經有所不同的。(註三)簡單來說，七〇年後香港的政府逐漸變成一個較開明、較顧及民意的政府。雖然沒有開放民主，但在鎮壓人民方面則大幅減少。而七〇年以前，港英政府仍然是一個相當獨裁的威權政府。記得我在一九八一年拍攝一部名為《女媧行動》的電影，內容提到港英政府及港督時，我們仍有許多顧忌。當時大部分香港人對港英政權都有一定程度的恐懼。

問題是，為甚麼港英政府能夠順利管治香港，特區政府管治卻出現嚴重問題呢？

首先，政府的存在，是靠威信的存在。羅素(Bertrand Russell)的《權力論》(註四)(Power: A New

羅素(Bertrand Russell)

Social Analysis)指出，第一代政府通常是靠赤裸裸的權力奪得的。然而奪得政權後，卻不能馬上順利管治天下。人民需要一定的時間去接受新的政府，因此政權的壽命不能太短。有人初當上皇帝時，其他人會不服氣，心想自己也許亦有機會，這時，若政權不得民心，他們會敢於反抗。管治權威只要一建立，人民便會連反抗的心也消失，直至政權衰亡。

以中國為例，國祚較長的朝代只有數個，而短的卻有數十個。通常這些朝代會在第一代或第二代便亡國，因為短短三至四十年並不足以建立管治的權威。管治的瓶頸通常出現在第二代，因為若政權是以武力戰爭奪得的話，在威權未確立之前，將會不斷面對挑戰，再強的將領和軍隊都不能永遠戰無不勝。即使真有人能戰無不勝，又能否保證

註一：天命：自秦始皇開始，宣揚天命以神化自己的皇權是統一思想的重要手段。秦始皇在統一全國後就利用鄒衍的「五德終始說」神化自己的皇權。

註二：民意：簡單而言，即社會上多數人的共同意見。

註三：七十年代的轉變：港英政府經歷六七暴動後，逐步調整過時的管治策略。同時，麥理浩在一九七一年上台後，推行新政，令管治模式出現較明顯的改變，變得較開明，更為港英政府建立正面形象。

註四：羅素（Bertrand Russell）：英國哲學家、數學家和邏輯學家，同時也是活躍的政治活動家，並致力於哲學的大眾化、普及化。羅素在一九五〇年獲得諾貝爾文學獎，以表彰其「多樣且重要的作品，持續不斷的追求人道主義理想和思想自由」。

他的下一代有同樣能力呢？第二代若幸運地同樣擁有過人才華，就能有足夠時間累積建立管治威信，第三代便不需要太出眾。例如秦朝因秦二世昏庸而亡國；漢朝在呂后之後的關鍵時間出了一個漢文帝，因此得以維持；唐朝唐高祖之後湊巧出了唐太宗、高宗、武后等多個出色的人物；宋太祖之後有宋太宗；清朝入關之後其實曾面臨危機，卻在順治後出了康熙，他的管治長達六十一年，威權就從此確立。即使至清末年宣統時期，皇帝要下令撤換省總督巡撫，誰也不敢抗命。攝政王載灃要革袁世凱的職，當時北洋六鎮軍隊都是袁世凱的嫡系部下，他亦要漏夜逃命到河南。

醇親王

袁世凱

港英政府與特區政府最大的分別，是港英政府已花了一百四十多年來建立威權，香港人自小已接受了他們的管治權威。不過特區政府不單失去了天命，也沒有威信。另外，要有效管治香港，必須抓緊各個部門的控制權。故此，英國政府除了會派遣港督來港之外，還有數千人的管治班底團隊隨港督來港。舉例說明天我要去接管一間有一百員工的公司，按比例我就需要帶同一個最少有六至七人的管理團隊同去，方能確保那一百名員工會在我的控制下工作，這是任何一個有經驗的管理人員都知道的常識。因為孤身一人是無法與一百人對抗的，只要他們團結，要玩弄甚麼、隱瞞甚麼都可以。而董建華就正是這樣一種情況。他孤身一人，走進一個數十萬人的公務員和公營機構系統之中。

董建華

港英政府數千名核心管理班底在回歸後雖然被迫離開，但他們卻留下了一個由傳統英式管理訓練出來的公務員系統。他們做事有一套受英國管理文化影響的既定處理程序和價值觀，在英國人的管治下當然是如臂使指。若換上一個思維和做事方式完全不同的人，即使公務員不作消極抵抗，在理解和揣摩新首長的行為模式上亦出現困難，他們的慣性系統立即與新首長發生重大磨擦。因此，只要有任何懷疑或不明確的地方，公務員便會採取自保的策略，漸漸便變成了消極怠工，按章工作。

董建華（註五）與公務員系統在價值觀上有著的極大差異，是他作為特首失敗的重大原因之一。

董建華是中國人，但他曾在英國受教育，又曾在美國工作了十多年，平時說話喜歡夾雜英語，表面上十分洋化。然而他受到父親的威權影響，他的內心封建儒毒極深，因此，我曾經將他比喻作一隻夾心香

註五：　董建華：香港已故航業巨頭董浩雲（董兆榮）的長子。生於上海，十二歲時隨父來到香港。一九六〇年畢業於英國利物浦大學船塢工程系，獲得機械工程學理學學士。其後在美國生活十年，曾於美國通用電力任職，一九六五年又到家族企業在紐約的分公司開拓了香港至歐美的航線。一九八一年董浩雲逝世，其家族公司，世界七大輪船航運公司之一的東方海外交予董建華打理。董建華於一九九二年十月被當時的港督彭定康任命為行政局非官守成員，步入政界。於一九九七年成為香港首任行政長官，並在無有效對手的情況下自動當選成為第二任行政長官，於二〇〇二年七月一日自動連任。二〇〇五年三月十日以健康理由向中央人民政府辭職，獲十屆全國政協三次會議增選為全國政協副主席，後連任十一屆全國政協副主席。

蕉。

以往港英政府的任何重大政策，基本上都要有超過香港八成人支持才會推行。例如千多億的新機場計劃就反覆思量了近三十年，還有母語教學政策咨詢了近九年亦沒有強制執行。若不能從思想上説服香港人，港英政府是絕對不會強行推行重大政策的。因為政策能否順利推行，並不單純在於政策是對還是錯，也在於市民是否支持和接受。因此，只要有一小撮人堅決反對，港英政府便寧願擱置不幹。例如強積金計劃咨詢了這麼多年，若不是最後連資本家也首肯，港英政府是絕不會冒險實行，因為她知道若社會上有一個階層堅決反對，那一項政策是注定失敗的。

另一個港英政府管治的特點，是她的政策是長遠而具高透明度的。土地政策、教育政策等，都有超過二十年的規劃，而且轉變是緩慢和循序漸進的。香港人能預期未來的發展，並按照其步伐作出調節及部署。大家要知道遊戲規則，遊戲才能玩下去。而像中國般的心血來潮式管治，只會令整個香港社會無所適從。

可是，董建華完全拋棄了港英政府的管治模式，只要是他認為是正確的政策便去推行，當然會撞板。而北京亦看通了這一點。北京知道管治者是不能與他的管治機器有思維上的重大衝突，否則根本無法指揮機器。為何商人治港現在會徹底被否定？為何土共治港又會被徹底否定？北京明白到管治者與管治機器必須有一套共同的語言。也許那些高級公務員十分討厭曾蔭權，但至少曾蔭權與他們之間有著一套共同語言，發生問題時仍然有商量解決的可能。相反，與董建華對話，對他們來説就好像跟外星人溝通一樣。

北京了解到合適的管治者不能像董建華般赤手空拳走入管治系統，也必須與管治系統有共同的語言，於是在二〇〇五年決定將問題糾正過來。

香港和澳門都曾經是殖民地，如今回歸中國，成為中國的特區。為甚麼澳門能夠順利過渡到特區政府，但香港卻諸多阻滯？

因為香港是一個開放社會。尤其回歸前十年，多得兩個人——彭定康（註六）與黎智英（註七）的出現，香港蛻變成一個完全的開放社會。香港傳媒透明度之高，社會輿論之百花齊放，都令管治難度增加。

彭定康

另一方面，由於以往香港一直跟隨英國的管治模式，因此倫敦政府可就重大政策上給予港英政府意見。然而，北京政府卻不能這樣做，因為北京管理層根本不懂香港那一套。北京在許多政策管理上尚且要向香港取經學習，試問學生又如何能夠去指導老師呢？事實上，北京已就香港的管治作出一定程度的檢討，然而一個像香港般開放的社會，唯有民主才能有效管治。

註六：彭定康：英國保守黨政治家，早年曾任環境大臣和保守黨主席，一九九二年獲委任為末任香港總督，並在一九九七年見證香港主權移交。彭定康自二〇〇〇年至二〇〇四年出任歐盟外交事務專員，卸任後被冊封為終身貴族。

註七：黎智英：綽號肥佬黎，亦有人稱他為「傳媒大亨」，出生於廣州，籍貫廣東順德，一九八一年創辦佐丹奴（GIORDANO）時裝連鎖店。一九九〇年在香港創辦《壹週刊》及成立壹傳媒集團，一九九五年創辦《蘋果日報》，二〇〇一年創辦台灣壹週刊，二〇〇三年五月集團全力進軍台灣辦《蘋果日報》，並將香港的八卦風與狗仔隊文化帶入台灣。黎智英現為香港壹傳媒集團董事會主席，該集團旗下的報刊是港台地區暢銷的報刊之一。

總括來說，委任的、擁有極大權力的行政長官，配合一個局部民主的立法會，然後透過十八萬收購回來、不可名狀的公務員系統，去統治一個完全開放的社會，注定是一個悲劇。

正如我之前所說，香港的問題是我們正面對一個經濟上的大困局。這個經濟危機需要全民共識去扭轉，恰巧在這個時候又出現了管治的危機。這個管治危機顯露出另一個問題。香港從來沒有政治人才，只有行政人才，因為在香港搞政治沒有出路。正所謂「一分錢一分貨」，在香港從政，最多不過是當一個立法會議員，支取五萬多的月薪，於是香港政壇就只會有值五萬多月薪的人才。（註八）

這是雞與雞蛋的問題，香港一天沒有普選，香港人一天沒法掌握政權的話，就沒有好的政治人才。世上沒有先學懂走路才去嘗試走路的孩子，我們必須在不斷嘗試及跌倒中學習，唯有經歷過這些陣痛，才會修得正果。必須要有掌權的可能，然後財團和市民才會願意付出，去支持他們認為有機會的人去組黨。換個角度，若有足夠的資本支持組黨，而且回報是有機會掌權，得到比做生意賺錢更高的成就，才會有一級的人才從政。

香港的優勢——「一國兩制」究竟是甚麼？所謂的兩制，不僅是經濟制度上的兩制，香港與國內的最大分野是在法律政制之不同。不將香港最強的地方突出，反而將之削弱，即失其所強者弱。在經濟上，我們需要與國內混同，但同時我們必須維持香港現有的一套核心觀念。因為這一套核心觀念並非英美的專利，它是人類文明經過千萬年的摸索所得出，認為是最合理的一套普世價值觀，而這一套價值觀也是二十一世紀的世界所急需要的。若言論自由、人身自由和法治被窒礙，人便會失去創造性。若人失去了創造性，又如何能走向知識型社會呢？在威權社會下，人的創造力很自然會被抑壓，以香港和新加坡為例，新加坡人往往較香港人少獨立的主意。

可恨的是，董建華從來沒有做過一件事去維護香港的言論自由，沒有做過一件事去令香港的法治更加穩固，也從來沒有做過一件事，令香港人的人身自由更得到保障。而這些卻全是香港有識之士所堅持的核心價值，因此香港的有識之士對董建華的管治一直不信服。

香港的知識分子在港英政府的教育及西方文化影響之下，大部分是自由主義者，擁抱言論自由、法治與人身自由等核心價值。而在他們眼中，認為董建華及北京政府卻正在不斷削弱香港原有的優勢（當然我也是這樣認為）。

面對中國的崛興，香港最大的問題是，我們知道經濟需要轉型，卻不知道該轉向甚麼型。中國人民知識水平正急速提升，國內的勞工開始能夠掌握香港的技術，因此香港的製造業漸漸轉移到成本較低的國內地區，香港變成了一個中間人，市民慢慢轉投服務性行業。然而服務性行業的問題是薪酬兩極化情況十分嚴重。需要大量專門知識的專業人士，如律師、醫生等的薪金不斷上漲，但知識需求較低的職位，如快餐店職員、清潔工人等的薪金卻一直徘徊於低水平。香港的堅尼系數（Gini Coefficient）（註九）於一九七五

註八：第三屆立法會（2004—2008年）時，議員薪金為$56, 750。自2010年10月1日，議員薪金已調升至$70, 400。議員尚有醫療津貼、任滿酬金等福利。詳情可參閱立法會網頁http://www.legco.gov.hk/general/chinese/sec/corg_ser/admin1.htm

註九：堅尼系數（Gini Coefficient）：堅尼系數由一九一〇年代由意大利統計學家Corrado Gini制訂，普遍用於量度社會上收入分佈不平均的程度。堅尼系數的數值介乎零與一之間，而系數的數值越高，表示社會上收入分佈不平均的程度越大。

年左右最低，為0.429，之後一直攀升，貧富懸殊日益擴大。

要做稱職的特首，必須明白中港之間的實際互利關係，然後利用香港的獨立自主性，對內號召群眾，領導香港走出一條長遠的路。

回歸之後，香港哪一方面的交通流量增長得最快呢？正是中港之間的交通。然而，董建華管治期間拍板的二千億基建項目之中，又有哪些是為促進中港之間交通而設的呢？

港珠澳大橋（註十）的興建，主要目的是增進香港與珠三角西部的物流發展。香港與珠三角的交流以貨流為主，著眼點應在如何協助增加兩地貨流量，而思考這個問題就不得不同時考慮到香港貨櫃碼頭等配套設施的發展，否則交通再便利亦沒甚麼意義。

立法會上曾有議員提出質疑，若香港貨櫃碼頭處理費一直比中國其他地方高出數百美元，香港又如何防止貨流轉到其他港口呢？因此，若要達到增加香港貨流量，最簡單的做法是增加貨櫃泊位，提高行業之間的競爭，使貨運處理費用下調，吸引更多貨物選擇經香港轉口，使物流業得以抛離新加坡等地對手。然後再開放航空權，令空運貨物也集中香港轉口，這才是香港繁榮之路。然而特區政府卻一直不敢觸碰這個話題，因為它涉及了極有影響力的李氏家族的利益。

事實上，若從香港民眾的利益著想，面對中國經濟起飛，特區政府除了要增進中港之間的交通，同時亦需加強香港內部處理物流的能力，以增加香港的競爭能力。而董建華足以挫骨揚灰的地方，是在他掌權期間，沒有推行任何上述政策，坐待別人從後趕上。

註十：中國建設中的跨海大橋，連接香港大嶼山、廣東省珠海市和澳門。前身為胡應湘在一九八三年提出的伶仃洋大橋，只預算連接香港和珠海。青嶼幹線通車後，提出連接澳門的新建議，原伶仃洋大橋計劃擱置，改名「港珠澳大橋」。計劃於二〇〇九年十二月動工。二〇一一年四月，香港高等法院判決環保署署長敗訴，指環評報告未有比較大橋興建前後空氣污染程度的變化，違反《環境影響評估條例》的要求及其立法宗旨，決定撤銷對工程批出的環境許可證。港珠澳大橋香港段工程可能要延遲動工。

第二節 暴風前夕

法國大文豪紀德（Andr Paul Guillaume Gide）（註十一）在《偽幣製造者》使用了一種特別的表現手法：故事沒有結局，從某種角度看，可以說是戛然而止。人生不同於小說或戲劇之處，正是在此，因為故事不能沒有結局，人生卻像一齣沒完沒了的肥皂劇，高潮之後，又是另一個新段落的開始，正如毛澤東、朱德、周恩來、劉少奇一伙青年人的奮鬥故事，如果拍成電視劇，大結局可以設在一九四九年十月一日，中華人民共和國開國大典的那一天，這將是一個振奮人心的大團圓結局。但這一天，同樣也可以設定成為一個新故事的開始，這個新故事，當然又是另外的一番曲折，另外的一番悲歡離合了。

香港回歸的故事，正是如此。港英政府在一九九七年六月三十日「光榮地」撤出了香港，結束了一百五十年的殖民地統治，港英政府的故事是完了，但香港的故事還在繼續，港英政府遺留下來的一大堆問題，還得要特區政府去解決。

紀德

一九九八年的春天，金融風暴的第一波爆發了之後，我開始在新城電台做節目。有一天，我打電話給香港科技大學的雷鼎鳴（註十二）博士做訪問，聽他就當前的香港經濟作出專家意見。

雷鼎鳴的看法，是香港的經濟正出現了調整，這也是當時大部分的分析員和香港人的看法。但我則覺得，這一次我們面臨的，是結構性的問題，是史無前例的，也比任何人所估計的嚴重得多。

過去五十年來，香港經歷了極其漫長的大牛市，經濟迅速而持久地增長。當然，這五十年間，也發生過多次的調整，其中最嚴重的，是六七年、七四年、八二年這三次，而小調整則不知凡幾，距離金融風暴前最近的一次，是在九四年。但每一次的調整時間，最多不過是二至三年，之後一定出現非常凌厲的「V型反彈」，在調整期間入貨「撈底」的人，均獲利不菲。事實上，今日的華資大亨，從長實的李嘉誠、南豐的陳廷樺，到新鴻基已故的郭得勝，以至於華懋的王德輝與「小甜甜」夫婦，之所以能夠成為一代富豪，無不是採取「人棄我取」的策略，每當「血腥塗地」的時刻，便大舉入市，一旦「V型反彈」，立刻獲取暴利，一次又一次的趁低吸納，終於奠定了現時的百億、甚至是千億級的富豪地位。

羅素（Bertrand Russell）在《哲學思考的藝術》（The Art of Philosophizing and Other Essays）說過一個比喻：「一隻雞從出生以來均被一位仁兄飼養，牠肯定，每次見到這位仁兄，便有食物可吃了。但有一次，仁兄來到，不給牠食物，反而割了牠的脖子。」

這隻雞的問題，顯然反映出歸納法（Inductive reasoning）（註十三）的差勁。大家也可以從另一方面看，就算牠的歸納法比羅素更棒，也不能逃離被割斷脖子的厄運，更可以這樣說，這隻雞無知地活至死的

註十一：紀德（AndrePaul Guillaume Gide）：法國作家，一九四七年諾貝爾文學獎得主。紀德的早期文學帶有象徵主義色彩，直到兩次世界大戰的戰間期，逐漸發展成反帝國主義思想。

註十二：雷鼎鳴：香港科技大學經濟學系教授、經濟學系主任。他於芝加哥大學取得經濟學學士學位，其後在明尼蘇達大學取得經濟學博士學位。經常於傳媒上發表意見。

那一秒，總比智慧地預知自己的下場，日夕擔驚受怕地過活，要活得幸福快樂得多。

無論如何，羅素寫出這個故事的目的，是為了說明歸納法的不可靠。因為歸納法是根據過去發生的事件，去得出一個結論來。但過去發生的事件，在未來不一定適用，因為世界並非一成不變（consistent），而是不停的在變，所以由歷史歸納出來的法則，並不保證永遠適用於未來。

金融風暴之後，香港人正是扮演了「羅素的雞」而不自知。

由於香港人自出生以來，均習慣了高速增長的模式，每逢遇上大跌市，趁低吸納就是最佳的投資策略，這種思想，已經根深蒂固地深植在香港人的腦袋之中，就像那隻雞一樣，見到了主人，便以為必定有飼料可吃了。

非但是香港，就是日本，以至於整個東南亞，也是統統習慣了高速增長的模式，這一代活著的人，從來沒有見過長期持續的大衰退。

日本是最先崛起的東亞國家。韓戰時，它是美軍的基地、是美軍進入朝鮮半島的跳板，美軍在當地消費了數不清的金錢，加上美國為了「賄賂」日本，共抗「邪惡的」蘇聯和中國，更提供了金錢援助及出口優惠，這為日本提供了經濟起飛的第一注本錢，加上日本人的勤奮的國民本性，在六十年代，日本已經成為了一個工業大國。

但是，日本的經濟起飛之後，七十年代開始，它的工資隨著經濟增長而大幅飆升，工資成本上升了，產品毫無疑問要加價，結果是，出口定單從日本流向其他成本更便宜的地區，就是「亞洲四小龍」：南韓、台灣、香港、新加坡。而日本的經濟方針，則轉向為生產昂貴的高級消費品，例如汽車、影音產品等等。

漸漸地，「四小龍」的成本也高漲了，出口訂單轉向，流往價格更低廉的地方，如泰國、印尼、馬來西亞。而「四小龍」則轉向走往高科技、高增值之路，例如南韓製造汽車、電器，台灣製造電腦相關產品，新加坡成為了多間國際大工業公司的遠東生產基地（例如Motorola摩托羅拉）。

至於香港，則成為了中國大陸通往世界的橋頭堡。中國在一九七九年開始實行改革開放政策，完全的推翻了原來東亞經濟的生態平衡。

其實，整個東亞的出口事業，全賴一個大買家支持，就是美國。因為美國是唯一對外開放經濟的先進國家，大量進口外國的產品，而歐洲則盛行保護主義，外國貨品無法打入市場。可惜的是，美國的人口是二億三千萬人，市場雖大，畢竟比不上整個東亞的生產能力。

日本在八十年代吹噓「日本第一」，經濟繁榮得不把美國放在眼內，單就東京一個城市的土地總市值，已可以買下整個美國。但說穿了，日本仍然不過是美國經濟的「附庸」，六十年代，日本對美國的出口佔出口總值的百分之三十五。當南韓、台灣這些製造業的「小龍」開始有能力製造高科技的消費品後，加上泰國、印尼、馬來西亞這些新興工業國家去製造低檔貨品，日本的出口事業登時失去了「利用價值」，經濟到了九十年代，進入了嚴重的衰退。一九八九年十二月，日經平均指數是38916點，然後逐級下滑，

註十三：歸納法：論證的前提支持結論但不確保結論的推理過程。歸納法由觀察到之特殊事實，推演出一條普遍結論或定律，此結論或定律，不僅適用於已觀察之事實，而且適用於一切未觀察到之類似事實。例如，我們看到有些物體落到地上，藉著歸納，我們結論說，一切物體在類似情況下，都會落到地上。但歸納法基於過去的經驗預測將來的時候，描述過往經驗的前提和有關將來的結論並不能構成對確的論證。

衰退到了一九九二年八月十二日，日經平均指數已跌到了14309點，不見了一半有多。之後非但沒有谷底反彈，反而在一萬多點作出「鍋底橫行」，橫行好一陣子，突然再下數城，直至今天，依然未能從衰退中回復，只是養出了習慣於蕭條經濟的新一代意識形態。

東南亞諸國的死亡日子，則較日本遲了好幾年。基本上，可以視作一九九七年由泰銖崩潰引發的金融風暴是其起點。然而，其崩潰的成因，並非一朝一夕，而是有著深遠的起源。

歸根結蒂，都是中國改革開放惹的禍。

前面說過，世界的出口市場，主要的只有美國一國，承受能力有限，但是東亞國家的總人口，已超過了美國的人口，多少年來，大家一直在「鬼打鬼」，搶奪美國這塊大餡餅。突然間，來了一個中國，擁有十二億的龐大人口，人工廉宜得令人無法想像，在短短的二十年間，把東亞的出口生意都搶了過來。

在最初的時候，中國的工業能力尚未建立，只能製造一些低檔次的貨品，去填充美國的市場，去過美國的人都知道，那些「一元店」(one-dollar shop，相當於香港的十元店)，早就全是中國貨的天下。整整一個八十年代，是中國的固本培元、練功精進期，中國人學懂了如何管理工廠、保障品質，也培養了大量的技術人才，但最重要的還是，在這段「十年辛苦不尋常」的日子，中國人學懂了跟外國做生意的程序及應注意事項，這為中國貨未來的發展奠定了基礎。

九十年代開始，中國開始大量製造高檔產品，包括高科技產品在內。全世界的大公司都在中國設廠，耐吉(Nike)球鞋、摩托羅拉手機、福士汽車(Volkswagen)，紛紛在中國設廠，甚至連台灣的高科技公司，也把製造中心搬遷到大陸，以減低成本。而中國本身也有發展自己的高科技品牌，例如聯想電腦(Lenovo)、科龍電器等等，已經是膾炙人口的牌子了。

中國的工業能力「神功初成」，此長則彼消，東亞各國登時失去了增長的原動力，加上人民幣在九五、九六年接二連三的貶值，令到中國出口的競爭力大增，東亞各國遂被「廢去武功」，沒有了出口套匯的能力，只靠國際熱錢湧來炒沙炒石，要知道，國際熱錢進銳退速，撤走時快如閃電，把經濟建築在國際熱錢上，基本上，已種下了金融風暴的種子。

香港基礎比東亞諸國穩陣，皆因我們的優勢及定位，一方面是為中國工業奠基的「金主」，即是「有錢出錢」的投資者，另一方面是中國工業的「思想領袖」，即是「有力出力」的管理人。此外，香港還是中國工業產品對外的中間人，由於香港可從中國的經濟起飛中得到莫大的好處，自然地，比起東亞諸國有著一定的優勢。因此，當東亞諸國在九十年代中期，經濟開始調整時，香港依然欣欣向榮，經濟燒得火熱。

當時，香港一位很有名的富豪，看到泡沫經濟到達了接近瘋狂的地步，毅然賣掉了上市公司的控制股權，還把著名的山頂豪宅以數億元的巨金出售，成為城中佳話。這位富豪看通了香港的經濟快將崩潰，可說是一代英傑，但他把資產套現後，卻大舉投資泰國，理由是泰國的經濟已經衰退了四、五年，理應谷底反彈，下一次的牛市也該是來臨的時刻了。

他這英明決定的後果如何，現在大家都已知分曉了：泰國經濟在谷底橫行了四、五年，非但沒有從谷底反彈，反而從谷底的深淵跌進了地心，給地心熾熱的岩漿沒頂。在金融風暴中，泰國所經受的衝擊是數二數三（第一自然是印尼），千萬富翁淪為的士司機。為免平等機會委員會（Equal Opportunities Commission）（註十四）主席胡紅玉女士控告我歧視，我必須聲明，剛才我使用「淪落」一詞，完全沒有貶低的士司機這行業的意思，只是指出，千萬富翁的財富蒸發殆盡後，更糟糕的是，他原來精通的專業，尤其是金融業，也沒有了市場，資產沒有了，工作或生意也沒有了，只有轉行當的士司機，人工自然微薄得多，更是自己所不熟悉的陌生行業（相信絕少金融專才同時也能做到一位能幹的的士司機），是之為「淪落」。

泰國的「傷亡」情況，比香港慘重得多，但這並不代表，香港損失並不嚴重。事實上，香港和東亞諸國一樣，其基本經濟結構在金融風暴的前後，靜悄悄地發生了質的改變。

如前文所言，東亞諸國之失，原因正是出於中國之得，而在東亞諸國紛紛敗下陣來的形勢下，香港之所以能夠一枝獨秀、獨享繁榮，皆因我們從中國的高速經濟增長中，藉著「過水濕腳」而得到了莫大的利益。

然而，太過便宜划算的生意是不能長久的。香港的市場定位，是中外貿易的中間人，正所謂上了花轎，便沒有了媒人，香港既然只是媒人一名，當男女雙方認識了、開始拍拖之後，媒人便沒有價值，可以一腳踢開了。同樣理由，當中國和外國的生意做得久了，大家建立了關係，香港這中間人也就失去了利用價值，沒有存在的必要。

記得在二十年前，香港的貿易公司多如牛毛，隨便走進一幢商業大廈，看看大堂的租客指南，差不多有一半是貿易公司。所謂的貿易公司，其實就是中間人，靠著擁有買賣雙方所沒有的資訊，賺「差價」或佣金而生存。可是到了今日，貿易公司的數量已經大為減少，這是由於資訊發達，買賣雙方很容易不須經過中間人便能互相找到，在互聯網出現之後，資訊更進一步自由化。預算在不久將來，貿易公司會急速

「夕陽化」。

香港人做中國貿易，在近年來，也漸漸出現淪為夕陽工業的趨勢。

其實，外國人一向不熟悉中國人的交易方式，正如我在第三章所説過的「買辦制度」，以前的洋行必須透過買辦，來跟中國人做生意，買辦遂能上下其手、左右逢源，大發其財。可是到了二十世紀的中期，洋行終於與買辦以外的中國商人建立了溝通渠道和互信基礎，買辦事業也就迅速沒落，不到二三十年間，便已由夕陽而至完全黑暗，過程快得令人難以想像。

外國公司最初下訂單給中國時，亦是基於同樣道理，必須透過香港公司作為買辦。然而，十多年下來，中國的公司漸漸在外國人的心中建立起信心，情況更壞的是，香港的經營和管理手法也給內地人學了個八、九成，正是「教曉徒弟無師傅」，中外雙方遂同心一致，把香港踢飛局外，雙方瓜分了香港的那一份。

當中國對香港的依賴漸少，香港的地位也就與東亞諸國一般無異，再也沒有便宜可撿，反而要直接面對內地大量廉價勞工的競爭。這是香港經濟步入衰退的外因。

至於內因，則有兩個：一曰「泡沫樓價」，一曰「聯繫匯率」。

註十四：香港政府轄下獨立法定機構，於一九九六年成立，專責香港的反歧視、促進平等機會等工作。下筆時，正值胡紅玉女士擔任主席（1999—2003）。

第三節　夢碎「八萬五」

香港的房地產問題，要從一九四五年說起。香港在日治時期，因糧食短缺，城市人口大幅減少。戰後人口由鄉村回流城市，而由於不少樓宇在戰爭期間被破壞，所以雖然當時租金不高，卻要負責重修舊樓房。

直至中國國共內戰日趨激烈，大量移民湧入香港，人口由原來的不足一百萬，激增至超過二百萬，居住空間嚴重不足。記得五十年代跟父母到灣仔探親，親眼所見，一家八口擠在一張床並非粵語片內的誇張情節。由於人口急速膨脹，住屋嚴重不足，大大小小的木屋區應運而生。若港英政府當時懂得稍稍放鬆土地的建屋條例，私人樓宇供應會自然解決房屋不足的問題。可是，當時港英政府並沒有選擇此途，而是實施租賃管制（註十五），一開始便走上錯誤的道路。因為租賃管制與限制拆卸舊樓同時實行，而結果是限制了舊區重建的步伐，令舊區土地無法加入市場供應。

除了社會問題，香港的樓宇買賣還有技術性的問題。以前買賣樓宇並沒有分層拆契這回事，即是要買便要買一個街道號碼，買下整幢大廈，然後分層出租，因此涉及的金額相對較高，非一般市民能夠負擔。

直至霍英東發明拆契制度（註十六），是他第一個想到將大廈的樓契分層拆開出售，亦是他發明分期付款買樓方法，因此霍英東是香港首個因地產致富的人。後來因為暴動，星光行受到港英政府運用政治手段壓迫，被迫出賣，才從此不沾手地產。

記得小時候上課時，老師常常說到香港「地少人多」，既然是地少人多，那麼，樓價不停上升也就是理所當然的事了。

但當我長大後，赫然發現「地少人多」原來是個驚人的大謊言！

香港在戰後人口有二百三十萬，到了七十年代，人口突破了四百萬。可是，這些人口並非平均分佈在其一千零七十六平方公尺的土地上，而是集中於香港島和九龍半島，至於佔了大部分土地範圍的新界和大嶼山，則基本上完全沒有發展過。直至七十年代，獅子山以北的沙田、大埔、上水等等新界東地區，依然是沒有開發的農村，包括了將軍澳在內的西貢半島是漁村，至於新界西，荃灣是烏煙瘴氣的工業區，再北一點的屯門以至元朗，也只是荒蕪之地，而大嶼山更不用提了。

幾百萬人口集中在小小的土地，又怎能不「地少人多」呢？

究其原因，是因為香港島和南九龍是永久割讓給英國的土地，而新界地區則是租借地，只有九十九年的租借期，法律上英國必須在一九九七年把新界交還給中國。這樣一來，英國既然不能永遠保有新界，

註十五：租賃管制：港英政府在一九四五年的業主租客條例中明確限制戰前建成的商用和住宅樓宇的租金升幅比率，並成立租務審裁處去處理租務糾紛，包括決定什麼才是公平的租金水平，直至一九八二年才停止運作。本港於一九七三年起實施租金管制，規定私樓業主的加租時間，兩年加租不可多於市值九成，或加租幅度不應超過 30%。此外，只要租客在續約時願意繳交市值租金，業主必須同意續租等。直至一九九八年，房屋局認為租金管制對舊樓業主不公，並長期扭曲市場，立法會通過動議廢除租金管制。

註十六：拆契制度：一九五五年，商人霍英東投資興建一幢香港當時最高的大廈——蟾宮大廈。大廈以「拆契」分層分單位出售，同時也創立「賣樓花」等經營方法的革新，是香港地產發展史上一個里程碑，加速了地產市場的繁榮。

麥理浩

如果下本錢去發展，到了九七年卻要把一片發展完善的土地交回給中國，豈非為他人作嫁衣裳？另一方面，英國人講究法律，要把租借地發展、並且出售，也確實有著技術上的難度。

然而，香港人口急劇增加，到了七十年代，事情已經到達了不得不解決的地步。港英政府決定發展新界地區，以配合人口的需要。另一個重要的原因，則是六七暴動之時，英國摸清了中國暫時不想收回香港，於是便大起膽子，漸漸把注碼押進新界，以解決眼前的人口難題。

香港之所以是今日的香港，不得不提一個雄才偉略的港督——麥理浩（Crawford Murray MacLehose）（註十七），是他提出「十年建屋計劃」、「居者有其屋計劃」（註十八）及開發「衛星城市」等政策，徹底解決了香港人口增加而帶來的房屋問題。

麥理浩一方面改變過去香港政府對房屋建設的態度，興建更多設施及環境較佳的公屋，並拆建舊有較簡陋的屋村，提升市民住屋質素。另一方面，他著手清拆木屋區，讓居民先遷入臨屋，再逐步安排上樓。然後他再放寬私人樓宇重建規範，推出「私人機構參與發展計劃」，分

公共屋邨

期取消租賃管制。另外，推出「居者有其屋計劃」，資助負擔不起私人樓宇而又想進一步改善環境的市民購買公營房屋。麥理浩就是意圖利用這一籃子的措施解決香港房屋問題。當中尤其是開發衛星城市是最關鍵的。

以前住在市區的人口比現在多得多。麥理浩就利用公屋來作誘餌，將原來在市區的人口遷移到當時仍然相當偏遠的衛星城市。

要發展新界，首先得發展基建，因為沒有水、電、電話、公路、溝渠等等的基本建設，一塊地根本不可以建屋住人。要基建，首先得收回土地，以用作公共建設。香港是個法治社會，尊重私有產權，政府要向原居民收回土地來作基建，一定要給回補償，港英政府為減低收地的現金支出，政府便將其中部分的收地賠償，以換地權益書來代替現金賠償。這相等於一種地皮的債券，甲種換地權益書（Letter A）容許持

註十七：麥理浩（Crawford Murray MacLehose，1917–2000）：英國資深外交官及殖民地官員，一九七一年至一九八二年出任第二十五任香港總督，他的任期前後長達十年半，先後獲四度續任，是香港歷史上在任時間最長的港督。他的改革涉及房屋、廉潔、教育、醫療、福利、基建、交通、經濟和社會各個範疇，較重要的有一九七二至一九八二年的「十年建屋計劃」為一百八十萬香港居民提供公共房屋單位。另外，開發新市鎮、創立廉政公署、九年免費教育、興建地下鐵路和地方行政改革等重要的政策和建設，紛紛在他任內推出。

註十八：居屋：香港政府的公共房屋計劃之一，由香港房屋委員會興建公營房屋並以廉價售予低收入市民。計劃於一九七〇年代開始推行，為收入不足以購買私人樓宇的市民，提供出租公屋以外的自置居所選擇，亦可讓收入相對較高之公屋居民加快騰出公屋單位，供有需要人士居住。此計劃內興建的公營房屋稱為居者有其屋屋苑，通稱居屋。二〇〇二年，香港政府推出孫九招，宣佈無限期擱置居者有其屋計劃，即不會再興建新的居屋屋苑。

有人每平方呎建築用地換取一平方呎建築用地；乙種換地權益書（Letter B）容許持有人每五平方呎被收回農地，可於將來換取二平方呎同樣位於新界的屋地。

事實上，香港一直跟隨英國實行官地（Crown Land）（註十九）制度，香港所有土地最終產權均屬於政府，只是暫時租借予私人發展。政府在土地使用上有相當多的限制。要將土地改為住宅用途，必須先獲得城市規劃署、環保署、水務署、交通部等十多個政府部門的批准，確保當地的各項配套設施足以供給將會遷入的居民，然後再進行補地價程序，正式興建住宅，整個過程並不容易。

「乙種換地權益書」政策在一九七八年開始實行，以沙田為龍頭的新界地區如火如荼地急速發展，港英政府大量興建新界地區的主幹線，然後在主幹線的周圍大手賣地，收回基建成本，也為政府帶來了大量收入。這股新動力造成了地產狂潮，這就是「高地價政策」的起端，也直接造成二十年來的地產大狂潮。

正如前文所言，港英政府對於新界地區，並沒有產權，只有租借權，年期是一九九七年。它高價賣出的新界地皮，其實不過是出售租借權，但是，港英政府既已得悉了中國不欲收回香港底牌，便胸有成竹，一心向中國提出「以主權換治權」的如意算盤，只要中國答應這方案，新界問題也就自然而然的解決了。

所謂「以主權換治權」，就是根據一八四二年簽訂的《南京條約》和一八六〇年簽訂的《北京條約》，中國永遠割讓香港島和九龍半島給英國，英國人願意將香港島和九龍半島的主權交回給中國，只要求中國可以延長整個港九新界的租借權，這樣子，英國又將擁有多出幾十年的港九新界的治權，事情也就可以完滿的解決了。

於是，大英帝國首相戴卓爾夫人（Margaret Hilda Thatcher）（註二十）在一九八二年九月二十二日，與充充地的飛到了北京，並且在九月二十四日與中國的「總舵主」鄧小平直接會談，打算向中國提出「以主權換治權」的交易。

話說金庸小說《鹿鼎記》中，鄭克塽殺掉了陳近南，卻被韋小寶抓住，韋小寶要殺掉鄭克塽，為師傅陳近南報仇。鄭克塽向韋小寶求饒，提出放棄阿珂，來交換自己的小命。韋小寶想了一陣子，答道：「……你欠了我一百萬兩銀子，說是用阿珂來抵押。但她跟我拜了天地，是我明媒正娶的老婆，肚裡又有了我的孩子，自願跟我。你怎能用我的老婆來向我抵押？天下有沒有這個道理？」

戴卓爾夫人

鄧小平對戴卓爾夫人的回應，正是如此：中國向來不承認不平等條約，這自然也包括了《南京條約》和《北京條約》在內。因此，在中國的定義上，英國從來沒有擁有過香港島和九龍半島的主權，那「主權交換治權」又何從說起呢？

鄧小平的說法是：「主權問題不是一個可以討論的問題。」一句話把戴卓爾夫人噴得一鼻子灰，結

註十九：官地(Crown Land)制度：是香港對政府土地的稱呼。英治時期，根據《英皇制誥》，所有土地皆屬英國皇室所有，稱為官地（Crown land，直譯為「皇室土地」）；只有一個例外，就是中環聖約翰座堂，屬自用地（Freehold）

註二十：戴卓爾夫人(Margaret Hilda Thatcher)：英國政治家，於一九七九年至一九九〇年任英國首相。她是英國歷史上迄今為止唯一一位女性首相和經選舉而產生的主要政黨女黨魁，也是曾擔任重大國務官位（Great Offices of State）的第一位女性。她也是自索爾茲伯里勛爵以來，任職時間最長的英國首相。

果，她在談判之後，走下人民大會堂門前的梯級的時候，因為碰了一鼻子灰而心神恍惚，失足一跤摔倒。

這一摔，也一併摔掉了香港的樓市及股市，令到香港經濟出現了好幾年的調整。

八十年代中英談判，中國政府發現港英政府發出了大量的乙種換地權益書，欠下民間近千萬呎的土地，大為震怒，立即要求英方停止再發，並於九七年前收回所有已發的乙種換地權益書。中英這一輪關於香港前途的談判，一談便是兩年，到了八四年才得出了共識，雙方共同簽署了《中英聯合聲明》。因為中方懷疑英國存心不良，在回歸前賣盡香港，所以要求英方停止再發乙種換地權益書外，更規定每年只可出售不超過五十公畝土地。《中英聯合聲明》簽署後，樓價開始站穩回升，在這時間「撈底」買入的人，都發了大財。這是「羅素的雞」的第一口飼料。

左右香港樓價的另一大因素，是政府為了保障小市民的利益，對戰前樓宇實施了租務管制，規定了其加租率。這樣一來，固然減輕了小市民的交租壓力，但同時也是對業主的不公平。業主用真金白銀買入了戰前樓宇，政府卻強迫他們不能以市價收取租金，無疑是掠奪業主的財富，以補助租客，此其一也。當時住屋租金加幅不能太大，一個單位的租金大約百多元，但卻能把單位分拆出租，包租變得有利可圖，租務管制最終最大的得益者是第一班二房東。而這制度也造就了租客成為既得利益階層，政府要想把舊區收回重建，非得用別的方法去取悅這班既得利益階層，才能順利進行，這嚴重阻慢了舊區重建的速度，此其二也。

香港的市區土地本來就不足，而舊區向來是地理最優越、交通最方便、人口最稠密的「好區」，要不然也就不會被選中成為最早開發的地區了。舊區被舊樓佔據了，而舊樓的層數不高，土地使用比率遠遠不及新樓，而且居住環境也不佳，白白浪費了黃金地段。舊區重建的速度未如理想，政府非得想辦法去解決不可。

本來，舊區重建出現的問題，是租務管制的結果，所謂解鈴還須繫鈴人，只要政府消除、或者減少管制，事情自會正本清源地解決。然而，政府的思維硬是不同於常人，它採用的方法，是再增加一個機構，專門去處理舊區重建，這就是一九八八年成立的土地發展公司。但土地發展公司運作了十二年，工作成果差強人意，結果是，政府成立了另一間換湯不換藥的機構，去做同土地發展公司一樣的工作，這就是現時的市區重建局成立的緣起。

說穿了，土地發展公司和市區重建局的本質相同，都是利用法律賦予的收地特權，去收地建樓、獲取厚利。這無疑有著「與民爭利」之嫌。

舊區既然全是旺地，舊區重建也就能夠獲得豐厚的利潤，只是要逐位業主、逐位住客去談判、斡旋，往往需時三、五年，以至十年八年不等，這需要龐大的人力資源，也長期積壓著大筆的資金，所以政府必須成立龐大的官僚架構，去處理舊區重建的問題。私人發展商則必須是大集團，才有這個財力物力去從事這門本少利大的「大茶飯」，財力不夠的中小型發展商，只有望財興嘆的份兒，卻沒能力參與舊區重建的競賽。

由大型發展商壟斷的生意，豈止限於舊區重建？現時香港幾個大發展商如華懋集團、新鴻基地產、恒基兆業及南豐集團等，看穿了換地權益書的價值有暴漲的潛力，於是積極收集乙種換地權益書，投資未來新市鎮土地。只有鄭裕彤因政府推出居屋計劃而看淡私人住宅市場，改為發展商業樓宇及酒店，結果其他地產商因新市鎮發展而獲厚利，新世界業績則遠遠落後。他們發展新界地皮，從向原居民買地，到買去他們手上的「乙種換地權益書」，利用「乙種換地權益書」去跟政府換地，以至於跟政府談判改變土地用途(將農地變成住宅用地)、計算地積比率(Plot Ratio)（註二十一），還有補地價等等，都是極其專門的學問，

因此，各大型發展商均聘用地政署的退休高官作為顧問，因他們才是最熟悉這套繁複制度的人，更加可以「潤滑」同政府的關係，加快談判磋商的速度。此外，新界山頭林立，村長和土豪惡霸的勢力盤根錯節地植根於每一條鄉村之內，大型地產商必須同這些有勢力人士多多溝通，不消說，沒有甚麼溝通渠道比用金錢更令人愉快、更有效的了。

故此，在新界建樓固然是「big tea rice」，但並非人人有這個本事去吃這頓大茶飯，只有大型發展商才有這個能力去大吃特吃，因為只有他們才有budget去負擔建樓以外的種種額外費用。

香港房地產供應量不足的問題，我在本書的第一章已經說過，源起於共產黨取得中國之後，過百萬名政治難民從內地逃到香港，把香港擠得水洩不通。而港英政府卻被與滿清政府簽署的兩條條約所規限，不肯發展面積龐大的新界，把絕大部分的人口困在小小的香港島和九龍半島，而當中國的大躍進徹底失敗，一九六二年出現了逃亡潮，無數經濟難民因飢餓而從內地逃到香港，在六七年的文化大革命之後，中國人民對共產主義的希望幻滅，終於在一九八〇年十月二十三日，港英政府與中國政府達成協議，取消了以前的「抵壘政策」（註二十二），從此內地人民就算越過了羅湖邊境，再從新界逃到了市區，成功地玩贏了「捉迷藏」遊戲，也不能像以前一般，獲發香港身分證。他們必須得到內地政府發派的單程通行證，才能來香港定居，成為香港居民，並且獲發香港身分證。這就是今日無人不曉的單程證的起源。

但在這二、三十年間，已經有數以百萬計的內地人民成功地透過「抵壘政策」而成為了香港居民，香港的人口在一九七八年到達了四百六十萬，比起二十多年前翻了一翻，可知當時人口情況的險峻。

人口的迅速增加，必須解決低下階層的居住問題。政府使用的方法，便是擴充官僚架構，由政府去為低下階層提供價錢低廉的居所。

事緣在一九五三年的平安夜，石硤尾的木屋區發生了大火，造成了五萬三千人無家可歸。這反映出兩個情況：第一，木屋區的設備簡陋，而且建築密度太高，一旦失火，便會「火燒連環船」，釀成嚴重的後果，因此，木屋並非可居之所。第二，單就一個木屋區，已經住上了五、六萬人，可知當時已經有太多的人居住在不可居住的木屋區。這社會問題非得解決不可。

木屋區的問題一直未有解決，直至韓戰之後，香港的局面穩定下來，香港政府便開始興建公屋，意圖疏導木屋區居民。最初期的公屋只有最基本的設備，大家看過《獅子山下》，都會對那些每層只有一個共用的衛浴間、廚房設在屋外的公屋有印象。不過，在重建受限制，私人樓宇供應無法滿足需求的情況下，

註二十一：地積比率（Plot Ratio）：表達了土地的使用程度，其計算方法是將建築物總面積，除以建築用地的面積，例如在一萬尺的土地上建築五千尺的樓房，便會得出零點五倍的地積比率。不過，由於高樓大廈的出現，所以地積比率的數值是可以大於一的，以香港島和九龍半島為例，現時的地積比分別是八至十倍及七點五倍。

註二十二：抵壘政策（Touch Base Policy）：英屬香港年代香港政府對中國內地非法入境者的政策。一九七四年十一月，香港政府宣佈實施抵壘政策，內地非法入境者若在偷渡到香港後能抵達市區，並接觸到香港的親人，便可在香港居留，如果偷渡者在邊境範圍被執法人員截獲，則會被遣返內地。當局亦因此加強在邊境的管制，以減少非法入境者進入市區的機會。第三章也對「抵壘政策」作一闡述。

政府有必要去疏導市民對居住質素的追求。

木屋區最大的問題，是治安環境惡劣，打劫、非禮、賭毒等罪惡無日無之，造成嚴重的社會問題。而乘著一九五三年石硤尾火災之時機，政府開始興建徙置區及公屋。這對解決香港市民住屋問題有一定的幫助。

之後，政府逐步放鬆舊區重建的限制，只要有合理賠償，便可以清拆重建。於是市面上漸漸出現新建樓宇。事實上，當南來難民開始在香港落地生根時，住屋不足便已變成長期問題要去處理，香港政府當時的房屋政策不過是見步行步，只求盡量穩定社會。

石硤尾大火促使港英政府立刻解決這問題。際此災難時刻，香港人的效率盡顯無遺，只用了兩個月的時間，便在大火的原地建造起徙置大廈，安置災民。自此之後，徙置區變成了解決木屋居民的不二法門，此後的十多年間，徙置區不停的興建，木屋居民相繼「上樓」，逐漸解決了木屋問題。這時候的徙置區，就是後期的廉租屋，以及今天的公屋的前身。

香港的木屋區

到了今天，香港已有約三成的人居住在公屋（註二十三），而房屋署也成為了龐然大物的官僚架構。

經濟學上有所謂的「租值消散」(dissipation of rent)，即是說，如果一間屋的產權不能確定，其住客便不會愛惜公物，導致那間屋的價值下降，換種說法，就是這間屋的「租值」「消散」了。

公屋的情況，正是這樣。大家可以看到，公屋居民比較不重視保養居住環境，令到公屋折舊的速度遠遠比私人樓宇為快。這當然並不是說公屋居民的公德較差，假如他們購買了私人樓宇，對其自置居所的愛惜程度，不會在其他私人樓宇業主之下。

不錯，「租值消散」的成因與人的質素無關，而是制度令到他們這樣做。

公屋制度所造成的「租值消散」，情況之嚴重，可從近期提出的「零租金」方案可見一斑。所謂「零租金」，就是政府不收租，但也不付出補貼，要租戶自己去自負保養、維修、管理等等費用。這政策背後的用意很簡單，因為政府收到的租金，遠遠不夠補貼維修、保養等等費用，倒不如想出一個堂皇的藉口，把這個沉重的大包袱甩掉，拍拍手走人。

其實，公屋的租金固然比市價低上一大截，但至少也要一、二千元，相比起私人大廈的管理費，就算是中產階級居住的屋苑，如果面積約六、七百呎的，管理費也不用一千元。相比之下，公屋的租金比私人樓宇的管理費高得多，為何私人樓宇的住客交付了管理費之後，足以支付質素優良的行政、保養、維修、保安等等基本開支，但是公屋的業主「特區政府先生」在收取了昂貴的「管理費」（如果把租金視為管理費，這筆管理費確是十分昂貴）之後，卻只能提供甩皮甩骨的維修、盜賊如毛兼色魔遍佈的治安，還得忍受管理人員的晚娘嘴臉哩！

註二十三：公屋人口：根據香港房屋委員會，房屋統計二〇一〇，而二〇一〇年，29.7%人口居住公屋。47.5%人口住在公營房屋。詳情可參閱：http://www.housingauthority.gov.hk/hdw/content/document/b5/aboutus/resources/statistics/HIF2010.pdf

通常，一幢大廈的伙數越多，其管理費也就越發便宜，因為可以由更多的住戶去分擔共用地方的費用。在私人樓宇，管理費已足以負擔起保養、維修、保安諸般費用，而公屋是伙數最多的大廈，本應最能享有「規模效益」(economies of scale)(註二十四），但誰知它卻偏偏入不敷支？一言以蔽之，不是「租值消散」是甚麼？

政府解決「租值消散」的問題，正本清源之道，本該是減少干預，讓市場自由調節，但政府一直採取的措施，卻是反其道而行，用更多的有形之手，試圖去把曲了的樹枝拗直，但這是不可能的，因為曲了的樹枝無法用手去拗直，只能把它弄得更曲，或者，更糟糕的，是把它拗斷了。

香港政府自從一九五四年起，即大量興建公共房屋，而在一九八一年，港督麥理浩爵士宣布「居者有其屋」計劃。這鴻圖大計推出的時代背景，正值二十年來香港的第一個地產狂潮，市民大興「無力買樓」之嘆，政府一方面不想樓價下跌，影響了日趨重要的賣地收入，另一方面不想市民因買不到樓而不滿，影響社會穩定，因此才想出了這條兩全之計。

「居屋」只算建築費用，不算地價，故此售價約為市價的一半。唯當業主要出售時，必須先補回（先前沒有支付的）地價，才准許在市場出售。毫無疑問，這想法源出自新加坡的「組屋」計劃（註二十五），兩者的概念大同小異，只是「組屋」能夠不必補地價而自由出售，而且，它的「市場滲透率」更高得驚人，足足有八成的新加坡人住在「組屋」裡頭。

讓市民擁有自己的物業，在政治上，是一件好事。因為市民擁有了不動產，便會對土地產生了歸屬感，也害怕社會不穩定，因而影響了自己的資產的價值，這活脫是馬克思所說的「小資產階級」的心態。很明顯，把這些人變成既得利益階層，他們只會擁護現政權、渴望社會安定，絕不會搞事或成為共產黨，對於港英政府的統治，有著莫可言喻的好處。

在這些土地 政策下，加上負利率問題、八十年代港人北上設廠，導致經濟起飛，累積大量財富，種種因素之下，香港樓價在八六年後狂飆，所有香港人開始齊齊投入地產遊戲。

八九六四事件之後，港英政府為了穩定民心，拍板興建「玫瑰園」（註二十六）。「玫瑰園」落實興建，自然會有一班外藉人士來港工作，我認為高質素的樓宇需求必定會增加，於是花了一整個下午的時間，説服好友麥當雄「瞓身」買入豪宅。當時樓宇按揭可達九成，麥當雄聽我所言，一口氣買入五個豪宅單位，賺了近億利潤。

自樓市復甦開始，我已開始參與炒樓，例如，當年杏花村、黃埔花園排隊買籌等等。我親眼目睹樓價由每呎五百元飆升至高峰期過萬元。樓價的浪潮在八六年至九四年增長得最快。

註二十四：規模經濟：適度的規模所產生的最佳經濟效益，在微觀經濟學理論中它是指由於生產規模擴大而導致的長期平均成本下降的現象。

註二十五：組屋：新加坡在一九六〇年就成立了建屋發展局，負責實施「組屋」政策，現在的新加坡，組屋已成為當地住房市場的主體，87%的人住在其中。市民可動用公積金作購屋之用，只需在其公積金帳戶籌足房款的 20%，就可擁有住房，餘款用三十年通過公積金存款按月攤還。

註二十六：玫瑰園計劃：香港機場核心計劃。香港政府於一九八九年公佈的一系列大型基建工程，主要是為興建位於大嶼山赤鱲角的新香港國際機場和其配套的基建設施。由於此計劃描繪了一個美好的將來，像「玫瑰園」般美好，故稱玫瑰園。

香港整個住屋發展過程，其中一個嚴重問題是政府在純住宅市場的參與極高，接近四成。政府無緣無故自製了40%的樓宇供應，但同時土地的最終供應、賣地、補地價等又掌握在政府的手中。當年我認為應買豪宅，是因為看到政府為了減少中半山的人口負荷，而將中半山土地的地積比率(Plot Ratio)由九降至五，重建舊宅無助增加供應，相反只會日益減少。

在負利率環境、樓宇供應受限制、社會財富積聚等因素下，截至九七年，香港樓市經歷了接連十年的飆升狂潮，樓價跳升近十倍。樓價狂飆，令社會財富被嚴重扭曲。即是說，在嚴重通脹的情況下，人們發現囤積居奇能賺取的利潤比生產更高，當然會一窩蜂去將有生產力的事變成無生產力。這並不是香港人特別貪心，而是在這樣的經濟情況下，必然會得出這樣的結果。

玫瑰園

到了一九九七年，香港已有四成以上的人口住在政府提供的樓宇。由於政府在二十年來大力發展新界，基本上，香港人的居住問題已經解決，雖然香港人的居住環境仍然遠遠比不上歐美這些地大人稀的先進國家，可是五十年代「一家八口一張床」的情況已不再復現，香港人的居住環境亦至少勝過了日本人。至於樓價高企，有樓則富、無樓則窮，社會上的財富分配得極不平均，造成了嚴重的社會分化，但這只是貧富懸殊問題，與市民的住屋需要無關。不過，當有人輕輕鬆鬆去認購數層樓，數個月後便能賺數千萬；

有人辛辛苦苦在大陸開廠，管理上萬員工，死慳死抵，一年下來也是賺數千萬；甚至有些人因為樓價過高而買不到樓時，民間便開始怨聲載道。

然後，董建華走馬上任，成為了中華人民共和國香港特別行政區的首任行政長官。他對香港經濟的斷症，是認為樓價太高，令到整個經濟畸型發展，而樓價太高的癥結，是樓宇供應的不足。於是，他在上任之後，忙不迭的提出了惡名昭彰的「八萬五」計劃，並矢言要在未來令到七成的香港人擁有自置居所。

作為特首，當年董建華曾去視察低下階層的住屋環境，加上董建華心底裡其實一直憎惡兩類人——地產商和銀行家，導致他對香港房屋問題的錯誤解讀，踏出「八萬五」歧途的第一步。

在董建華父親發跡，與永安郭氏聯親之時，所有現在呼風喚雨的地產商可以說什麼都不是。後來香港地產狂升，在地產的狂潮中，董建華發現自己雖然生意做得很大，但從不沾地產業務的他，相對與其他搞地產的「地頭蟲」比較明顯不及他們富有，經常被他人看扁。在他的眼中，作為世界級船王家族，對香港社會貢獻極大，但財富卻不及炒賣地皮的人的十份一，自然心感不忿。

同時，董建華亦討厭銀行家。因為地產商靠的是銀行家的支持。其次，當日董建華要為家族生意作債務重組時，曾受過銀行家不少的氣。記得九八年復活節，他邀請我到特首辦交換見解，談了兩個多小時，我說日資歐資銀行收緊對香港上市銀行的貸款，令不少企業的營運困難，繼而令欠下的銀團貸款壞賬增

註二十六：玫瑰園計劃：香港機場核心計劃。香港政府於一九八九年公佈的一系列大型基建工程，主要是為興建位於大嶼山赤鱲角的新香港國際機場和其配套的基建設施。由於此計劃描繪了一個美好的將來，像「玫瑰園」般美好，故稱玫瑰園。

多，不能長此下去，必須想辦法解決問題。當時他的回應竟是：「那些銀行家是活該的。」

在這種不平衡的心態下，加上聽見社會眾多的呼聲，董建華就將香港的房屋問題誤讀為供應不足。很明顯，董建華斷錯了症。即使到了一九九七年，香港雖然仍然有人在籠屋居住，但是大體來說，香港人已解決了居住問題。那些籠屋居民，就算建上再多的公屋，他們也不一定合乎入住的資格，因為他們許多既是單身，也不一定合乎申請公屋的入息標準。董建華企圖以提高供應量的方法來解決樓價問題，無異倒行逆施，犯上不能再錯的大錯。

事實上，九七年的樓宇單位數量已超過香港家庭的數量。五十年代一家九口擠在一個房間的情況，至九七年已甚少出現。樓宇的價格亦會由市場供求自行尋找合適的水平，根本無需政府刻意用政策壓抑樓價。市民真正不滿的，是財富分佈不均的問題。有些人甚麼也不做便可以賺大錢，有些人埋頭苦幹卻仍然落得清貧。現時香港人買樓，並不是為了解決居住需要，而是希望參與地產這個遊戲，有份分享樓市上升帶來的經濟果實。

這樣的問題，不應該由供求去解決，而是應該改用貨幣政策(Monetary Policy)令樓價穩定下來，問題便會迎刃而解。十多年來我一直觀察香港樓宇的供應情況，發現香港的樓宇需求十分穩定，維持在每年二萬多宗交易，與結婚數字相約。香港的樓宇需求數字穩定，但供應量彈性卻可以很大。港英政府經常聲稱會大量興建公屋居屋，但一遇經濟低迷，樓價崩潰，兩個月內所有工程可以立即叫停，將供應壓縮。

彭定康察覺到董建華有干預樓市的意圖，臨離開前已忠告董建華千萬不可觸碰香港樓市，因為他在英國曾有同樣的經驗，若樓市崩潰，社會必然會產生很大的動盪。但董建華不相信彭定康的說話，認為當

新加坡組屋

時樓市是一個泡沫，而治療泡沫的方法是增加供應。董建華欲仿效新加坡，增加樓宇數量令人人有樓買，加強市民對香港的歸屬感。但買樓與歸屬感之間事實上沒有必然關係，市民只要求有地方居住，卻不一定要買樓，錢可以由市民自己決定，投資在其他地方。

八萬五這個數字早在彭定康時期已經出現，但董建華最錯的地方，是在金融風暴後，不單沒有像港英政府般立即叫停所有建屋工程，而且繼續堅持實行原定計劃，在上任至二〇〇一年期間，實際興建了近十二萬公營房屋，這是一個近乎瘋狂的數字。在經濟低迷時期再加大樓宇供應，不啻是令樓市徹底崩潰的一道催命符。

董建華的鴻圖大計，明眼人一看便知是效法李光耀的「組屋」政策，要把社會上大部分的人口都納入政府的房屋藍圖之下，於焉，這些人也順理成章的成為了政府的擁護者。但董建華卻不曉得，新加坡在一九八二年到八四年間，突然把組屋的興建量增加了一倍，幾年之後，種種問題叢生，業主向政府抗議，結果，政府賠錢了事。

不用功研究資料，更不吸取別的地方的失敗記錄，硬要把「八萬五」上馬，其失敗是任何人也可以預卜的，就只是「董建華集團」硬是不曉得。

房屋署的管理能力本來就是「有限公司」，高明不到那裡去，突如其來一個「八萬五」，多出了大量的工作，官僚們無法勝任，只有敷衍了事，於是乎，甩皮甩骨、滲風漏水、短樁地陷的情況，接踵而來，不絕如縷，導致王易鳴丟官、苗學禮受辱，從董建華到整個特區政府的形象，都受到了沾污。

平心而論，在「八萬五」出現之前，房屋署的辦事能力雖然未算上乘，但也不致於出現太大的紕漏。後來發生的連串醜聞（註二十七），其中尤以短樁醜聞為最，可以看見房屋署辦事能力的突然下降。要麼，英國人走後的確令到香港公務員的管治能力發生了質變，要麼，好大喜功的「八萬五」拉緊了房屋署職員的管治能力，是醜聞的罪魁禍首。

房屋署為連串醜聞的「補鑊」手法，低能得教人啞然失笑。它立刻推出一批海景豪裝的超級居屋，企圖挽救「政府樓是危樓」的惡劣形象。但這卻變成了政府為升斗市民提供廉價豪宅，升斗市民住豪宅，但購買私人樓宇的小業主，卻得花更多錢去獲得質素更低的樓宇，這種荒謬的情況，只有在特區政府才會出現，也只有特區政府的官員的漿糊腦筋才會想得出來。

「八萬五」直接導致了短樁醜聞，倒還是其次，對香港經濟傷害最大的，還是它一下子將樓市推至崩潰，對經濟造成了致命的重創，直到此時此刻，這創傷兀未平復，在可見的將來，亦見不到有復甦的一日。

「八萬五」直接令到樓市崩潰，但要弄清它崩潰的來龍去脈，首先得從它的「不跌神話」講起，而說到九七年前「樓市不跌之謎」的成因，又得先從聯繫匯率講起。

註二十七：房屋署醜聞：房屋署在 1999-2000年間，東涌、天水圍、油塘等多處的房屋署公營房屋爆出多宗短樁醜聞。較轟動的如沙田圓洲角兩座居屋短樁，其驗樓報告發現；三十六支樁柱中只得四支合格。另外，沙田愉翠苑短樁案更被改編為《廉政行動 2007》劇集。

第四節　真正的五十年不變

香港經濟其中一個主要問題的根源是聯繫匯率。要想明白甚麼是聯繫匯率，首先得對匯率有點基本知識。

愛因斯坦在十九世紀的末期寫出了《相對論》，所謂的「相對」，是相對於「絕對」而言，意指沒有一個不變的指標。在古時，人們以為地球是宇宙的中心，太陽和所有的星球，均是繞著地球而轉。到了哥白尼的時代，人們以為太陽是宇宙的中心，地球和所有的星球，均是繞著太陽而轉，但到了愛因斯坦的年代，他則認為宇宙根本沒有一個中心，所有的物質，均是相對於其他物質而移動。既然宇宙沒有完全不動的中心點，動與不動之間，也就沒有一個客觀的中心點，亦沒有客觀的指標。

匯率的情況，也是一樣。

貨幣的主要作用是作為交易的媒介，是一種流通於人與人之間的財富。如果全世界只有一種貨幣，便不會有貨幣與貨幣之間的交換，也就不會有匯率。匯率就是貨幣與貨幣之間的相對價值。但如果世界上沒有一種客觀的計算匯率的標準，對人類很不方便，於是，我們通常把發行量最大、總價值最高、流通量也最大的美元，作為客觀的貨幣計算標準。

從這個角度看，一種貨幣如果不與其他貨幣做交換，其匯率便沒有意義可言。同樣道理，如果一個國家的人民不買外國貨，也不賣貨給外國，其匯率便沒有意義可言。匯率是外貿的交易媒介。如果沒有外貿，匯率便完全沒有意義可言。這是最基本的一點。

香港的匯率曾經歷幾次重大的變化。首先，是與英鎊掛勾，採用固定匯率，這個做法與聯繫匯率的做法分別不大。後來英鎊嚴重貶值（註二十八），一九七二年港幣改與美元掛勾，兩年後開始改用浮動匯率，一用便十多年。直至一九八三年十月十七日，香港正式實施聯繫匯率。傳聞鄧小平在決定要收回香港之後，曾與全港最有影響力的幾位富商在北京見面，遊說他們支持，更謠傳李嘉誠在見面後立即打長途電話回港沽售港元。

聯繫匯率的出現，是因為在一九八三年，中英有關香港前途問題的談判進入了第二階段，中國不承認不平等條約，但英國則堅持三個不平等條約是有效的，雙方的談判因此陷入僵局。人們眼見香港前途茫茫，大戶及小市民兌換美鈔、買入外幣，漸漸，一些商店以美元售貨，拒收港幣，市民開始搶購食物及日用品，銀行傳出倒閉的謠言，匯率跌破一美元兌六港元、跌破七元、跌破八元、跌破九元，並在六月二十四日跌破一美元兌九點六港元的空前絕後（但願是最後）最低點，兩日間共貶值了13%。這連串的震撼迫使港英政府採取緊急手段，一下子把最優惠利率提高三厘，從十三厘提高至十六厘，終於把港元穩定在一美元兌八港元左右的水平。

記得那天我正與朋友在假日酒店吃飯，大家收到這個消息，無不面如死灰。當時我做入口生意，港元貶值對我們影響極大。為了停止任由港元貶值，現在被稱為「聯繫匯率之父」的祈連活（John

註二十八：英鎊港元掛勾：一九三五年港元與英鎊掛勾，當時一英鎊兌十六港元，至一九六七年，港元匯率變為一英鎊兌14.55港元。

Greenwood）（註二十九）向當時的財政司彭勵治（Sir John Henry Bremridge）（註三十）建議實行固定聯繫匯率的構思。三星期後，在十月十七日，港英政府宣布港元與美元掛勾，掛勾點是一美元兑七點八港元，這就是聯繫匯率的起源。為何是一美元兑七點八港元呢？傳聞這個數字是財政司在浴缸內決定的，沒有特別原因和解釋。

由這段歷史可見，聯繫匯率本來就是一條權宜之策，只是為了應付一宗突然而特殊的事件而制定出來的緊急措施，但這手應變措施，到了後來，竟然膨脹起來，升上了「神檯」，變成了不可動搖的根本大法，真令人摸不著頭腦。

所謂的「聯繫匯率」，其實是一種貨幣局的制度，採用了這種制度之後，政府便失去了對貨幣匯價和對利息的自主權，換來的，是同掛勾貨幣的共同升降。為甚麼包括佛利民（Milton Friedman）（註三十一）在內的自由經濟學者都認為香港應該繼續採用聯繫匯率呢？其中一個原因正是因為他們不信任政府。貨幣發行局制度的其中一個好處是不需要中央銀行參與，政府在此制度中完全無權。此發行制度的原理是當發鈔銀行需要印發港元時，銀行必須先將等額的美元存入貨幣發行局，取得存款証後方可印鈔，因此香港的外匯儲備的存款部分是銀行存於貨幣發行局的外

佛利民 Milton Friedman

祈連活 John Greenwood

匯。這筆款項滾存的利息則成為外匯基金的一項豐厚收益，但這筆收益卻沒有計算入政府盈餘內，現任特區政府的實質盈餘實一萬二千億港元。（註三十二）

聯繫匯率這一套貨幣發行機制的優美之處，在於它是一套可以完全自動兑換運作的系統，不需要中央銀行、不需要任志剛、更不需要如此龐大的管理機構。只要背離了七點八的兑換率，自動對沖系統便會啟動。即是説，假如港元上升，銀行自然會拿港元去換美元再印港元；相反，若港元下跌，銀行又會去提取美元沽售換取港元，這套對沖系統自然會將差距收緊。因此任志剛發明的那些操作方法全都是多餘的，只會造成越來越多的漏洞。

一些小國家，例如新加坡，恐怕貨幣的發行量太少，因而容易大幅波動，影響了貨幣的穩定性，便

註二十九：祈連活（John Greenwood）：現任景順投資管理集團首席經濟師。一九八三年撰寫文章提倡港元與美元掛勾，奠定了聯繫匯率政策的基礎，因此譽為「聯繫匯率之父」。一九八七年至一九九一年出任香港交易所董事，一九九二年至一九九三年間出任香港政府經濟顧問。一九九八年獲委任為香港外匯基金貨幣發行委員會的委員。

註三十：彭勵治（Sir John Henry Bremridge）：一九八一年至一九八六年擔任香港財政司。他是香港歷史中第一位非公務員出身的財政司。他任內制定了香港聯繫匯率制度，將港元與美元掛勾。

註三十一：佛利民（Milton Friedman，1912–2006）：美國經濟學家，以研究總體經濟學、個體經濟學、經濟史、統計學、及主張自由放任資本主義而聞名。一九七六年取得諾貝爾經濟學獎，以表揚他在消費分析、貨幣供應理論及歷史、和穩定政策複雜性等範疇的貢獻，被譽為二十世紀最重要的經濟學家之一。

註三十二：特區政府的實質盈餘：二〇一一年外匯基金累計盈餘為六千一百二十七億元，而財政儲備達五千九百六十九億元。所以估計實質盈餘實為一萬二千億港元。

會採用貨幣局的制度。一種貨幣的幣值太高，會影響出口，幣值太低，會損害人民對外的購買力，兩者均不是好事，但更壞的，是幣值的不穩定，只會令到出口者和入口者同受其害，從匯價波動中取得利潤的，唯有熟知市場資訊的外匯商人而已。因此，所有的金融當局，均寧願付出某種程度的交易費用，以換取匯率的穩定。

新加坡的坡元與一籃子貨幣掛勾，與香港的單純與美元掛勾，又有所不同。理論上，掛勾貨幣必須與當地的貿易伙伴大致相同，兩地兩幣的經濟和貨幣遂能同步升降，不至於出現你火紅時我蕭條，或者是我繁榮時你衰退，卻因雙方貨幣掛勾而出現矛盾。新加坡在地理上比香港更為接近歐洲，經濟上也更加倚靠歐洲，因此，坡元與一籃子貨幣而不單單與美元掛勾，是理所當然的事。

香港最大的貿易伙伴，是中國大陸。按理說，港元應該與人民幣掛勾，才最能收到經濟與貨幣同步升降的功效。但是，人民幣並非自由兌換的貨幣，因此無法成為外匯儲備，自然更加無法成為掛勾貨幣。更何況，內地一向是香港最大的入超（註三十三）地區，香港每年均需向內地輸出以百億計的港元和外匯，去購買人民幣，以支付薪金、貨物、不動產，以及北上的消費，所以就算人民幣可以自由兌換，特區政府可以自由購買並且囤積人民幣，香港也根本不可能儲蓄到大量的人民幣儲備，自然更不可能與人民幣掛勾了。

除了中國大陸之外，香港最大的貿易伙伴，是美國，而美元也是世上最強硬的流通貨幣。順理成章地，港元掛勾的首選，是美元。

和美元掛勾，最大的好處是簡單直接，「七點八」已成為港人無人不識的名詞，比起新加坡的同一籃子貨幣掛勾，「七點八」比較容易理解，在執行上也較為簡單。

自從香港實行聯繫匯率之後，智利和阿根廷等地也曾試過大規模實行。最初運作尚算順利，但最後還是崩潰收場。許多自由經濟學家都贊成實行貨幣管理制度，因為此制度能防止政府胡亂發鈔。

根據貨幣學派(Monetarism)的理論(註三十四)，只要將貨幣發行平穩維持在每年2%至3%增長的話，經濟長遠來說必然會穩步上揚。雖然過程中會有波動，但長遠來說必定是在正確的軌道上。而支持政府干預市場的凱恩斯經濟學派(Keynesian Economics)(註三十五)則認為，當經濟出現問題時即使政府不出手拯救，長遠來說是總會有自然調節復元的一日，凱恩斯名句"In the long run we are all cead"，但是我們等不到自然復元的一日。

註三十三：入超：出超與入超是一個經濟學上的觀念，形容一個地區的出口總值與其進口總值的差額。當一個國家進口的產品總值，大於該國家出口的產品總值之時，學者就稱這種情況為入超，或稱為貿易逆差；反之，當一國出口的產品總值大於該國家進口的產品總值之時，學者就稱這種情況為出超，或稱為貿易順差。

註三十四：貨幣學派(Monetarism)：一九六〇年代形成的一個經濟學流派，以挑戰凱恩斯主義的面貌出現。貨幣主義的核心命題是貨幣在經濟活動中最重要。政策主張貨幣發行增長率要保持一個不變的速度，讓經濟中的個體對通貨膨脹有完全的預期。這一派亦主張不要對經濟活動有任何干預。

註三十五：凱恩斯經濟學派(Keynesian Economics)：主張國家採用擴張性的經濟政策，通過增加需求促進經濟增長，並認為對商品總需求的減少是經濟衰退的主要原因。

在「大衰退」時期，採取的是「金本位」貨幣制度。所謂金本位制度就是每單位的貨幣價值等同於若干重量的黃金，基本上與聯繫匯率極相似。一九九二年，美國貧富懸殊極為嚴重，嚴重程度與現時差不多，於是窮人買不起消費品，導致生產過剩，引發第一期經濟衰退。第一期衰退之後，政府根據當時的經濟學原則，削減開支及加稅，意圖平衡預算，進一步加深那一次的災難。當經濟衰退至某一個程度，所有人都將抱著現金不肯花，就會造成所謂的「流動性陷阱」（Liquidity Trap），貨幣流轉速度大減，令當時經濟陷入崩潰邊緣。於是，當時美國政府決定將入口稅由40%至90%，掀開保護主義政策的序幕。其他國家因此作出報復，結果同歸於盡，經濟經歷二十多年的低潮，直至二次世界大戰始完全恢復。

貨幣管理局政策最大的問題，簡單來說，在聯繫匯率下，港元其實是美元的代用券，香港變相成為美元區的一部分。但是，同一貨幣區基本上必需在同一個經濟圈內，因為經濟繁榮時銀行會收縮銀根，經濟疲弱時又會放鬆銀根。若處在不同經濟圈，美國放鬆銀根時香港經濟卻十分興旺，就會造成高通脹；相反，美國要收縮銀根香港卻正歷衰退，就變成百上加斤。若遠離貨幣區的主要經濟區域，或經濟地理距離重。香港的經濟循環越來越受中國的影響，香港其實是在人民幣的貨幣圈中但使用美元作貨幣。自由經濟學者支持香港實行貨幣管理局制度是因為這樣政府無權發鈔，但這套制度卻令香港失去獨立的貨幣政策，必須與美國連動，而勞動人口及貨物卻無法低成本來往美國之間來調節此差異。在這情況下，我們便失去了一把調節經濟的利器。

芝加哥貨幣學派認為我們不應利用財政管理去調節經濟，而是利用金融體系作出調節。因為他們發現若運用財政管理手段調節經濟程序太多，收效太遲，往往減得稅來，經濟已經復甦，每次都與實際經

任志剛

濟環境出現時差。反而美國的公開市場操作系統（Open market operations)(註三十六）的效率卻異常迅速，效果立竿見影。

美國的公開市場操作系統是怎樣的呢？一九八〇年之後，美國作出了重大的經濟政策轉變。在此之前，由於資訊及電腦科技的限制，因此美國聯邦儲備局無法獲得全面的數據，掌握美元流通量。於是美國聯邦儲備局並非直接調節貨幣，而是意圖透過利率的波動，調節貨幣的供應量。可是這個方法實際上是沒有效的。因為銀行與聯邦儲備局直接拆借的金額只佔市場極少比例，聯邦基金利率影響力不大。直至一九八〇年以後，美國聯邦儲備局有能力準確掌握全國美元的流通情況，堅決改為以債券買賣控制銀根的手法，問題才得以解決。在需要收縮銀根時，政府會拋出債券，將錢收回聯邦儲備局，不再借出市場，減少現金流量；相反，需要放鬆銀根時，政府就買入債券，將現金注入市場。結果，這政策修復了通貨膨脹（註三十七），造成過去二十多年的經濟繁榮。

註三十六：公開市場操作系統（Open market operations）：又稱公開市場業務，是中央銀行吞吐基礎貨幣，調節市場流動性的主要貨幣政策工具，通過中央銀行與指定交易商進行有價證券和外匯交易，實現貨幣政策調控目標。另外，由於銀行不可以將所得到的存款全部貸放出去，必須留一定的比例存在中央銀行作為存款準備金，因此央行可以運用發行政府公債的方式來調整存款準備金的多寡，進而控制貨幣的供給量。

香港的經濟狀況，從來就不會跟美國同步。在九七年之前，香港的泡沫經濟炒得火一般紅，遠比美國為佳，照常理說，應該是港元上揚、美元下跌才對。但由於聯繫匯率，港元和美元在七元八角的水平掛了勾，港元無法上升，為了減低港元的吸引力，免致人們因搶購港元而對聯繫匯率產生了衝擊，銀行只有不停的減息，以維持七點八的聯繫匯率。

香港因為實行聯繫匯率而要跟隨美國的貨幣政策，於是便產生了第一個大問題。香港的樓價飆升得最瘋狂的時候，大約是在八八至九三年期間。當時香港經濟因為加工工業北移，注入國內龐大的勞動力，所以發展得非常蓬勃。當時香港工人薪金不斷躍升，失業率只有不足 1%，然而美國當時的失業率卻達到 5-6%。在這情況下，香港跟隨美國的貨幣政策的結果，就是出現高通脹，繼而出現負利率。在那個減息的時代，香港由於經濟火紅，有著雙位數字的通貨膨脹，此起彼落、三下五除二之後，變成了高額的負利率。由於金錢天天都在貶值，儲蓄變成了最愚蠢的行為，只有購買固定資產，等待其升值，才是最聰明的做法。記得在七十年代，樓價不過是一千數百元一呎，到了八十年代初期，沙田第一城的每呎售價超過一千元，已經是震驚香港了。八二、八三年樓市崩潰，到八四、八五年才逐步回復，八九年「六四事件」又是一次大跌，但到了這個時候，樓價也不過是千來元一呎而已。直至九十年代的負利率時代，借錢是可以賺錢的，誰持現金而不買耐用品的話，那個人神經肯定有問題，加上為了保護財富不會被負利率蠶蝕，市民自然會選擇去買樓，形成泡沫經濟，種下日後的禍根。香港人被這制度迫得瘋狂買樓，造成了史無前例的炒樓風潮，樓價在短短的十年間，像發了神經地急升了十倍，樓價突破一萬元一呎，豪宅更超過三萬元一呎，成為了全世界地價最昂貴的城市。

正如金融管理局的任志剛局長所言，聯繫匯率是一種「連環船」的策略，把港元這艘小船綁在美元這艘航空母艦的旁邊，便不愁有翻船之厄。但很可惜，也許任志剛是「番書仔」，對於中國文化認識不深，不曉得在中國歷史傳統上，「連環船」的唯一下場，就是被「火燒」！正因為小船無緣無故與航空母艦縛了在一起，它才會闖進大海。本來，小船是不會在大海的。大海是美元市場，只有在美元龐大的體系中，才會有滔天巨浪。將小船牢牢縛在航空母艦上，小艇雖然不會沉沒，巨浪卻會淹死艇裡的人。因此，聯繫匯率實在是一個非常愚笨的方法。

凡此種種，聯繫匯率正是罪魁禍首。

註三十七：通貨膨脹：指一般物價水準在某一時期內，連續性地以相當的幅度上漲的狀態。與貨幣貶值不同，整體通貨膨脹為特定經濟體內之貨幣價值的下降，影響此貨幣在使用國內的價值。

第五節 禍不單行

香港在一九九七年七月一日回歸中國，而泰國則在香港回歸後的翌日，宣布泰銖與美元脫勾，自由浮動。一般認為，這是金融風暴的起點。在香港人而言，這也是一個諷刺——金融風暴自香港的回歸而開始，因香港特區政府的入市干預而結束，說香港在東亞經濟有著領導的地位，誰曰不宜？

大家認為泰銖貶值後，這場「遊戲」應該會結束。貨幣貶值固然是「醜死鬼」，國家和總理都得為此而蒙恥辱，貨幣貶值後，繼續會自由浮動，待得它跌到了某一價位，自然會慢慢的止跌穩住，經濟也會逐漸的復甦，根據傳統智慧，事情應該就是如此。

但傳統智慧不一定正確，這實在是一件非常遺憾的事。

當時泰國經濟盲目擴張，信貸急劇膨脹，但是出口卻因中國的競爭而逐年減少，其所擁有用來發展經濟的資金，全是短線的熱錢。一旦其貨幣貶值，外國投資者失去了信心，泰銖只有大幅下滑的份兒。

但是，泰銖一下跌，便跌去了一半，這令到銀行倒閉、公司崩潰，金融制度受到了極其嚴重的破壞。這「懲罰」是不是太過分了呢？

要知道，泰國在一九九七年的經濟實況雖然不太好，可是在近二十年來，其經濟高速發展，也是事實。到了一九九七年，泰國的經濟已經打下了一定的基礎，比起中國來，還要高很多。就算它投資過度，需要調整，也不應該一下子便下跌了二分之一，這未免跌得太過分了，跌破了它的實際經濟狀況。

然後，亞洲金融風暴吹到了印尼。印尼的金融狀況其實比泰國好得多，沒有太多的壞賬、沒有太多的過度借貸，泡沫經濟也不嚴重。固然，印尼的平均國民收入遠遠低於泰國，但由於其人口眾多，足足有二億人，是泰國的三倍，所以其經濟實力也不弱於泰國多少。然而，金融風暴吹到印尼時，印尼卻是受傷最嚴重的國家，非但經濟完全崩潰、癱瘓，連政治也陷入了極度不安，群眾集體暴亂，印尼人殺害華人，少數民族乘機搞獨立運動，執政三十年的蘇哈圖總統也得下台。

金融風暴的確毀掉了印尼。西諺說：「我做錯了甚麼，竟得到這殘酷的命運！」正是印尼的寫照。印尼的確做錯了不少事，但是它的生產力在這三十年間亦的確是在急速發展，而三十年間也累積了一定程度的財富，為何一遇上金融風暴，竟然不堪一擊，被摧枯拉朽地推倒了其建立了三十年的政經制度？

再接著是南韓。南韓是亞洲四小龍之一，經濟實力遠遠勝於泰國和印尼。可是，當金融風暴一吹來到時，連強大的南韓也守不住，南韓圜瘋狂下滑，經濟崩潰、財閥「爆倉」，連政府也得倒台，加速了其民主改革，新總統金大中上場。

當然，很多人說泰國、印尼、南韓這些國家的貨幣崩潰，固有其「取死之道」。它們大搞官商勾結、金權政治，與政府關係密切的家族企業輕易地以借入資金、政府津貼、獨家經營、入口特權等等方式去「尋租」（註三十八）這些做法，正是西方人所說的「自己友資本主義」(crony capitalism)。

然而，泰國、印尼、南韓這三個國家，其經濟發展狀況高下有別。印尼仍然是第三世界國家，與中國差不了多少，但南韓則已擠身於先進國家之列，在國際工業的地位上，緊緊追著日本。三個國家也有著

註三十八：「尋租」(rent-seeking)是經濟學專用名詞，意即利用政策上的漏洞來佔政府的便宜。

不同的「取死之道」，泰國是過度借貸、泡沫經濟，印尼是蘇哈圖總統家族貪污腐敗，「自己友」控制了整個經濟，南韓是官員和財閥互相勾結，財閥則大做錯誤決定，尤其是胡亂地分散投資，在外國，尤其是美國，作出了許多大而無當、血本無歸的傻瓜投資（這實在有點像八十年代的日本，說韓國是「小日本」，真沒有錯）。

三個國家的身體強弱不同，病徵和病的根源也大有分別，為甚麼居然會在同時發病，而且，病的輕重也與身體強弱完全無關？這是值得探討的問題。

當東南亞發生了金融風暴，港元因經濟衰退而呈現弱勢。而美國則因高科技帶動，經濟史無前例的強盛，出現了「風光西邊獨好」的景象。美元變成了世界最強貨幣，而港元為了維持聯繫匯率，只有出諸加息一途，這就是任志剛唯一的「一招」。（註三十九）

當時，香港的經濟已經陷入了衰退，傳統上正確的金融政策，應該是減息，讓資金從銀行流回市場，暢旺市面經濟。但是，金管局為了維持「七點八」，只能反其道而行之，不斷的加息，以捍衛港元。其時，香港和東南亞其他國家一樣，正在通貨收縮的深淵苦苦掙扎，銀行還要加息，此消彼長之下，形成了十多巴仙的實質利率，做大部分生意都沒有十多巴仙的利錢，現只須存在銀行，便可不須努力，舒舒服服的賺到百分之十幾的利潤，天下間哪有這麼便宜的事？結果是，有現金的人都把錢放在銀行收利息，不肯投資，也不做生意了，這樣子下來，經濟又怎能復甦起來呢？

正是「屋漏偏逢連夜雨，船遲又遇打頭風」（註四十），當香港的經濟衰退時，更遇上索羅斯（George Soros）（註四十一）和一干對沖基金來港狙擊，這令到香港的情況雪上加霜，「七點八」聯繫匯率岌岌可危。索羅斯是美國著名的大投機者，他管理的「量子基金」曾經在九十年代成功狙擊英鎊，獲取超過十億英鎊的利潤（註四十二），這一役之後，許多國家聞索羅斯之名而膽喪。索羅斯的「狙擊方程式」，說穿了，就是因為貨幣的主權國以金錢勉力去支撐其不合理的匯價。當一種貨幣的匯價正處於不合理的高位時，他便首先慢慢地累積「淡倉」，當「淡倉」累積到足夠的數量後，便一下子把其匯價推倒，從而贏取天文數字的金錢。

換句話說，索羅斯的手法，是首先沽空A貨幣，由於他慢慢的沽空，過程可能是一個月、兩個月，所以雖然累積了大量的沽空盤（淡倉），但不會對A貨幣的匯價造成太大的影響。好了，大量的「淡倉」累積了，索羅斯有足夠的「貨底」了，於是，他大手沽出A貨幣，因為這些大手的沽盤交易在一天、兩天的時間內完成，這是短時間的大衝擊，市場承受不住，政府也無法支持，匯價遂崩潰下來，而這崩潰亦會造成市場的恐慌性拋售，形成沽售的連鎖反應，索羅斯遂可順利的把先前累積的沽盤「埋單計數」，獲取巨

註三十九：任一招：面對金融風暴時，金融管理局總裁任志剛只懂夾高利息以面對，故人稱為「任一招」。香港隔夜拆息曾一度抽高至二百八十厘，大大打擊香港經濟。

註四十：「屋漏偏逢連夜雨，船遲又遇打頭風」：出自馮夢龍的《醒世恒言》，意思是禍不單行。

註四十一：索羅斯（George Soros）：著名的貨幣投機家，匈牙利出生的美籍猶太裔人，股票投資者、慈善家和政治行動主義分子，索羅斯基金會的創辦者。在一九七〇年時，他和・羅傑斯（Jim Rogers）一起創立了量子基金（Quantum Fund）。一九九七年他狙擊多個亞洲金融體系，造成亞洲金融風暴。

註四十二：索羅斯狙擊英鎊：詳情可參閱 http://www.telegraph.co.uk/finance/2773265/Billionaire-who-broke-the-Bank-of-England.html

索羅斯

利，平倉離場。

要用這種方法贏大錢，最重要的一點，是有「對賭」的對手。如果對手是一個太貧窮、或太小的國家，像澳門，根本沒有財政儲備，要輸也沒錢輸給索羅斯。因此，狙擊澳門幣並沒有多大的作為。

第二點，是該地方必須沒有外匯管制。譬如說，中國大陸採用了外匯管制的制度，外幣和人民幣均不能自由進出口，進行買賣時亦受到政府的嚴密監控，這樣子的重重束縛，縱使中國大陸有千億美元的外匯儲備，要狙擊人民幣，也無從入手。

第三點，是很多人忽略了的，就是受狙擊的國家必須是一個「可以欺負」的國家。當然，以美國政治、經濟和軍事實力之強盛，沒有甚麼國家是不可以欺負的，也沒有甚麼人敢與美國鬧別扭，不跟美國做生意。否則，一個國家被美國的一個基金狙擊其貨幣，只要它不怕美國、也不怕以後沒有美國人來做生意，這國家大可以輸了賴帳，不承認先前的交易；或者突然改變遊戲規則，例如立刻實行外匯管制；把索羅斯一夥人列為不受歡迎人物，甚至通緝他們，凍結他們的資產。

當然，這種「輸打贏要」的策略，是非常「茅躉」的做法，大大影響了本國的聲譽，也令人對其自由貿易的政策產生了極大懷疑，必定嚇怕和嚇走許多外資。這好比「食砒霜毒老虎」：你要殺死老虎，自己先吃下砒霜，然後讓老虎吃掉自己，那老虎也得死翹翹了。不過，這無疑是最直接能夠捍衛本國貨幣的做法，像馬來西亞，便採用了這種策略，金融風暴之後，突然對外匯出口實行更嚴厲的管制，以保護馬幣。

索羅斯既然是老虎，便不能不防範被人家「食砒霜」毒死自己的可能，像馬來西亞首相馬哈蒂爾（註四十三）這種不按牌理出牌的人，還是少惹為妙。

美國是一個崇尚自由經濟、自由貿易的國家，也支持其他國家的自由經濟、自由貿易，像索羅斯這種到處投機的金融狙擊手，是受到美國的「惡勢力」所保護。麻省理工大學的著名經濟教授克魯明（Paul Krugman）（註四十四）對於索羅斯的狙擊行為曾經下過一個中肯的評價：如果有同樣的金融投機者企圖操縱美元來圖利，不管這位仁兄是美國人還是外國人（是外國人的情況當然更糟）。第一時間，聯邦調查局便會找他去談話，很快地，這位狙擊手便會住進一間低設防監獄。當然，美國的低設防監獄設備優良，比香港許多中產階級的住宅還要漂亮。而低設防監獄的「住客」的工作量也不多，頂多是駕駛刈草機剪剪草，比香港的任何一份正職還要舒服得多，而在那裡「居住」的時間也不會太長，雖然一年半載是少不免的，但一定不會坐上十年八年。然而，金融狙擊手關進了低設防監獄之後，再想操縱美元圖利，只怕有點兒困

註四十三：馬哈蒂爾：馬來西亞的首相（1981 — 2003年），生於吉打州的亞羅士打，是一名印巫裔混血兒，父親為印度裔回教徒，母親為土生吉打馬來人。一九六四年，以醫生的專業身份代表巫統競選國會議員，競選獲勝後進入國會，歷任各種內閣職位，一九七六年擔任副首相，一九八一年出任首相至 2003年。他特別宣揚刻苦耐勞及尊卑分明等的「亞洲價值觀」。他曾對外國金融投機者如索羅斯作尖銳抨擊，指他是萬惡之源。另一方面，有批評指他對反對者毫不留情。

註四十四：克魯明（Paul Robin Krugman）：美國經濟學家及紐約時報的專欄作家，普林斯頓大學經濟系教授，是新凱恩斯主義經濟學派代表，二〇〇八年諾貝爾經濟學獎得主。克魯曼為中間偏左立場，認為要對富人課稅並封殺諸多避稅漏洞，甚至認為對跨國企業「競爭力」有幫助的事情對全人類其實沒什麼幫助。

難。

簡單點說，美國的政策是「只許州官放火，不准百姓點燈」，索羅斯可以到別的國家去狙擊他國貨幣，別的國家如果不肯跟他公平對賭，美國便會冠以「干預自由市場」的標籤，而全世界的經濟學家都會以同樣的「美國觀點」去加以指責，但是，相同的狙擊行為，卻不可能存在於美國本土。

索羅斯便是在這背景之下，在一九九二年，成功地狙擊了英鎊。

在一九九八年，沒有哪一種貨幣比港元更加適宜被狙擊的了。

首先，香港政府擁有近一千億美元的外匯儲備，這是一筆令人覬覦的龐大財富，如果狙擊成功，可能比狙擊英鎊一役更加「和味」，中國有句成語，叫作「楚人無罪，懷璧其罪」，就是說就算一個人沒有做錯事，但因為他擁有價值連城的寶物，也會惹禍上身。

聯繫匯率的制度，迫使港府必須捍衛「七點八」的匯價，這令到索羅斯在高位（七點八元）沽貨時，有一位身家雄厚的「莊家」不停的在「接貨」。反過來說，如果沒有聯繫匯率，索羅斯在「七點八」這價位不停沽出港元，港府便用不著承接，此時港元會因索羅斯的沽壓而下跌，索羅斯便不能以高價沽出港元，就算最終港元以崩潰收場，索羅斯也贏不到大錢。

用賭徒的說法，是必須有人「對賭」，而且「對賭」的人，更必須有相同雄厚的身家，才能夠贏到大錢。如果一個人「買單邊」，自己在一方下注，另一方則是小眉小眼的「雞仔注」，怎樣也贏不了大錢。

現在是索羅斯在一方力沽，港府則因保持聯繫匯率，必須「下場」，跟索羅斯「對賭」（如果沒有聯繫匯率，則港府可以任由港元下跌，不一定要上陣），任何一方取勝，都能贏取巨大的利潤。

此處再說一說當日與索羅斯共同進退的「對沖基金」(hedge fund)。

「對沖」在中文字面上的解釋，原來相等於「零和」(zero-sum)，即是在一個賭博遊戲中，有人贏錢、有人輸錢，但是贏家所贏到的錢，完完全全是輸家所輸掉的，同樣，輸家所輸掉的錢，也完完全全給了贏家，贏家和輸家的所得和所失，是完全相等的。中國俗語說的：「穿威風，賭對沖，嫖成空」，指的是把錢花在衣服上，走路也神氣，把錢花在賭錢上，是「零和遊戲」，只是「塘水滾塘魚」而已，把錢花在嫖妓上，完事後甚麼也沒有留下。

當然，賭錢也不一定是「對沖」，譬如說，「過大海」到澳門賭錢，由於娛樂公司有「抽水」，到最後大部分人都會輸錢，因為輸掉了交易費用也。而現時流行的「雙輸」或「雙贏」，也是相對於「對沖」的說法。

現時投機界人習慣上使用的「對沖」，與中文原有的用法又有了分別。投機界的「對沖」，意指在進行了A投資之後，再投資在B上，以減低在A的風險。具體點說，你看好匯豐銀行的前景，買了它的股票，但恐怕大市因外圍因素而回落，城門失火，殃及池魚。於是，你便沽空期指，作為「對沖」。（註四十五）

註四十五：在這情形下，如果大市同匯豐銀行的股價一起上升，你將會在匯豐銀行的股票贏了錢，沽空的期指卻得輸錢。如果反過來，大市同匯豐銀行的股價一起下跌，你便在匯豐銀行的股票上輸了錢，卻在沽空的期指上贏回。如果大市下跌，匯豐銀行的股價則不跌反升，你則兩者皆贏。如果大市上升，匯豐銀行的股價卻不升反跌，你便兩者皆輸。沒有錯，這樣子的「對沖」，賭的是匯豐銀行的股價比恆指跑得快，你便贏錢，反之，你便輸錢了。

另一種做法，則是你買了匯豐銀行的股票，但恐怕它突然間一瀉千里，令你血本無歸，於是，你便買入匯豐銀行的「認沽期權」(put option)，為自己的投資買保險。（註四十六）

「對沖基金」在台灣的譯名叫「避險基金」，但其實它既不「對沖」，也不「避險」，非但沒有避去任何的風險，反而做上最大的「槓桿」(即是借上最多的錢)，去做最高風險的賭博。

簡而言之，「對沖基金」是使用精密的數學去計算出各種投資工具的差價，找出最有利的組合，然後買賣圖利。譬如說，如果恆指成分股的股價和恆指期貨的價格有明顯的差異，「對沖基金」便買入藍籌股，沽出恆指期貨(或反過來買入恆指期貨，沽空藍籌股)，又例如沽空(或買入)利息較低(或較高)的長期債券，同時買入(或沽出)利息較高(或較低)的短期債券（註四十七）……這些同時買賣兩種(或更多)本質相同，但實質有微小分別的金融產品，就是「對沖」，但「對沖基金」並非利用「對沖」來減低風險，而是利用它來謀取暴利。

「對沖」明明是減低風險的做法，為何會變成大上大落的賭博呢？正是因為「對沖」的風險極低。而「對沖基金」的經理人很多是大有名氣的投資顧問，甚至連諾貝爾經濟學獎的得主也來經營「對沖基金」，銀行因而對他們大有信心，既然大有信心，自然大放水喉，所以「對沖基金」經常借到九成以上的槓桿比率，變成了以小本博大利的純賭博。

索羅斯的「量子基金」，正是「對沖基金」。他夥同其同行，企圖乘香港的經濟出現了裂口，進行狙擊。

香港經濟出現的裂口，正是在一九九八年時，當時經濟陷入衰退，但是為了維持「七點八」的聯繫匯率，銀行利率高企，這令到經濟百上加斤。在這情形下，要麼任由經濟加劇衰退下去，要麼，只有取消聯繫匯率，任由港元自由浮動。

索羅斯一夥人知道香港政府維持聯繫匯率的決心，也知道香港政府財雄勢大，手持外匯存底接近一千億美元，儘管香港經濟出現了偌大的「破綻」，但如果要與港府硬拼，恐怕非但狙擊不了港元，還吃不完兜著走，落個灰頭土臉的收場。然而，狐狸看見了獵物，無論要得到這獵物有多大的困難，要想牠放口不咬，是不可能的，牠千方百計，也要想出辦法，把獵物吃下肚子不可。

索羅斯一夥人知悉金融管理局應付狙擊港元的唯一方法，就是「夾息」：把利息推高到某一地步，使得港元的吸引力大增，市場便會因「息誘」而放棄美元、吸納港元，亦即「任一招」。

既然狙擊港元不大可能，索羅斯一夥人的目的也就不是港元，而是股票市場。他們也是採用「對沖」的方法，不過不是在市場慢慢的沽空港元，而是慢慢的沽空期指。當沽空的期指的數量累積到「可以收割」的地步，他們突然大手沽空港元，於是，「任一招」只有「夾息」一途。利息上揚（隔夜息率曾經高至三百厘）（註四十八），股市應聲下跌，索羅斯一夥人遂從沽空的期指上贏了大錢。

註四十六：購買「認沽期權」等於你用錢去為購買的投資買保險。當正股上升，從股票獲利，一旦正股下跌，則從期權獲利。

註四十七：短期債和長期債常常有利息上的差別，因為長期債是固定的收入，短期債則有其不穩定性，但反過來說，長期債縛死了資金，短期債則有較強的流通性。兩者的息差視乎當時的市場氣氛。

註四十八：三百厘就是三倍年息。依照香港法律，年息超過六十厘，是為之「高利貸」，是嚴重的刑事罪行，不過特區政府帶頭犯罪，而且犯罪的目的是「為阿公做野」，自然也沒有人理會特區政府是否犯罪的問題。

由於港元匯價堅守在「七點八」的位置，而且港元正當弱勢，只會跌破聯繫匯率，不會有升破「七點八」的可能性，而大手沽空港元除了虧蝕利息之外，可說是全無風險可言。但沽空期指，卻大有利潤，這絕對可說是穩賺不賠的生意。當時，人們稱索羅斯一夥人的行為，猶如在銀行的提款機提款，可知其予取予攜的程度。

索羅斯一夥人藉著「對沖」而獲利的所為，震動了金融市場，令到無數港人傾家蕩產，但又苦無辦法去對付他們。社會上不停的湧現呼聲，要求政府採取措施，以阻止索羅斯一夥人繼續肆虐，至於應該採取甚麼措施才是最有效、副作用最少的方法。有效的方法很多，前文已列出了許多種，只是如何判斷副作用最少，才是費煞思量的事——人言人殊，沒有一致的結論。

終於，財政司司長曾蔭權和金融管理局總裁任志剛下了決定：入市干預，縱使這種做法違背了香港一貫自由經濟的原則，但現在水浸眼眉，也顧不得甚麼原則不原則了。

港府入市干預的方式，是大手買入藍籌股，把恆生指數推高。這一役，港府足足用掉了一千三百億元，把恆指推高了兩千點。沽空期指的索羅斯一夥人，縱有高超無比的財技，但遇上比他們財雄勢大得多的香港特區政府，正是強者敗、更強者勝，索羅斯一夥人遂只有棄袍曳甲，慘敗而還。

其實，港府這一次贏得極險，因為索羅斯這一次只是敗了一場戰役，並非敗了戰爭。只要聯繫匯率一天還在，而香港的經濟一天不復甦，「七點八」始終有缺口、始終有被狙擊的可能。

真是「大話夾好彩」，索羅斯還沒來得及捲土重來，已在俄羅斯輸了一場大仗。

俄羅斯在九十年代開始改革，而且先由政治改革做起，變成了一個民主國家，與西方同聲同氣，而索羅斯雖然是美籍猶太人，但他並非是土生土長的美國人，而是來自東歐的移民，由於這重關係，他對俄羅斯有特殊的好感（註四十九）。誰都知道，要投資成功，最重要的是絕對冷靜的計算，不能有私人感情存在，索羅斯是沙場老將、名將，決不會不明白這道理，可是人非草木，誰能無情？終於，索羅斯在九十年代，把巨大的注碼押了在俄羅斯的身上，期望俄羅斯會步上中國的後塵，改革成功，成為經濟大國，索羅斯遂能獲取暴利。尤其在一九九八年的「六四事件」之後，西方人普遍對「中國模式」失去了信心，不認同中國先行經濟改革（政治改革則遙遙無期）的做法，相信俄羅斯「政治改革先行」的模式，而俄羅斯的經濟改革，則由美國人一手包辦當顧問，更增美國人的信心及好感。於是，美資蜂擁而至俄羅斯，索羅斯正是其中的一名代表人物。

但很可惜，「改邪歸正」的俄羅斯雖然「迭逢奇遇」，套句武俠小說的比喻，又獲秘笈、又吃靈丹、又獲傳功，但始終練不成武功，雖然得到源源不絕的美國人才及資金的幫助，但經濟始終搞不上去，其中原因多得數之不盡：政治腐敗、貪污盛行、法制不全、生意人才不夠、吃慣大窩飯的人民不夠勤力等等。

歸根結蒂，還是七十年的共產歷史已深入社會，變成了俄羅斯人的意識形態的一部分，揮不去、洗不清、剷不走、割不掉，改革只能在表面進行，改得了皮，但改不到肉，改得了法律，卻改不到人民的行為，也是枉然。

註四十九：索羅斯是俄羅斯最大的外國投資者，旗下的量子基金，已經投資二十五億美元在俄羅斯的股票以及企業。他曾在記者會說要協助改善俄羅斯的健康保險、教育，以及避免軍方大裁員以穩定俄羅斯社會。

為甚麼中國的改革一舉功成，俄羅斯的改革卻一蹶不振呢？

香港為內地提供的大量資金和技術，是俄羅斯所欠缺。這固然是一大因素，但俄羅斯並非沒有外來資金，例如索羅斯便是「捧錢」來俄投資的其中一位表表者。而由於俄羅斯的軍事實力（最重要的是核子武器），令到美國「買它怕」，恐怕它一旦經濟改革失敗，便會走回共產主義老路。因此在九十年代美國願意投在俄羅斯資金，遠比它在一九七九年願意投資在中國的為多。中國得以改革成功而俄羅斯改革不停遇上障礙，顯然還有別的更重要的原因。

中國在一九四九年開始由共產黨統治，到了一九七九年，鄧小平開始實行「改革、開放」的政策，中國施行共產政策（或是社會主義政策）的時間不過是三十年，那是整整的一代人。但直至一九七九年，中國五十歲以上的人，還擁有國民黨時代的資本主義記憶和經驗，而六、七十歲的，更是當時經濟的中堅分子，例如中國國際信託投資公司的創辦人榮毅仁，即是香港中信泰富的主席榮智健的爸爸，便是國民黨時代的大資本家。鄧小平決定「改革、開放」政策之後，找來榮毅仁這位老朋友出山，成立中信公司，變成了國營企業的先鋒，成績蜚然有成，到了今天，已成為了市值以百億計的超級大企業了。

正是這些資本主義的殘餘分子，成為了第一批有管理知識、有投資技巧的生意人，啟動了經濟發展的齒輪。然而，俄羅斯在一九一七年革命成功，成為了共產主義國家後，到九十年代戈爾巴喬夫（註五十）的改革，已經足足七十多年，在俄羅斯本土，所有對資本主義有上一點點認識的人，都已死得乾乾淨淨，俄羅斯的一億五千萬人口，以及獨聯體的二億多人口，均自小從共產主義的空氣和土壤長大，沒有任何做生意的知識或常識，只是從別的地方來邯鄲學步、東施效顰，自然難以修成正果。

一九八九年，正當中國發生「六四事件」之前不久，蘇聯的最高領導人、共產黨總書記戈爾巴喬夫訪華「取經」，學習「改革、開放」之路。他目睹「六四事件」的爆發，對於中國採用的武力鎮壓手法不以為然。於是，他對俄羅斯的改革，採用了與中國截然不同的手段：政治改革先行，而當東歐人民意欲推翻當地的共產政權時，戈爾巴喬夫也採用了放鬆的政策，任由東歐人民建立自己喜歡的政府，不加以阻止，形成了東歐的共產政權像骨牌般倒下，是為之「蘇東波」。

無論如何，從戈爾巴喬夫到葉利欽，均不能對俄羅斯的經濟沉疴下出正確的判斷、作出正確的診療。縱有美國源源不絕的資金投入，也是長貧難顧、杯水車薪、擔沙填海，捱到了二十世紀的最後一年，終於爆發起來，成為了一場金融危機，盧布更是大幅貶值，不在話下。

俄羅斯的金融風暴，恰好火燒了索羅斯的後欄。他重傷之下，已無力再與港府抗衡，只有大敗虧蝕，在老家（美國）養傷。由於他的「傷勢」甚重，全力養傷之際，無暇顧及美國本土的金融行情，自九十年代末期開始的「科技股熱潮」，他無法趕上，錯失了賺大錢的良機。及後見到身邊人人發了大財，於是在九九、二〇〇〇年間大手掃貨，賺了好一會子的錢，開心了一陣子，但開心不多久，科技股便崩潰下來，索羅斯的「量子基金」正是「滾水淥豬腸」，兩頭縮，接連受了兩記重重的巴掌，損失慘重。我們還可以

註五十：戈爾巴喬夫：蘇聯政治家，曾任蘇聯共產黨中央委員會總書記、蘇聯最高蘇維埃主席團主席及蘇聯國防委員會主席。他在任總書記時，在蘇聯推出改革，減少對東歐國家內政的干涉，導致冷戰的結束。為此他於一九九〇年獲得諾貝爾和平獎。但他的改革政策也使得蘇聯解體。

這樣想：如果他當日不來狙擊港元，而是把資金買入科技股，由於當時是低位，直到二〇〇一年，雖然納斯達克指數一度跌破了二千點，但總括而言，索羅斯仍可獲得可觀的回報。但他在狙擊港股後一年才來入市，正是當上了澳門強人「摸頂平」，「摸頂」入貨，自然損失不菲了。想到這一點，也許不少香港人會萌生「活該」、惡有惡報的念頭。

從上面可見，港府的出手救市，雖然大獲全勝，但不無僥倖的成分。究竟港府的入市干預是否非此不可、是否別無他途，實在大有值得商榷的餘地。

在美國這種大國，雖然外貿極其繁盛，但佔其GDP的總額，不及一成。就算在中國，外貿佔 GDP的百分比，也遠遠比不上內部消費的重要。而匯率對它們的影響力，也僅限於此。

正因如此，當這些國家面臨匯率與利息、通貨膨脹的抉擇時，往往捨棄匯率，寧願控制利息和通貨膨脹，而犧牲匯率，因為後兩者會影響到整個國家、所有的人民，但匯率的波幅只會影響到與外貿有關係的生意人和打工仔。

但香港的情況則有點不同。

香港和新加坡一樣，都是小型的經濟實體。外貿佔了我們經濟的一個極重要部分，因此，匯價對我們的重要性，也決非其他以內部消費為主的國家可比。

更重要的是我們沒有天然資源，絕大部分的基本消費品，都是入口貨。外貿理論告訴我們，貨幣貶值會促進其出口，但卻令入口減少。在其他的國家，生產力大致可自給自足，舶來品多半是奢侈的消費品，因此，貨幣貶值可令國民增加生產力（出口增加了），並且有助於國民累積財富（買少了奢侈消費品），這就是人民幣在九十年代一而再、再而三的貶值的理論根據。但是，香港如此的倚賴入口，港幣如果貶值了，日常消費品的價錢不免大升特升，通貨膨脹可以預期，市民的生活也難免大受影響了。

金融風暴之後，新加坡所採用的方法，是毅然把坡幣貶值（註五十一）。正如前文所言，新加坡是一個依賴外國進口日用品國家，坡元貶值後，對於新加坡人民的基本生活，毫無疑問大受影響，但對於新加坡產品的出口，卻大有幫助，正是失之東榆，收之桑隅，總括而言，也是有所得益，因此，新加坡政府才會於此無悔也。

在香港而言，應付金融風暴的方法，卻是死守「七點八」的聯繫匯率，當「七點八」遇上衝擊時，港府的財金當局卻選擇與外來的勢力硬碰硬，結果，衝擊港元的外來勢力是給擊退了，但是香港的經濟也因而嚴重內傷，依然未能恢復元氣，非但未能回復當年勇，甚至連何時能夠重新站起、拾回升軌，也是遙遙無期。至於香港未來的經濟前途，路向應該如何，至今依然眾說紛紜，成為了一場史無前例的社會大辯論的主題，所有的有心人和有識之士，無不竭精殫智，希望為未來的香港想出一條新的路徑。或許可以這樣說：沒有這場大災害，大家現在也不會看到《香港的命運》！

當經濟到了這個田地，一個有正常心智的人，也不禁會想：究竟當日財金當局決定入市與索羅斯和對沖基金硬踫，是不是非此不可，別無他途呢？

註五十一：新加坡元貶值：一九九八年與一九九七年的匯率比較，新加坡元約貶值61%。

香港的命運 上

終極紀念版

作者 蕭若元

統籌：劉文慧

撰稿及編輯：Jo Cheung

封面設計：Sang Lau

內文設計：Nicky Chang

出版： Hong Kong New Media Limited

地址： 香港鰂魚涌英皇道 1067 號仁孚工業大廈 7 樓

電話： (852) 28920567

傳真： (853) 28988553

網址： www.hkreporter.com

電郵： info@hkreporter.com

印刷： 新世紀印刷實業有限公司

地址： 九龍土瓜灣木廠街 36 聯明興工業大廈 3 字樓全層

電話： (852) 22646763

傳真： (852) 22645977

定價： 港幣 98 元

2017 年 4 月 第一版

ISBN 978-988-14177-0-1